전선일기

THE DIARY

전선일기

OF

전쟁 보도가 죽은 시대, 다시 현장에서

A WAR

전선기자 정문태

REPORTER

원더박스

일러두기

이 책에 실린 외국 인명, 지명 등은 외래어표기법을 참고하였으나, 저자의 요청으로 현지 발음에 가깝게 표기했습니다.

죽은 기자의 사회를 고민하며

우리는 전쟁의 시대를 살고 있다

오늘, 193개국 가운데 92개 나라가 전쟁 중이다

이 지구란 행성의 반이 전쟁터다

으레, 그 결과는 죽음이다

러시아-우크라이나전쟁 2년 만에 25만이 숨졌다

이스라엘-아랍전쟁(1948년~) 희생자가 25만을 넘었다

그사이 돈 안 되는 전쟁 뉴스는 밀려났다

버마(1948년~)에서 18만, 아프가니스탄(1978년~)에서 264만,

소말리아(1991년~)에서 110만, 이라크(2003년~)에서 210만,

수단(2003년~)에서 55만, 나이지리아(2008년~)에서 38만,

시리아(2011년~)에서 62만, 예멘(2014년~)에서 38만,

에티오피아(2018년~)에서 60만…. 시민이 목숨 잃었다

21세기 들어서만도 470만이 전쟁통에 죽어 나갔다

제1차 세계대전부터 따지면 1억8700만에 이른다

이마저도 통계에 잡힌 숫자일 뿐이다

이런 대규모 동종살해는 호모 사피엔스가 유일하다

우리는 군사동맹의 시대를 살고 있다

오늘, 92개 전쟁 가운데 외세 개입 없는 곳은 셋뿐이다

33개 전쟁엔 소규모 군사동맹이 끼어들었다

84개 전쟁국은 대규모 군사동맹(10개국 이상)에 참여했다

그 속살엔 모조리 미국-유럽 군사동맹이 숨어 있다

1948년 창설한 나토NATO가 여전히 그 줏대다

유럽 32개국을 거느린 나토는 온 세상을 하나로 묶었다

대한민국을 비롯한 58개 동맹국을 부리는 전쟁 앞잡이로

이 지구적 군사동맹체의 욕망은 끝이 없다

미국, 일본, 인디아, 호주 4국 안보협의체QUAD(2017년),

미국, 영국, 호주 3국 안보협정AUKUS(2021년),

한미일 3국협정JAROKUS(2023년)….

21세기 들어 새로 창조한 군사동맹체만도 99개다

그 모두는 알게 모르게 나토, 다른 말로 미국과 얽혔다

북한-러시아 상호방위협정(2024년) 딱 하나를 빼고

이게 21세기 조폭식 패거리 전쟁의 동력이다

'은밀성' '다발성' '지속성' '국지성'으로 정체를 드러낸

우리는 병영의 시대를 살고 있다

2023년 지구 총 군사비가 3373조 원이다

1분에 64억 원, 1초에 1억 원을 쓴 꼴이다

미국 한 나라가 그 37%인 1190조 원을 쏟아부었다

54개 아프리카 정부 1년 치 총예산의 합을 웃돈다

57조 143억 원, 세계 11위 대한민국도 만만찮다

다시 지구를 돌아본다

이 세상 반이 빈곤에 허덕인다

하루 1달러 미만으로 살아가는 극빈자만도 10억이다

이 군사비면 지구 빈곤화를 단박에 해결할 수 있다

문제는 전쟁 없이 굴러갈 수 없는 군산복합 자본의주다

이 파멸적 자본은 노동자를 짓이겨 군사비를 채워왔다

그리고 전쟁의 희생도 모조리 노동자 몫으로 떠넘겼다

노동자는 피할 데마저 없는 병영 노예가 되고 말았다

핏빛 이문은 오로지 군사동맹 자본 패거리 손아귀로

이른바 '카키 자본Khaki Capital', 군사의 정치·경제학이다

이게 고질적 세계 경제 악순환의 본질이기도

우리는 전쟁 보도가 사라진 시대를 살고 있다

국가로 위장한 모든 정부의 전시언론통제는 더 사악해졌다

국제 공룡언론 자본은 전쟁팔이 나팔수로 몸집만 불려왔다

기자들은 통제와 자본에 꿰인 전령사로 승전보만 울려댔다

전쟁 감시와 비판을 명령한 현대적 시민언론관도 결딴났다
언론의 역할과 책임 따위는 케케묵은 전설이 된 지 오래다
이제, 전쟁 보도는 잡것을 쏟아내는 하수구가 되고 말았다
기어이, "쓰레기 언론" "쓰레기 기자" 시대를 열고 말았다
온천지에는 정체불명 '애국언론' '민족언론' 악취만 풍긴다
시민을 배반한 언론은 21세기 전쟁 보도의 조종을 울렸다

우리는 죽은 기자의 사회를 살고 있다
'전쟁 보도의 책임은 전선기자 몫이다.'
구구절절 늘어놓았지만, 그 밖은 모조리 언턱거리다
권력의 통제도 자본의 압력도 다 투항의 빌미일 뿐
전선기자는 죽었다!
그 빈자리엔 낯설고 거추없는 유령만 어른거린다
화장하고 설쳐대는 방송기자,
무용담을 늘어놓는 신문기자,
망원렌즈에 매달린 사진기자,
군복 걸친, 이른바 종군기자,
그리하여, 아무리 둘러봐도 날뛰는 건 전쟁의 환상뿐
나는 도이수텝 산자락에 앉아 내 직업과 충돌했다
전쟁을 팔아먹고 산 내 파리한 영혼이 떨렸다
"나는 어디쯤 서 있었던가?"
풀죽은 나는 목구멍 아리도록 커피만 마셔댔다

그날 밤, 나는 철 지난 일기장을 꺼내 먼지를 털었다
기웃기웃, 30년 웃도는 기억창고를 하염없이 헤맸다
동틀 무렵, 문득 무겁고도 날카로운 화두를 잡았다
"개인의 체험도 공적 도구가 되어야 한다!"
겁 많은 나는 석 달 보름 망설임 끝에 맘을 곧추세웠다
전선기자가 죽은 시대를 벗들과 함께 고민해보기로
그 처음과 끝은 모두 전쟁의 환상을 걷어내는 일,
'독백' '고백' '자백', 외로움을 연장 삼자고 다짐하며

인류사에서 위대하거나 거룩한 전쟁 따위는 없었다
모든 전쟁의 희생자는 시민이었다
군인의 죽음은 영웅이었지만, 시민의 죽음은 숫자였을 뿐
전쟁의 환상을 걷어내야 하는 까닭이다
시민 편에 선 전선기자가 되살아나기를 애타게 기다리며

2024년 11월 11일
치앙마이 도이수텝Doi Suthep 자락에서

차례

|7| 전선 사람들

1

아직도 종군기자?

전선에 오른 기자는 시민사회로부터 군대 감시 명령을 받은 이다.
전선에 오른 기자가 복종할 대상은 오직 시민뿐이다. 전선에 오른 기자는
제 몸이 속한 국가, 민족, 인종, 종교, 정파뿐 아니라 자신을 파견한
언론사마저 배반하고 시민 편에 서야 옳다. 하니, 군대를 따라다니는
기자를 일컫는 '종군기자'란 말은 전쟁 비판과 군대 감시 기능을
강조해온 현대적 시민언론관과 충돌한다.

─2005년 봄. 참여연대 강연에서

'종군기자'와 '종군위안부'는 쌍둥이 노예다

2021년 7월 2일
치앙마이|Chiang Mai | **타이**

．
．
．

"선배, 며칠 전 버마 전선 기사 잘 읽었어요."

잠결에 서울 전화를 받는다

이내 놈이 눈치챘는지

"아, 거긴 아직 새벽이군요. 미안해요."

"뭐, 급한 일이라도?"

"선배 생각에 종군기자를 다뤄볼까 해서."

"난 그런 거 잘 몰라."

"아…."

'종군기자'란 말에 속이 뒤틀려 좀 모질었나보다. 머쓱해진 후
배를 다독인 뒤, 전화를 끊고 꼽아보니 꼭 17년 전이었다. 『전선
기자 정문태—전쟁 취재 16년의 기록』이란 책에서 '종군기자'를

버리자고 외친 게 2004년이었으니. 그로부터 글이나 강연을 통해 줄기차게 떠들어댔지만 여태 허탕만 친 꼴이다. 굳어버린 말하나 바꾸기가 혁명만큼이나 어려운가도 싶고.

참 끔찍하다! 이 종군기자란 말이 아직도 우리 사회에 굴러다닌다는 게. 이건 말할 나위도 없이 호전적 일본 군국주의 역사관을 대물림한 대한민국 언론 탓이다. 여긴 보수니 진보니 따로 없다. 신문과 방송도 모조리 한통속이다. 전쟁이나 분쟁 지역 언저리쯤에 누가 취재라도 갔다 하면 어김없이 '종군기자 아무개'를 무슨 훈장처럼 달았다. 이라크에서 교전 현장 한 번 본적 없는 방송기자도, 리비아에서 시위 현장을 둘러본 신문기자도, 아프가니스탄에서 미군을 따라다닌 사진기자도 죄다 종군기자란 희한한 감투를 썼다.

대한민국 언론이 열광해온 이 종군기자의 말 뿌리를 한번 캐보자. 한자에서 따온 종군기자從軍記者는 말 그대로 '군대를 따르는 기자'다. 이 종從자는 '따른다'니 '쫓는다'니 같은 겉뜻 말고도 '복종한다', '거역하지 않는다'는 심란한 속뜻을 지녔다. 그러니 종군從軍이란 말을 쓰는 한 독립성을 목숨처럼 여겨야 할 기자가 군대의 부속품일 수밖에 없다.

게다가 이 종군기자는 '주군기샤從軍記者'란 일본 제국주의 용어를 그대로 베낀 말이다. 어이할까? 제국의 향수에 젖은 대한민국 언론이 고이 간직해온 이 '주군기샤'를 일본 언론마저 군국주의 냄새가 난다며 버린 지 오랜데!

말로 먹고사는 언론은 용어 하나에도 혼을 담아야 옳다. 그게 언론을 먹여 살려온 시민사회에 대한 예의다. 내가 종군기자란 말에 미련 못 버린 대한민국 언론의 정체성을 의심해온 까닭이다.

우리 기록을 훑어보면 이 종군기자란 말은 1949년 국방부가 《조선일보》, 《동아일보》를 비롯한 언론사 기자 20여 명을 태릉 육군사관학교에서 훈련시킨 뒤 나눠준 '종군기자 수료증'에 처음 등장한다. 이어 한국전쟁 때인 1951년 피난지 대구에서 군사 훈련 받은 기자들이 헌병사령부 소속 종군기자란 완장을 차고 전선을 취재한 기록이 있다. 그 시절 군대를 따라다니며 승전보만 전한 이들이 '진짜' 종군기자였다.

으레, 21세기에도 이런 진짜 종군기자가 없진 않다. 2003년 미국은 제2차 이라크 침공 때 우호적인 언론사에서 뽑은 각국 기자 775명을 훈련시켜 이라크로 데려갔다. 그 임베디드 저널리즘 embedded journalism이란 아주 새로운 전시언론통제술을 앞세운 미군은 이른바 '아름다운 전쟁'만 보여주었다. "미군은 언제나 정의롭고 언제나 승리한다." 미국 정부의 해묵은 이 선전 구호를 따라다닌 그 기자들이 바로 진짜 종군기자였다. 대한민국 언론 가운데는 《조선일보》와 《중앙일보》가 선택받은 행운을 뽐내며 기꺼이 그 임베디드 프로그램에 기자를 보냈다. 이렇듯, 군대의 전령사나 나팔수로 전쟁을 취재하는 이들이 바로 진짜 종군기자다.

결론부터 말하자면, 종군기자란 용어는 전쟁 비판과 군대 감시 기능을 강조해온 현대적 시민언론관과 어울리지 않는다. 군대와 기자는 필연적 적대관계여야 옳다. 그게 건강한 사회다. 내가 종군기자란 말을 거부해온 까닭이다.

내친김에 대한민국 언론이 고집해온 종군기자를 다른 언어권에선 어떻게 부르는지 견줘볼 만하다. 먼저 아시아권부터 보자. 앞서 말했듯이 일본은 군국주의 용어인 '주군기샤' 대신 이젠 주로 '군지쭈신인軍事通信員'(군사통신원)을 쓴다. 중국은 '짠디지저戰地記者'(전지기자), 인도네시아는 '와르따완 뻐랑Wartawan Perang', 타이는 '푸스카오송크람ผู้สื่อข่าวสงคราม', 버마는 '싯타딘다웃စစ်သတင်းထောက်'처럼 모두 '전쟁기자'로 부른다.

유럽도 마찬가지다. 영어로 '워 코레스폰던트war correspondent', 독일어로 '크릭스리포터kriegsreporter', 러시아어로 '바이엔니 코리스판디언트военный корреспондент', 프랑스어로 '코헤스폰돈 드 게흐correspondant de guerre', 스페인어로 '코레스폰살 데 게라corresponsal de guerra', 이탈리아어로 '코리스폰덴티 디 구에라corrispondente di guerra'도 모두 '전쟁기자'를 뜻한다.

이처럼 대한민국과 달리 모든 언어권에서 전쟁 취재하는 기자를 군대와 한통속으로 묶어 '군대를 따르는 기자', 즉 종군기자라 부르지 않는다는 사실이 드러났다. 실제로 스무 명 웃도는 아시아, 아프리카, 유럽 출신 외신기자와 이야기를 나눠봤지만 '군대를 따르는 기자'란 말에 다들 고개를 갸웃거렸다. 이건 인종, 문화, 지역과 상관없는 역사적 경험의 차이였던 셈이다. 20세기 초 일본 군국주의자가 침략전쟁에 끌고 다니며 호전 나팔수 노릇을 시킨 자들한테 붙인 이름이 종군기자였으니 외신판 친구들이 선뜻 이해하기 힘들었을 수밖에.

여기 종군기자와 똑같은 역사관에서 비롯된 말이 하나 더 있다. 일본 군국주의 군대가 조직적으로 저지른 성폭력의 피해자를 일컫는 종군위안부從軍慰安婦란 용어다. 이 전쟁 피해자들을 '군대를 따라다니며 성을 파는 여성'이란 뜻인 종군위안부로 불러온 나라는 오로지 일본과 대한민국뿐이다. 일본 정부의 억지에 말려 한동안 이 피해자를 '위안부comfort women'로 써온 유엔과 국제사회도 1990년대 초부터 '일본 군대의 성노예Japanese military sexual slavery'란 공식 용어로 바꿨다.

이렇듯 일본 군국주의 유산인 이 종군위안부와 종군기자는 한 뿌리를 지녔다. 종군위안부가 '성노예'이듯 종군기자는 '보도노예'로.

이래도 종군기자란 단어를 신줏단지처럼 받들어야 옳겠는가? 군국주의 침략 사관을 거부해야 마땅할 대한민국 언론이 여태 거리낌 없이 종군기자란 말을 써왔다. 이런 걸 반역이라 부른다.

말이 난 김에 덧붙이자면, 우리 사회에서 싸구려 일본 용어를 가장 많이 쓰는 곳이 바로 언론판이다. 취재, 기사, 편집, 인쇄 가릴 것 없이 구석구석 일본말투성이다. 일본 제국주의 잔재 청산을 외치면서 정작 일본말 찌꺼기를 입에 달고 살아온 게 기자들이다. 자정 의지도 능력도 없는 언론판, 이 종군기자란 말이 아직껏 살아남을 수 있었던 토양이다.

이쯤에서 내 경험을 나눠볼까 한다. 1990년대 중반 《한겨레21》이 내 기사의 바이라인by line에 '종군기자 정문태'를 달았다. '군·언 동침'에 들지 않는 걸 직업적 명예로 여겨온 나는 그 종군기자 꼬리표에 큰 거북함을 느꼈다. 인상을 찌푸리며 대든 내게 오귀환 편집장이 '국제분쟁 전문기자'란 대안을 내놨다. 그 신조어가 여태 대한민국 언론을 통틀어 종군기자를 대신한 첫 용어실험이었다. 그로부터 내 기사엔 '국제분쟁 전문기자 정문태'가 따라붙었고, 몇몇 매체가 '분쟁전문기자 아무개'니 '분쟁전문 프로듀서 아무개'니 받아쓰기 시작했다.

한데, 나는 이 국제분쟁 전문기자란 말도 썩 내키지 않았다. 어감이 너무 거창한 데다 그 전문성이란 것도 잣대 없는 주관적 판단이고 보면 일상어가 되기 어려우리라 여긴 탓이다. 해서 나는 종군기자 대신 '전선기자'란 말을 꺼내 들었다. 이건 늘 전선이 둘인 내 현실을 쫓은 결과였다. "정치 빠진 전쟁 취재는 자위행위다"고 믿어온 내겐 군인들이 치고받는 전쟁터란 전선戰線이 있다면, 그 전쟁을 일으킨 주범이 도사린 정치판이란 전선前線도 빼놓을 수 없는 취재 영역이었으니.

해묵은 틀을 깨고 새로운 말을 만든다는 게 쉽진 않았다. 낯선 말을 받아들이는 정서가 저마다 다를 수밖에 없었던 탓이다. 예컨대 나는 '국제분쟁 전문기자'보다 '전선기자'를 훨씬 겸손한 표현이라 여겼으나, '전선기자'를 처음 지면에 올린 《한겨레》 정인환 기자는 "전선기자가 외려 더 도도하다"고 느꼈듯이.

이런저런 고민 끝에 《한겨레》는 종군기자 대신 '국제분쟁 전문기자 정문태'니 '전선기자 정문태'니 섞어 쓰게 되었다. 《한겨레》가 종군기자란 말을 오롯이 버렸는지 알 순 없지만, 적어도 내 기사엔 그렇게 달아 올린다는 말이다.

매듭짓자면, 사회적 공감을 얻을 때까지는 국제분쟁 전문기자든, 전선기자든, 전쟁기자든 또 다른 뭐가 돼도 좋다. 다만, 종군기자란 말만큼은 이제 버리자는 뜻을 함께 나누고 싶다.

종군기자가 살아있는 한 군국주의 사관을 깨트릴 수 없고, 전쟁 취재의 독립성을 지킬 수 없고, 무장철학을 퍼트리는 보도를 막을 수 없다. 그리하여 전쟁의 환상을 영원히 걷어낼 수 없다.

전쟁은 국가로 위장한 정부가 저질러온 범죄고, 그 대가는 모조리 시민이 뒤집어썼다. 인류사에서 위대하거나 정당한 전쟁은 결코 없었다. 그 전쟁의 나팔수, 종군기자를 버려야 하는 까닭이다.

기자는 주인공이 아니다

2021년 5월 10일

매솟Maesot | 타이-버마 국경

⠒
⠂
⠂

0700시, 문 연 커피숍을 찾아 나선다
부라린 눈으로 구석구석 기웃기웃
아직 너무 이른가 보다
0740시, 시장통을 벗어난 한갓진 모퉁이
"문 열었으니 조금만 기다리세요."
마흔 줄 여인의 목소리는 천사의 것!

진한 에스프레소가 혀를 깨운다
노란 햇살이 눈부시게 쏟아진다
새들이 지저귀며 귀를 간질인다
산뜻한 풀냄새가 코끝을 맴돈다
맑은 바람이 목덜미를 파고든다

오감이 어우러진 이 자유로움은 정녕,

이틀 밤을 새운 자의 몫, 내게 내린 축복

이 짧은 해방감을 쫓아 여태 자판 두드리며 살았는지도!

미장이의 비비송곳 같던 《한겨레》 3면짜리 버마 특집 기사가 내 손을 떠났다. 두 잔째 커피를 받아들자 문자가 날아든다.

"선배, 4월 4일치 《KBS》 보도니 한 번 확인해주세요."

《한겨레》 국제부 데스크가 동영상을 붙여서.

「미얀마 카렌 사령관 '참담한 피난 생활'」

태국-미얀마 접경 말라매드에서 김원장

제목부터 심상찮다. 카렌 사령관, 누구? 30년 넘도록 만나온 까렌민족해방군KNLA(《KBS》 보도 속 카렌민족해방군) 사령관 조니 Jonny 장군이라면 내가 근황을 모를쏘냐!

"말하기도 힘들어. 좀 나아지면 보세." 두어 달 전부터 목에 혹이 생겨 병원을 드나들던 조니 장군한테 마지막 전갈받은 게 지난주였듯이. 더구나 조니 장군은 2018년 나와 인터뷰한 뒤론 언론 앞에 나선 적이 없다.

"태국-미얀마 접경 말라매드"는 또 뭔가?

국경에 그런 지명은 없다. 《KBS》 특파원이 본 곳은 매라맛 Mae Ramat이다. 현장발 보도의 기본조차 못 때운⋯. 불편하기 짝이 없다.

"카렌민족해방군 사령관 소포도"

이어진 영상 자막을 보고서야 장난질을 눈치챘다.

"태국군과 미얀마군이 모두 쫓고 있는 카렌민족해방군사령
관 소포도…."

이걸 보도랍시고? 바로 잡자면, 일곱 개 여단을 거느린 까렌
민족해방군 사령관은 조니 장군이다. 소포도Saw Paw Doh는 조피
우Jaw Phyu 준장이 이끄는 제7여단 소속 작전담당 대령일 뿐이다.[1]

게다가, 예나 이제나 타이군과 까렌민족해방군은 공생적 동
반자다. 타이군은 까렌민족해방군 뒤를 받치며 버마군과 사이에
국경 완충지대를 만들어왔다. 현재 타이군과 까렌민족해방군 지
도부는 버마 정부군 공격을 피해온 난민 문제로 머리를 맞대는
중이다. 타이군이 까렌민족해방군 사령관을 쫓는다고? 당치도
않는 소리! 동네 아이들도 다 안다. 얼굴이 화끈거린다.

《KBS》 특파원의 무지인지 과욕인지 알 순 없다. 단, 기자가
직책 확인도 없이 누굴 인터뷰할 수 있을까? 이 보도를 실수로 볼

---

1 《KBS》가 소포도 인터뷰를 날리고 두어 달 뒤인 6월 19일 제7 여단장 조피우 준
   장이 지병으로 세상을 떠났고, 이어 소포도가 준장으로 진급해 제7여단장 자리
   를 물려받았다.

수 없는 까닭이다.

'카렌민족해방군 사령관', 꼭 이렇게 부풀려야 하나? '까렌민족해방군 제7여단 작전담당 대령', 이렇게 정직하면 보도 가치가 떨어지거나 특파원의 체면이 구겨지기라도 할까?

더 큰 문제는 따로 있다. 마치 《KBS》가 취재와 촬영을 다 한 것처럼 자료화면 출처도 안 밝힌 채 특파원이 등장했다. 소포도 인터뷰 몇 장면 빼면 2분 44초를 모조리 자료화면으로 때웠음에도.

남이 힘들여 찍은 영상을 걸고 현장발 보도라고? 참 간 큰 짓을 했다. 이건 기자의 윤리 문제를 넘어 불법이다. 한마디로 도둑질이다. 나라 안팎 모든 언론사가 기사, 사진, 영상, 자료 출처를 밝혀온 까닭이다.

보라. 까렌 난민 사진을 쓴 《한겨레》와 《아에프페AFP》는 공히 '까렌 인포메이션 센터KIC'란 출처를 또렷이 못 박았다. 공교롭게 《KBS》가 이 보도에 쓴 바로 그 사진이었다. 왜 《KBS》만 입 닦았을까? 이 보도는 '《KBS》 뉴스'란 로고 아래 여기저기 자막으로 상황을 설명했다. 자료화면 출처 한 자 넣기가 그렇게 힘들었을까?

방송 뉴스는 현장과 본사의 영상 편집을 거쳐 데스크가 확인하고 보도국장 책임 아래 송출한다. 현장에서 송출까지 적어도 네댓 단계 점검과정을 거친다는 뜻이다. 그러니 자료화면 출처를 감추고 현장을 왜곡한 이《KBS》보도는 실수로 볼 수 없다. 특파원 하나 문제가 아니다.《KBS》의 조직적 악습이다. 다른 말로 맘먹고 저지른 짓이다. 조금도 의심할 여지가 없다는 '보무타려保無他慮'란 말은 이럴 때 쓴다.

'최초팔이' '최고팔이', 이 삿된 욕망에서 비롯된《KBS》의 못된 버릇은 어제오늘 일이 아니다. "돈 주고 배경사격 부탁해 실황처럼 보도했다."[2] 1980년대 레바논전쟁 때《KBS》특파원이 한 짓이 한동안 중동 외신판에 낯 뜨겁게 흘러 다녔듯이.

따지고 보면《KBS》만 그런 것도 아니다. 전쟁터에서 나라 안팎 숱한 기자가 저질러온 고질이다. 1990년대 필리핀에서 신인민군NPA한테 포 사격을 부탁했던 오스트레일리아 기자, 캄보디아 내전에서 현장감을 살린다며 떼굴떼굴 구르며 보도했던 일본기자…. 쌔고 쌨다.

이건 숱한 눈들이 노려보는 도시와 달리 전쟁과 분쟁 현장엔 감시 장치가 없는 탓이다. 유혹을 떨치기 힘든 환경에서 기자들이 벌여온 자작 활극이었다.

걸러낼 장치 없는 전쟁 보도는 기자한테서 곧장 시민사회로 전해지는 치명성을 지녔다. 시민 생명이 걸린 전쟁판을 취재하

---

2   1995년 에티오피아의 유엔난민고등판무관UNHCR 홍보관으로 일했던 마완 엘호우리Marwan Elkhoury의 증언이다. 마완은 1980년대 레바논전쟁을 취재한《KBS》특파원의 통역으로 일했다.

는 기자들의 뒤늦은 후회나 반성 따위를 인정하지 않는 까닭이다. 따라서 전선기자들한테는 오보 정정이란 게 없다. 이게 한 문장, 한마디를 돌이킬 수 없는 최후로 여겨온 전선기자들의 자존심이기도 하다. 도시의 욕망으로 전쟁을 다루지 말라는 무서운 경고다.

"전쟁 취재에서 기자는 주인공이 아니다."
뒤틀린 욕망을 경계하며 전선기자들이 해온 말이다.
오늘, 버마 정국을 기웃거리는 기자들이 곱씹어봐야 할 듯.

원칙은 오로지 하나다.
'현장발 보도의 생명과 품질은 정직함이다.'
전선기자들의 건투를 빈다.

현장 없는 보도전쟁

2021년 2월 1일 새벽, 버마군 최고사령관 민아웅흘라잉Min Aung Hlaing
이 대통령 윈민Win Myint과 국가고문 아웅산수찌를 감금한 채 쿠데타로
정부를 뒤엎고 비상사태를 선포했다. 곧장 시민불복종운동CDM을 내
건 의사, 교사, 철도 노동자를 비롯한 공무원과 시민이 거리로 쏟아져
나왔다. 이어 반쿠데타 평화시위가 군부의 무력진압 앞에 피로 물들자
시민이 사제 무기를 들고 맞서기 시작했다.

4월 16일, 군부한테 쫓겨난 정치인과 민주진영이 소수민족과 함께
버마민주연방을 내걸고 지하 망명 민족통합정부NUG를 띄웠다. 이어
버마 시민사회의 전폭 지지를 받은 민족통합정부는 5월 5일 민중방위
군PDF을 창설해 반독재 무장투쟁을 선포했다.
1948년 버마 독립 뒤부터 중앙정부에 맞서 해방투쟁을 벌여온 까렌
민족해방군KNLA, 까레니군KA, 까친독립군KIA을 비롯한 소수민족 해
방군들은 지하 망명정부와 정치적, 군사적 연대를 선언했다.
하여 버마 안팎 언론은 무장투쟁 발판이자 실질적 동력을 지닌 국
경 소수민족 해방군에 눈길을 꽂았다. 그러나 버마 군부를 뒤받쳐온
타이 정부의 국경 폐쇄와 코로나가 겹쳐 아무도 현장에 접근할 수 없
었고, 타이-버마 국경에선 출처도 근거도 없는 말들이 기사로 둔갑해

어지럽게 날아다녔다.

"나는 기자를 만난 적도 없고, 정치적 입장을 밝힌 적도 없어. 모조리 상상력이야." 소수민족 까레니 해방투쟁을 이끌어온 까레니민족진보당KNPP 의장 에이벌 트윗Abel Tweed이 기자들을 싸잡아 나무랐듯, 그즈음 소수민족 해방군 진영을 다룬 보도는 '관계자에 따르면' '내부 소식통에 따르면'에 기댄 글짓기가 도를 넘었다. 흔히, '관계자'니 '소식통'은 기자의 상상, 주장, 욕망을 대신하는 유령이다. 이건 취재를 제대로 못 한 기자의 자백쯤으로 보면 된다. 현장을 뛴 기자라면 안 쓰는 말이다.

기자들이 타이-버마 국경 언저리에서 날려댄 이른바 현장 보도란 것들이 그렇게 허랑하고 어설프기 짝이 없었다. 온갖 엉터리에다 거짓이 판치는 콩켸팥켸 속에서 튀어나온 게 4월 4일치 《KBS》 보도였다.

우리 속담에 아무 근거도 없는 일을 사실인 양 꾸며 말썽 일으키는 사람을 가리켜 '과부 집 수고양이 같다'고 한다. 기자들이 딱 그 짝이었다.

참고로 2021년 버마 쿠데타 뒤부터 2023년 말까지 국제 언론을 통틀어 소수민족 해방군 현장 취재 보도는 《한겨레》가 처음이자 마지막이었다. 내가 까레니군 본부 냐무Nya Moe에서 날린 2021년 6월 29일치와 까렌민족해방군 본부 레이와Lay wah에서 날린 2021년 12월 20일치 두 기사였다. 그게 다였다.

방탄조끼가 공격용 무기라고?

2015년 8월 27일

방콕Bangkok | 타이

．
．
．

　"경찰이 지난 8월 17일 발생한 에라완 사당Erawan Shrine 폭탄 공격 사건을 취재하고 돌아가던 홍콩 사진기자 앤서니 콴Anthony Kwan을 8월 23일 수완나품 국제공항에서 불법무기인 방탄조끼와 헬멧 소지 혐의로 체포. 정부는 무기통제법ACA(1987)에 따라 최대 5년 형을 을러댔고…"

　《방콕포스트Bangkok Post》 2015년 8월 23일

　방콕 도심을 가르는 짜오프라야강 기슭, 예닐곱 달 못 본 패거리가 선술집에 둘러앉았다. 타이 기자 넷, 외신기자 셋, 언론학자 둘. 화두는 나흘 전 체포당한 앤서니 콴 사건에 따른 '현장기자 안전 문제'.

　"방탄조끼와 헬멧이 공격용 무기란 사실도, 허가 없이 지니면 불법이란 사실도 미처 몰랐다." 내 고백만도 아니다. 타이 기자도

언론학자도 다 마찬가지다.

시끌벅적 떠나갈 듯 두어 시간, 다음 주 공개 토론회 제목이 잡힌다. '방탄조끼는 공격용 무기가 아니다.'

"그럼, 문태는 현장 경험담을 맡아주고…"

전선에서든 시위판에서든 정작 방탄조끼를 걸쳐본 적도 없는 나는 울며 겨자 먹기로.

벗들과 헤어져 택시 뒷자리에 깊숙이 몸을 파묻는다. 경험담이라고? 뒷골 땅기는 고민 속에 케케묵은 옛일을 파헤친다. 택시가 사남루앙Sanam Luang을 지날 즈음 정신이 번쩍 든다. 이내 2010년 4월 10일로 기억회로를 돌린다. 이른바 친탁신 레드셔츠 반독재민주연합전선UDD 시위대가 아피싯 웨차치와Abhisit Vejjajiva 총리 정부를 향해 조기 총선을 외치며 거리를 메운 지 한 달째, 판파릴랏 다리 언저리엔 1만이 몰렸다.[3]

---

3 2006년 손티 분야랏끌린Sonthi Boonyaratglin 장군이 쿠데타로 탁신 친나왓 전 총리를 쫓아낸 뒤, 군부 지원을 받은 민주당DP이 2007년 총선을 거쳐 2008년 아피싯 웨차치와 총리 정부를 구성했다. 그 과정에서 민주당이 이끈 연립정부가 탁신의 팔랑쁘라차촌당PPP을 해산한 이른바 '사법 쿠데타'로 말썽을 빚자 친탁신 레드셔츠가 거리로 뛰쳐나와 그 불법성을 탁박하며 조기 총선을 외쳤다. 방콕 민주화운동 성지로 꼽는 사남루앙과 탐마삿대학, 왕궁, 정부 청사, 육군본부, 유엔 본부를 낀 판파릴랏 다리Phan Fa Lilat Bridge는 1992년 민주항쟁 때도 진압군이 첫 총질을 했던 곳이다.

"안녕하세요? 행복하다."

더위 먹은 어깨너머로 들리는 어눌한 한국말, 보나마나 카메라맨 피 짤랄워럭스Phi Chalawlux! 숱한 전선을 함께 뛴 내 친구 피는 방탄조끼에다 헬멧까지 쓰고 빙긋이 웃는다. 반가움에 끌어안았더니 온몸이 땀으로 흥건히.

"갑옷까지 다 젖었네. 왜 이 무거운 걸?" "2.5kg 신형이라 무겁진 않은데, 쪄 죽겠어!" "멋있어. 한데 그 갑옷이 총알 막아내겠나?" "뭐, 안 걸친 것보단 낫겠지."

우린 길가 나무 밑에 앉아 못 본 네댓 달 회포를 푼다. "근데, 오늘내일하는 낌새가 좀 심상찮지?" 피는 기다렸다는 듯 대뜸. "갑옷 한 벌 구해올 테니 걸치는 게 어때?" "아냐. 난 거추장스러운 게 싫어서. 자네나 조심하게." "그 고집하고는… 쯧쯧." 피는 사뭇 걱정스러운 듯 혀를 찬다.

그랬다. 낌새란 게 있었다. 그 이틀 전 타이 정부가 비상사태를 선포하고부터 왠지 꺼림칙했다. 그날 해거름, 기어이 무력진압에 나선 군인들이 최루탄과 고무탄에다 실탄까지 쏘아대는 통에 판파릴랏 다리를 낀 랏차담넌Rachadamneon 언저리는 아수라판이 됐다. 시민 스물하나에다 군인 다섯까지 모두 스물여섯이 목숨을 잃었고 팔백 웃도는 부상자가 났다.

피의 걱정이 괜한 게 아니었다. 현장에선 《로이터 티브이Reuters TV》 일본인 카메라맨 히로 무라모토Hiro Muramoto(43)가 총 맞아 숨졌다.

타이 언론이 매싸홋(잔인한 4월)이라 부른 그 비극은 5월 13~19일 라차쁘라송Rachaprasong을 비롯한 도심 시위로 번졌고, 군경의 유혈 진압으로 100명 웃도는 사망자와 2000여 부상자가 났다. 그 현장에서 19일 이탈리아 사진기자 파비오 폴렌기Fabio Polenghi(49)가 총 맞아 목숨을 잃었다.

"누구나 알아볼 수 있는 카메라 든 기자 둘이 가슴팍에 총 맞았다는 건 조준 사격이야." 사건 현장에 가까이 있었던 사진기자 보야 밀라디노비치Voja Miladinovic 말마따나 다들 '기자 사냥'을 고발했지만 타이 정부는 조사도 수사도 없이 입을 닦았다.

그렇게 40여 일 사이 기자 둘이 죽어 나간 방콕 시위 현장에선 군인과 경찰뿐 아니라 숱한 기자들도 방탄조끼를 걸쳤다. 그럼에도 아무 트집을 안 잡았던 타이 정부가 5년이 지난 2015년 난데없이 방탄조끼와 헬멧을 불법무기라며 외국 기자를 체포한 게 바로 앤서니 콴 사건이었다.

"그동안 (타이)정부가 방탄조끼에 무기통제법을 들이댄 적도 없고 기자들을 을러댄 적도 없다. 이건 2014년 쿠데타로 권력 쥔 쁘라윳 짠오차Prayut Chan-o-cha 총리의 반언론관, 특히 비판적인 외신을 향한 적개심으로 볼 만하다." 쭐랄롱꼰대학 언론학 교수 우본랏 시리유와삭Ubonrat Siriyuvasak 말 그대로다. 실제로 앤서니와 함께 방탄조끼를 걸치고 에라완 사당 폭탄 공격 현장을 취재한 타이 기자들한테는 아무 일도 일어나지 않았으니.

돌이켜보면 방콕은 현대사를 통해 줄기차게 정변과 유혈사태를 겪어왔다. 그럼에도 군인과 경찰이 외신기자를 타격 목표 삼은 경우는 흔치 않았다. 군의 유혈 진압 끝에 피로 물든 1973년, 1976년, 1992년 시민항쟁에서도 외신기자를 대놓고 공격한 적은 없었다. 굳이 따지자면 1985년 쿠데타 때 《NBC》 방콕 지국장 닐 데이비스Neil Davis와 사운드맨 빌 라치Bill Latch가 탱크에서 쏜 유탄을 맞아 숨졌지만 기자를 겨냥한 건 아니었다. 그러니 1990년대까지만 해도 방콕 기자들한테 방탄조끼는 낯선 물건이었다. 그저 방콕 사정에 어두운 단기 방문 기자들이 어쩌다 걸치고 다녔을 뿐.

방콕 시위 현장에 방탄조끼가 퍼지기 시작한 건 2000년대 들어서다. 1992년 방콕 민주항쟁 뒤 한동안 숨죽였던 타이 정치판의 폭력성이 되살아난 시기와 맞물린다. 더 또렷이 말하자면 2006년 육군총장 손티 분야랏끌린이 쿠데타로 정치판을 뒤엎은 뒤 군과 시위대 사이에 무력충돌 강도가 높아지고부터다. 타이에서 시위대가 자위용 무기를 들고 나선 것도 이때부터였다.

2006년에 이어 2014년 육군총장 쁘라윳 짠오차가 쿠데타로 권력을 거푸 낚아채 오늘에 이르기까지 군인정부의 폭력성이 방탄조끼 등장을 부추겼다는 뜻이다. 기자들이 걸치기 시작한 방탄조끼가 바로 군인정부의 폭력성을 고발한 셈이다. 이게 쁘라

웃 정부가 느닷없이 방탄조끼를 불법무기라며 앤서니 콴을 체포
한 까닭이었다.

2010년 외신기자 둘을 현장에서 쏘아죽인 게 우연이 아니었
듯, 이 군인정부는 기자뿐 아니라 소셜미디어를 비롯한 시민 언
론까지 샅샅이 들여다보고 잡아 가두며 최악질 언론탄압의 시대
를 열었다.

"2014년 쿠데타로 권력 잡은 군부의 언론탄압이 극에 달했다.
군부는 10여 개 방송사에 난입해 프로그램 중단 명령을 내렸고,
공영방송사들을 장악했고, 20여 개 언론사를 폐쇄했고, 외국 방
송 수신을 차단했고, 비판적 독립 언론사 기자를 체포했고…" 국
경없는기자회RSF가 2015년 타이 언론 상황을 보고하며 세계언
론자유 지표 조사대상국 180개 가운데 타이를 134위에 걸었다.
전쟁 중인 아프가니스탄이 122위니 더 말할 것도 없다.

사실은 방콕뿐만도 아니다. 요즘 어딜 가나 기자들이 방탄조
끼를 걸치는 건 폭력성이 극으로 치닫는 21세기 현상으로 볼 만
하다. 2000년부터 2015년 사이에 살해당한 기자와 언론 노동자
만도 1300명에 이른다.[4] 1990년대를 통틀어 희생당한 기자 450

---

4 Committee for Protect Journalists. "Journalists and Media Workers Killed"

명에 견줘 폭발적으로 불어난 꼴이다.

으레 지난 세기에도 분쟁과 전쟁 현장에서 적잖은 기자들이 죽어나갔으나 특별한 경우를 제외하곤 거의 교전에 휘말린 사고였다. 지금처럼 기자를 아예 과녁 삼아 공격하는 일은 드물었다. 21세기 들어 세계 시민사회의 화두인 '언론불신의 시대'니 '쓰레기 기자의 사회'니 따위와 무관하진 않겠지만 기자를 향한 폭력성이 도를 넘었다.

반쯤 오른 술기운, 잠 못 이루는 밤
방탄조끼와 씨름하며 기억창고를 더듬는다
한데, 별난 얘깃거리가 없다
내겐 전쟁터든 시위판이든 셔츠 한 장이 다였으니

내가 방탄조끼를 마다했던 건 간이 크거나 겁이 없어서가 아니다. 그저 거치적거림을 못 견디는 좁은 소가지에다, 무엇보다 현장과 불화를 안 겪고 싶었던 까닭이다. 방탄조끼와 헬멧을 두른 철갑인형 꼴로 두려움에 질려 아우성치는 전쟁터 사람들을 똑바로 쳐다볼 용기가 없었으니. 다른 말로 섬서하고 걸맞잖은 풍경에 질색하는 내 버릇 탓이었다.

게다가 방탄조끼에 대한 불신감도 크게 한몫했다. "온갖 중화기가 불 뿜는 전쟁터에서 소총도 못 막는 방탄조끼가 대체 뭔가?" "왜 총알이 얼굴과 목과 아랫도리를 빼놓고 방탄조끼로 가린 가

습만 때리겠는가?" 현장 경험에서 비롯된 이런 내 의문이 넋두리 만은 아니었다.

소말리아 모가디슈에 파견한 미군의 1993년 9월 3~4일 사상자를 분석한 브룩 아미 메디컬센터Brooke Army Medical Center 보고서[5]를 훑어보자. 그날 사상자 125명 가운데 36%가 머리와 얼굴, 7%가 목, 14%가 가슴, 14%가 배, 7%가 흉복부, 14%가 골반과 하복부, 7%가 팔다리에 관통상을 입었다. 이건 방탄조끼로 가린 가슴과 배와 흉복부를 맞은 수치가 35%였고 나머지 65%는 방탄조끼와 상관없는 부위를 맞았다는 뜻이다.

이 보고서는 35% 사상자 비율에서 보았듯 가슴과 배마저 못 지켜주는 기존 방탄조끼의 성능 개선과 더불어 머리, 얼굴, 하체를 보호할 수 있는 새 모델 개발에 참고하라며 끝맺었다. 다 좋은데 현실성이 문제다. 온몸을 철갑으로 두르지 않고는 불가능한 일이므로! 전투의 처음과 끝인 기동력은 어떻게 할 것이며?

이렇게, 나는 방탄조끼 '무용론'을 꿰맞추고자 나름대로 온갖 핑곗거리를 둘러댔다. 하여 나는 전선에 오를 때면 방탄조끼 대

---

5 "United State Army Rangers in Somalia : An Analysis of Combat Casualties on an Urban Battlefield", *The Journal of Trauma Injury Infection and Critical Care*, Brooke Army Medical Center

이스라엘군의 베이루트 공습 현장. 2006년 레바논 전쟁. ⓒ정문태

신 내 팔자를 몸에 걸쳤다.

"76세에 노환 숙질로 3일 만에 별세." 스무 살 때 내 손으로 뽑은 점괘를 밑천 삼아 "나는 총 맞아 죽을 팔자가 아니다!"며 전선에서 남몰래 주문을 외웠다. 운명론을 깔봐온 내 꼴을 멋쩍어하며 마음에다 방탄조끼를 걸쳤던 셈이다. 두려움을 삭이는 정문태식 비법으로! 돌아보면, 언저리에서 적잖은 기자들이 실려 나간 판에 큰 탈 없이 오늘까지 왔으니 이 비법이 제법 통한 게 아닌가도 싶고.

사실은, 내가 방탄조끼를 달리 보게 된 건 2003년 코브라 골드Cobra Gold 군사훈련 취재 때였다. "미군은 물리적 방어력보다 심리적 안정을 위해 장병들한테 방탄조끼를 지급해왔다." 타이군과 합동군사훈련에 참가한 미군 공보관 말이 귀에 꽂혔다.

"자네도 하나 걸치게. 방탄조끼 효능은 알 수 없지만 마음은 든든해질 거야." 2001년 제2차 인티파다intifada(봉기) 때 팔레스타인 언론인인 친구 다우드 쿠탑Daoud Kuttab 말을 그러려니 흘려 넘겼던 나는 그제야 방탄조끼 정체를 깨달았다.

방탄조끼는 물리적 방어 장비라기보다 심리적 안전장치였다. 방탄조끼가 내 팔자타령처럼 전선의 공포를 다스리는 안정제였던 셈이다. 그로부터 방탄조끼를 낮잡아 보던 내 생각이 바뀌었다. 나는 안 걸치더라도 삐딱한 눈길만큼은 접었다. 안정제의 약발이란 건 저마다 믿음에 달렸을 테니!

전선이든 시위 현장이든 방탄조끼를 걸치고 말고는 기자 스스로 판단할 몫이다. 나처럼 팔자 믿고 번거롭게 여긴다면 걸칠 것도 없고, 달리 보신용 장비라 믿고 마음이 든든해진다면 껴입는 게 좋지 않을까 싶다. 뭐가 됐던 심리적 안정은 현장기자한테 든든한 밑천일 테니.

단, 정부나 군이 방탄조끼를 트집 잡는 것만큼은 용서할 수 없다. 창이 없으면 방패도 없다. 누가 기자한테 방탄조끼를 입혔던가? 단언컨대, 총질 없는 평화로운 시위 현장에 방탄조끼를 걸치고 돌아다닐 정신 나간 기자는 없다. 정부와 군대가 기자를 공격 안 하면 방탄조끼는 저절로 사라질 물건일 뿐, 법 따윈 필요 없다. 비무장 시민인 기자를 공격하는 짓은 범죄다. 애초 그 범죄를 저지른 정부나 군이 방탄조끼를 불법무기라며 기자를 윽박지르는 건 당치도 않는다.

잠자긴 글렀나 보다
책장 속 묵은 술병이 눈에 든다
애초 '현장기자 안전'이란 건 초현실 세계의 사치였는지도
오늘 밤 결론은 '치료비 각자 부담'

방탄조끼, 인류의 종말을 말한다

흔히들 '창'과 '방패'를 말한다. 호전적 호모 사피엔스의 상징물이다. 남을 죽이고자 날카롭게 창을 다듬으며 동시에 나를 지키고자 방패 만들기에 온 정열을 바쳤다. 인류사다. 하지만 애초 창과 방패는 시속 400km로 나는 군함조와 시속 120m로 기는 나무늘보의 게임이었다. 핵으로 무장한 창이 우주를 넘나들며 지구를 궤멸시킬 만큼 발전했다면, 방패는 여태 참호나 파는 꼴이다.

으레 현대식 방패의 '아름다움'에 침 튀기는 호사가들도 적잖다. 패트리엇Patriot, 아이언 돔Iron Dome, 천궁 따위 탄도탄 요격 미사일이 마치 모든 창을 걷어낼 만한 방패인 양 떠들어대며. 한데, 군산복합체에 휘둘린 그 선전은 여태 현실에서 점검된 바 없다. 다른 말로 공상과학이라고 한다. 전지구적 미사일 방어망을 꾸민다며 막대한 돈을 퍼부은 미국의 미사일방어체계MD도 동맹국을 을러대고 줄 세우는 정치적 연장일 뿐 그 실효성은 여전히 논란거리이듯.

10~30km 저고도에서 북한의 공격을 막겠다는 한국형 미사일방어체계KMD도 별 다를 바 없다. 전쟁에선 미사일이 다가 아니다. 더구나 핵, 화학, 생물 같은 대량살상용 무기 말고도 파멸적 위력을 지닌 이른바 재래식 무기가 쌔고 쌨다. 예컨대 한 시간 만에 서울 3분의 1을 초토

로 만들어버릴 북한의 240mm 방사포(다연장 로켓포)와 170mm 자주포 같은 장사정포는 어떻게 할 것이며? '솔밭에 가서 고기 낚기', 딱 어울리는 말이다.

개인용 방패는 더 말할 것도 없다. 아직 중세를 헤맨다. 칼싸움 시절 짐승 가죽, 나무, 쇠붙이를 덧댄 옷으로 버틴 인류는 총이 등장한 중세로 넘어오며 금속판을 붙인 갑옷을 걸치기 시작했다. 이름하여 방탄복, 방탄조끼다. 그로부터 인류는 온갖 소재를 방탄조끼에 덧댔지만 그 개념도 방어력도 아직 500년 전 그대로다.

허접한 방탄조끼 개발사를 훑어보자. 아, 여긴 대한민국 언론의 농담도 한몫했다. "세계최초 방탄조끼 조선군의 면제배갑綿製背甲" 2007년 2월 21일치《한겨레》가 올린 기사 제목이다. 이 면제배갑이란 건 홍선대원군 명에 따라 김기두와 강윤이 면 13~30겹을 덧붙여 만든 솜 갑옷으로 1871년 신미양요 때 등장했다. 한데 조선군보다 333년이나 이른 1538년 이탈리아 장인 필립포 네그롤리Filippo Negroli가 이미 방탄조끼를 만들었다.《한겨레》는 그 기사에 "군대에 보급한 최초의 방탄조끼"란 소제목까지 걸었다. 이마저 헛짚었다. 조선군보다 229년 앞선 영국 내전(1642~1649) 때 올리버 크롬웰Oliver Cromwell의 철기병이 3겹 방탄조끼를 걸치고 나왔으니.

농담을 접고 20세기로 넘어가보자. 총기의 위력이 세지면서 방탄조끼를 향한 열망도 커졌다. 1901년 미군이 개발한 실크 방탄조끼는 강도 문제로, 제1차 세계대전 때 미국, 영국, 프랑스. 독일, 러시아가 선보인 방탄조끼들은 무게와 비용의 한계로, 그리고 제2차 세계대전 때 참전국들이 제한적이나마 지급한 방탄조끼는 현대식 무기 앞에 무용지

물이었다. 이어 1950년대 한국전쟁에 등장한 나일론 방탄조끼는 무게와 비용을 줄였으나 강도가 못 미쳤다.

실질적으로 총알을 견뎌낼 만한 방탄조끼는 1970년대 초 듀폰이 발명한 합성섬유 케블라Kevlar가 등장하고부터였다. 케블라처럼 가는 실로 만든 신소재가 강도와 무게 문제를 해결했지만 여기서도 비용을 감당하기 힘들었다. 하여 20세기까지는 전통 직물에 세라믹, 티타늄, 강철판을 덧댄 방탄조끼가 주류였다.

21세기 들어 눈길을 끈 나노 입자를 입힌 직물과 텅스텐을 섞은 방탄조끼도 상용화엔 실패했다. 2008년부터 미군과 영국군이 탄소 나노튜브로 만든 섬유 방탄조끼를 연구한다는 소문이 돌았으나 그 결과는 아직 깜깜이고.

방탄조끼 개발사를 훑어보면 문제는 딱 셋이다. 16세기 유럽에서 만든 철갑 방탄조끼가 무게를 감당하기 힘들었다면, 19세기 일본에서 만든 실크 방탄조끼는 비용을 당해낼 수 없었고, 20세기 방탄조끼는 현대식 무기 앞에 강도의 한계를 드러냈다.

이처럼 무게와 비용과 강도가 오늘까지 이어지는 방탄조끼 개발의 장애물인 셈이다. 더 또렷이 말하자면 그 밑절미는 돈이었다. 돈만 들인다면 무게와 강도 문제를 극복할 수 있다는 사실을 방탄조끼 개발사가 증명했다. 가볍고 강한 신소재를 개발해놓고도 돈타령에 막혔다는 뜻이다. 그렇다면, 공격용 무기 개발엔 천문학적 돈을 쏟아부은 정부들이 왜 방어용 방탄조끼 개발엔 박하기 짝이 없었을까?

그 답은 아주 간단하다. 전쟁 주범인 정치인은 도시에 앉아 총 맞아 죽을 일이 없었으니까! 전쟁터에 보낸 군인들 죽음은 '영웅'이니 '애국자'니 돈 안 드는 말로 때울 수 있었으니까!

이게 바로 개인용 보호장비인 방탄조끼 개발의 본질적 장애였다.

여기서 소총과 방탄조끼 값을 견줘볼 만하다. 미군 M16과 M4 소총이 1500달러 안팎, 한국군 K2와 K2C1 소총이 600~1000달러, 러시아제 AK 소총이 800~1000달러쯤 한다. 방탄조끼는 미군이 보병용으로 지급한 케블라 합성섬유에 세라믹판을 덧댄 게 1500~2000달러, 한국군의 보병용 2형과 3형은 400달러 그리고 특수전 병력용 4형이 900달러쯤이다.

나라마다 부대마다 달라 하나로 뭉뚱그릴 순 없지만 소총과 방탄조끼 값이 거의 비슷하다. 그런데도 앞다퉈 공격용 소총 개발에 매달려 온 정부들이 방어용 방탄조끼엔 야멸차기 짝이 없었다. 실제로 2023년 세계 총 군사비의 40%에 이르는 8580억 달러(약 1120조 원)를 쓴 미국 정부도, 세계 10위 군사비인 57조143억 원을 쓴 대한민국 정부도 유독 방탄조끼 개발과 지급에서만큼은 아주 박하게 굴었다. 오죽했으면, 2004년 미국의 제2차 이라크 침공 때 자식을 전쟁터에 보낸 미군 부모들이 사제 방탄조끼를 보내겠다고 난리 쳤겠는가!

자본 논리에 찌든 호전적 호모 사피엔스의 심성이 방탄조끼 속에 담긴 셈이다. 방탄조끼 개발사 500년이 그 또렷한 증거다. 그 결과, 이제 와서 제아무리 날뛴들 방패로 창을 막을 재간은 없다. 이게 제 손으로 만든 창이 무서워 갑옷을 걸쳐온 호모 사피엔스라는 종의 어리석음, 그 종말을 향해가는 징조이기도.

군복은 기자가 걸칠 옷이 아니다

2021년 12월 8일
사뭇송크람 Samut Songkhram | 타이

．
．
．

　방콕 서남쪽 70km, 사뭇송크람. 야자나무 우거진 사타반깐리엔루프아뿌앙촌(모두를 위한 배움 연구소)이 이른 아침부터 북적인다. '마을공동체 마약퇴치용 영상제작 워크숍'에 모인 시민 영상제작자 마흔 남짓에다 강사로 온 영화감독, 배우, 카메라맨, 기자 예닐곱이 제법 뜨거운 기운을 뿜어댄다.

　오전 강의가 끝나고 커피 한 잔으로 숨 돌리는 터에 한 시민 수강생이 다가와 덥석 손을 잡는다. "사회자가 선생님을 전쟁기자로 소개하데요?" 전쟁 영화광이라는 이이는 잔뜩 호기심을. "기자도 전쟁 취재할 땐 다 군복 입나요?" 난데없는 질문에 어리둥절. "아, 그게 무슨 말이죠?" 이이는 손전화로 구글을 돌려가며 사진을 보여준다. "여기 베트남전쟁 때 미국 기자들, 이건 걸프전 때 영국 기자, 또 여긴 캄보디아 내전 때 일본 기자⋯. 군복 걸친 기자들 멋있잖아요! 저도 이런 기자가 되고 싶었는데…." "음…. 멋있네요. 기자들이 영화배우 뺨치는군요." 열없는 맞장구를 눈치 못 챈 수강생은 더 신난 듯. "이건 아프가니스탄 전쟁터의 한국 사진기자예요." 군복에다 군용 헬멧에다 군용 방탄조끼까지 걸친 꼴이 카메라만 없다면 누가 봐도 군인이다.

북적거린 첫날 워크숍이 끝났다. 숙소 앞 매끌롱강Mae Klong River을 불그누레 물들인 노을 속에 파묻힌다. 꼬리 무는 상념, 그 전쟁광 수강생이 못내 맘에 걸린다. 군복 걸친 기자 문제를 찬찬히 짚어줬으면 좋았을 텐데…. 군복, 군복, 내 의지와 상관없이 옛일을 기억하는 뇌의 오른쪽 해마가 저절로 돌아간다.

내가 처음 군복 걸친 기자를 본 게 1990년 버마전선이었다. 더 또렷이 말하자면 버마 군사정부에 맞서 소수민족 까렌 해방투쟁을 벌여온 까렌민족해방군 본부 마너플로Manerplaw였다. 병아리 전선기자인 내겐 첫 전쟁터였기도.

그날 그 전선엔 온갖 카메라 장비에다 군복을 걸친 한 프랑스 사진기자가 주인공인 양 휘젓고 다녔다. 람보 같은 그 사내는 내가 새내기인 걸 눈치챘는지 틈만 나면 전선 경험을 늘어놓았다. "근데 왜 기자가 군복을?" 의문 단 내게 그이는 한심하다는 듯 혀를 찼다. "쯧쯧, 전선기자 전통이고 은폐용인 걸 모르는구먼!" 나는 전선이란 걸 모르는 애송이였지만 그이가 걸친 군복이 아주 꺼림칙했다. 전사고 난민이고 모두를 낮잡아 보는 그이 태도 탓에 더 그랬는지도 모르겠지만 아무튼. 그 첫인상이 달갑잖았던지 그 뒤로도 군복 걸친 기자를 보면 거북살스러워 고개부터 돌렸다.

그 프랑스 기자가 말한 '전통'이란 걸 한 번 따져보자. 군복 걸친 기자의 시대가 없진 않았으니 영 틀린 말은 아니다. 흔히들 크림전쟁Crimean War(1853~1856년)을 취재한 윌리엄 하워드 러셀William Howard Russell을 첫머리로 올리는 전쟁 보도사 170년에서 1950년대 한국전쟁까지는 기자가 군복을 걸쳤던 게 사실이니.

그 시절 전쟁을 취재한 기자는 말 그대로 종군기자—군대를 따르는 기자—였다. 그 종군기자들은 호전 나팔수로 아군의 승전보만 전하는 전령사 노릇을 했다. 예컨대 제2차 세계대전에서 미국 기자들은 군복에다 'C'(특파원을 뜻하는 Correspondent의 약자)자가 박힌 완장을 차고 군용 차량을 몰고 다니며 군대 돈으로 호텔에 묵었다. '워코스War Cos'로 불린 그 기자들은 적한테 잡히면 육군 대위라고 우기도록 명령받고 전쟁을 취재했다. 국제법이 정한 '전쟁 포로POW'로 대접받겠다는 잔꾀였다.

그 뒤 전쟁 보도의 질과 양이 폭발적으로 성장했다는 한국전쟁에서도 기자들은 군복 입고 전선을 취재했다. 특히 한국 기자들은 1951년 피난지 대구에서 군사훈련을 받고 아예 헌병사령부 소속 종군기자로 뛰어다녔으니 더 말할 나위도 없고.

그러다 1965년 미군이 개입한 베트남전쟁(1955~1975년)에서 전쟁 보도사는 중대한 전환점을 맞는다. 두 차례 세계대전과 한국전쟁으로 이어진 지구적 규모 전쟁에서 자국 정부를 지원하며 몸집을 불린 언론사들이 베트남전쟁부터 군대 도움 없이 독자적으로 기자를 전쟁터에 파견하기 시작했다. 자본 축적이 언론 독립과 맞물리는 뜻밖의 일이 벌어지면서 비로소 군대 감시와 전쟁 비판 기능을 강조하는 현대적 언론관이 싹 텄다. 언론사에서 베트남전쟁을 독립적이고 자유로운 전쟁 보도의 출발지로 보는 까닭이다.

그 베트남전쟁 보도를 통해 시민은 내가 낸 세금으로 치르는 전쟁에서 아군이 패할 수도 있다는 사실을 깨달았고, 전쟁터에 보낸 내 아들이 상대국 시민을 살해한다는 충격적인 사실까지 알게 되었다. 기자가 군대의 부속품이었던 이전 전쟁에서는 상상도 할 수 없는 일이었다. 그리하여 베트남전쟁은 인류사적 의미를 지닌 반전운동의 기폭제가 되었다.

전쟁 보도의 독립성을 확보한 그 베트남전쟁이 바로 기자와 군복의 이별 터였다. 군대로부터 독립에 눈뜬 베트남전쟁 기자들이 하나둘씩 군복을 벗어 던지기 시작했다. 그렇게 등장한 게 '시비에스 재킷CBS Jacket'이었다. 미국 《CBS》 기자들이 맞춰 입은 그 카키 사파리는 그로부터 전쟁기자 신분증 노릇을 했다. 요즘도 사진기자들이 즐겨 입는 포토 재킷의 원조가 그 시비에스 재킷이었다.

그러나 베트남전쟁에서 겨우 싹 틔운 독립적이고 자유로운 전쟁 보도는 채 자라기도 전에 새로운 전시언론통제의 밑감이 되고 말았다. 베트남전쟁 패배를 '못된 언론' 탓으로 돌린 미국 정부는 그 뒤 모든 전쟁에서 우호적인 언론사 기자들을 군복 입혀 데리고 다니며 다시 나팔수 기자의 시대를 열었다. 1983년 그레나다 침공을 언론 없는 암흑 속에 해치운 미군은 1989년 파나마 침공에서 군복 입힌 기자를 끌고 다니며 보여주고 싶은 전쟁만 보여주는 이른바 '아름다운 전쟁'을 창조했다.

"미군은 언제나 정의롭고, 미군은 언제나 승리한다." 이 해묵은 미국 정부의 선전이 2003년 제2차 이라크 침공에서 아주 새로운 전시언론통제술로 되살아났다. 미국 정부는 임베디드 저널리즘embedded journalism을 창조해 우호적인 각국 언론사에서 뽑은 기자 775명을 군사훈련시켜 데리고 다녔다. 뽑힌 기자들은 걸친 군복을 마치 훈장인 양 우쭐대며 기꺼이 미군의 나팔수 노릇을 했다.

그로부터 기자들 사이에는 군복에 대한 거부감이 부쩍 늘어났다. 군복을 걸친다는 건 '군대를 따라다니는 기자', 다른 말로 독립적인 전쟁 취재를 포기한 기자라는 인식이 퍼져나가면서.

그 연장선에서 인도네시아 정부의 아쩨계엄군사작전(2003~2004년)을 볼 만하다. 미군의 이라크 침공 두어 달 뒤인 2003년 5월 인도네시아 정부는 미국의 임베디드 저널리즘을 고스란히 베껴 전략예비사령부Kostrad에서 군사훈련시킨 기자 쉰넷으로 '용병언론'을 꾸렸다. 여기서 기자의 군복 착용 문제가 불거졌다.

"아쩨 취재 기자들은 정부군과 똑같은 군복을 착용하라." 인도네시아군의 느닷없는 명령에 기자들이 헷갈렸다. 그러자 아쩨 독립을 외치며 싸워온 자유아쩨운동GAM이 맞받아쳤다. "우리는 기자들의 자유로운 취재를 보장한다. 단, 군복 걸친 기자는 정부 군과 똑같이 다룰 것이고 사살할 수도 있다."

곧장 인도네시아 언론자유 투쟁 상징인 독립기자동맹AJI이 들고 일어났다. "기자는 시민이다. 아쩨 취재 기자들은 절대 군복을 입으면 안 된다."

세상이 시끄러워지자 인도네시아군은 얼렁뚱땅 얼버무렸다. "군복 착용은 기자들 안전을 위한 명령인데 기자들이 원치 않는다면 없던 일로 하겠다. 다만 오보를 낸 기자한테는 반드시 책임을 묻겠다."

이건 170년 전쟁 보도사를 통틀어 기자의 군복 착용 문제가 공적인 장에서 충돌한 유일한 사건이었다. 독립기자동맹이 참값을 떨친 '시민언론'의 승리였고.

말이 길어졌지만, 전쟁터에서 기자가 군복을 걸친 전통은 독립적인 취재와 보도를 할 수 없던 시절의 케케묵은 유산이다. 전쟁 비판과 보도의 독립성을 강조한 현대적 언론관이 싹 튼 베트남전쟁 뒤부터는 그 군복이 사라졌다. 이젠 나팔수니 전령사니

군대를 따라다니는 한 줌 기자들이 걸친 철 지난 유행일 뿐이다. 요즘 전쟁터에선 군복 걸친 기자를 아무도 진짜 기자로 보지 않는 까닭이다.

기자와 제복을 상상해보면 된다. 예컨대 학교 취재한답시고 교복 걸친 기자를 본 적 있던가? 기자가 절 취재하려면 승복을 입어야 하는가? 마찬가지로 항공노선 취재하는 기자가 승무원복 입는가? 다 구성없는 짓이다. 군복 걸친 기자, 우리가 떠올리는 기자의 모습이 아닐뿐더러 상식과 어울리지도 않는다.

한데, 왜 전쟁터 기자는 군복 입고 돌아다닐까? 왜 사람들은 그 군복 걸친 기자를 이상하게 보지 않았을까? 한마디로 영화적 상상력이다. 우리 모두는 영화를 너무 많이 본 게 틀림없다!

국가로 위장한 정부가 저질러온 가장 야만적인 정치 행위인 전쟁에서 군복을 걸치고 기꺼이 나팔수 노릇한 '종군기자' 잔상이 모질게 흘러내린 까닭이다. 군대와 시민을 구분하지 않았던 전근대적 악습이 우리 맘속에 여전히 똬리 튼 탓이다.

'군인과 시민이 힘을 합쳐 적을 무찌르자.' 모든 전쟁에서 모든 정부가 내걸었던 이 전설적인 구호, 이른바 '군민합동전쟁'의 상징적 존재가 바로 군복 걸친 종군기자였다. 그 종군기자들이 '애국주의' '민족주의' 깃발 아래 군대를 따라다닌 결과 전쟁 보도는 오로지 한 길, '거룩하고 도덕적인 아군의 승리'로 통했다.

그렇게 종군기자들이 '환상제조기' 노릇을 하고 언론사가 전쟁팔이로 몸집을 불리는 동안 전쟁의 희생은 고스란히 시민 몫이 되고 말았다. 현대전에서 군인이 시민보다 더 많이 죽은 전쟁은 없었다![6] 그러고도 시민은 죽음마저 차별당했다. 전쟁에서 죽은 군인은 '영웅'이지만, 전쟁에서 죽은 시민은 '숫자'일 뿐.

애초 군복 대신 민간복 걸친 기자들이 시민 편에서 군대를 감시하며 전쟁의 부당성을 물고 늘어졌더라면 세계사는 어떻게 변했을까? 전선에 오른 기자들이 반드시 되짚어봐야 할 대목이다.

'기자들이 군복을 은폐용으로 걸친다.' 이 전설도 한마디로 말 같잖은 언턱거리다. 군대를 따라다니는 기자들이 부린 겉멋으로 보면 된다. "늙은 우세하고 사람 치고, 병 우세하고 개 잡아먹는다." 뭐든 핑곗거리 삼는다는 우리 속담은 이럴 때 쓴다.

내 경험이다. 기자들한테 군복은 은폐용이 될 수 없다. 군복이 기자의 안전을 지켜주지 않는다는 뜻이다. 총알이 군복과 민간복을 가린다는 소릴 들어본 적 없다. 전선에선 오히려 군복이 더 위

---

6 조사·연구자에 따라 희생자 수는 차이가 나지만 군인보다 시민 희생자가 훨씬 많았다는 사실은 모든 기록에서 드러난다. 제2차 세계대전: 군인 2400만 명 대 시민 4900만 명 / 한국전쟁: 남한군 13만8000명, 북한군 39만8000명 대 시민 100만~150만 명 / 베트남전쟁: 군인 130만 명 대 시민 200만 명 / 코소보전쟁: 나토군 2명, 유고군 1000명 대 유고 시민 2500명 / 미군의 제2차 이라크 침공: 미군과 동맹군 292명, 이라크군 3만5000명 대 이라크 시민 11만~40만5000명 / 아프가니스탄전쟁: 미군과 나토군 3576명, 탈리반 5만 명 대 시민 7만 명.

험하다. 얼빠진 군인이 아니라면 다들 상대 군복을 보고 총질한다. 제 목숨이 오락가락하는 판에 같은 군복 입은 군인과 기자를 가려서 총질할 만큼 자비로운 군대는 없다.

게다가 멍텅구리 폭격과 포격이란 것도 군복과 민간복을 차별하지 않는다. 군복 걸친 기자라고 봐줄 리 없다. 거긴 군복이든 민간복이든 평등이 이뤄진 오직 하나, 죽음뿐이다. 현대전에서 은폐용 옷 따위는 아무짝에 쓸모없다. 다 총 든 놈 뜻이고 기자의 팔자일 뿐. 하니 은폐용 옷보단 기자를 죽이겠다고 사명감에 불타는 총잡이를 안 만나는 게 유일한 길.

인샬라!(신의 뜻)

전선을 취재하는 내 벗들이 입에 달고 사는 말이다.

그래도 굳이 은폐용 옷을 걸치겠다면 군복 말고도 쌔고 쌨다. 밀림, 산악, 초원, 사막, 바다, 눈밭 할 것 없이 어떤 환경에서도 몸을 가릴 만한 온갖 색깔 옷들이 늘렸다. 냉기, 열기, 비, 바람을 막아주는 질 좋은 민간복이 지천에 깔렸다. 더 좋은 민간복을 두고 왜 굳이 군복을!

제복이란 건 한 집단의 정체성을 드러내며 그 동질성을 강조하는 물건이다. 기자는 시민이다. 기자가 군복을 걸치고 돌아다니면 안 된다는 말이다. 세상이 바뀌었다. 이제 셔츠 한 장 달랑 걸친 기자들이 전선을 뛰어다닌다. 군인과 시민은 겉모습부터 달라야 한다는 믿음이 자리 잡은 까닭이다.

온 세상 어딜 가나 '쓰레기 기자'로 손가락질당하는 이 언론불신의 시대에서 살아남겠다면 오로지 길은 하나다. 군대와 권력과 자본 대신 시민 편에 서는 수밖에 없다. 이게 본디 언론의 사회적 역할과 책임이다. 군복 걸친 기자, 이 해묵은 환상을 훌훌 털어버릴 때가 됐다. 기자는 군인이 아니다!

매끌롱강 너머로 찜찜한 하루가 저문다.

자기검열, 적과 동지의 경계선에서

2013년 7월 20일
웨이지Wei Gyi 버마학생민주전선ABSDF 본부
까렌민족해방군 제5여단 해방구 | 버마

· · ·

살윈강Salween river에 땅거미가 진다
안과 밖, 이쪽과 저쪽, 버마와 타이,
모든 살피가 서서히 어둠에 빨려든다
서로를 알 수 없는 사건의 지평선 너머로

어느덧, 스물다섯 해
역사의 특이점에 막혀 발버둥 친 날
너는 올챙이 혁명전사로 나는 병아리 전선기자로
우리는 이 강에서 만났다

우리는 이 강물로 밥을 짓고 멱을 감고
시대의 울분을 나누며 전쟁을 익혔다

네게도 내게도 이 강은 배움터였다
'살윈대학' 동창생으로

그리고, 함께 반독재 무장투쟁 전선에 올랐다
총과 펜,
손에 쥔 무기는 서로 달랐지만
버마 현대사의 명령을 좇아서

1988년, 버마 민주항쟁 뒤 군인 독재자의 체포령에 쫓긴 숱한 젊은이가 타이와 국경을 가르는 살윈강으로 몰려들었다. 그 청춘들은 총 한 자루 없는 빈손으로 반독재 민주화를 외치며 무장투쟁 깃발을 올렸다. 1988년 11월 1일, 버마학생민주전선ABSDF은 그렇게 태어났다.

먹을거리도 걸칠 옷도 잠자리도 변변찮은 국경 산악, 문문한 도시를 버리고 혁명전선을 택했던 그날, 우리는 서로를 연민으로 바라보았다. 우리는 철모로 담뱃불을 가린 채 밤새도록 속내를 털어놓으며 서로 '전선팔자'를 다독였다. 포성 아래 엎드려 세계 혁명사를 주고받으며 시대를 함께 고민한 우리는 진자리에서 벗이 되고 동지가 되었다.

그로부터 학생군은 아무도 눈여겨보지 않는 외로운 국경 민주혁명전선을 달렸고, 1천 웃도는 이들이 빗돌 하나 없는 버마 현대사에 꽃다운 목숨을 바쳤다.

REVOLUTION
OUR SCHOOL.
OUR UNIVERSITY.
တော်လှန်ရေး့သည်ငါတို့ကျောင်း ၊ ၀ါ

나는 살윈강 기슭에서 다짐했다.

"이 어설픈 혁명전사들을 끝까지 지켜주겠노라!"

애초, 기자로서 발에 차이는 돌멩이만 사실로 여기겠노라 맘먹은 나는 '중립' 따위를 믿지도 않았고 따를 생각도 없었다. 하여 나는 버마전선에 첫발을 들여놓을 때부터 적과 동지가 또렷했다. 시민을 학살하고 짓밟아댄 군인 독재자는 버마에서든 한국에서든 내게 적이었으므로.

한데 고민거리가 생겼다. 학생군을 놓고 내 안에서 직업과 우정이 충돌했다. 소중한 인연을 지켜주면서 직업을 오롯이 따른다는 게 만만찮은 일이었다. 여기가 기자로서 가장 골치 아픈 자기검열의 출발지였다.

흔히 기자들은 내남없이 자기검열과 마주친다. 정치와 자본 따위 권력이 을러대는 검열이야 맞붙어 싸우면 그만이지만, 기자의 맘속에서 비밀스레 작동해 스스로를 옭아매는 자기검열은 큰 골칫거리다. 으레 이 자기검열이란 것도 그 속내는 유·무형 권력 앞에 수그린 투항의 한 종류다. 정치적 압박을 두려워한 '보신용'이든, 경제적 이문을 따진 '영업용'이든, 사회적 충돌을 피한 '보험용'이든, 애국이니 민족을 앞세운 '공익용'이든 자기검열은 다 마찬가지다.

문제는 기자들이 '양심'으로 싸개질해온 이 자기검열이란 책상머리 자위행위를 검증할 길이 없다는 점이다. 오로지 기자 혼자만 아는 이 초특급 영업 비밀은 특별한 사건이 아니라면 공적인 장에서 따져볼 기회조차 흔치 않다. 자기검열을 심증은 가지만 물증이 없는 '범죄'라 부르는 까닭이다.

사연이야 저마다 다르겠지만 자기검열의 경험으로부터 자유로운 기자는 이 세상에 없지 않을까 싶다. 제아무리 언론자유를 누리는 세상인들 다를 바 없다. 옳든 그르든 자기검열은 기자란 직업에 따라붙는 숙명적 올가미일 테니.

바로 그 올가미가 살윈강의 내게 드리웠던 셈.

"어떤 경우에도 학생군의 적을 이롭게 할 순 없다. 그 적은 시민을 학살하며 버마를 전쟁터로 만든 독재자다. 검열은 오직 내 몫이고, 검열관은 오직 나다."

나름 원칙을 세웠으나 꽤 고독한 싸움이었다.

"기자가 역사에 끼어들면 안 된다."

내가 늘 품고 다닌 다짐까지 저버릴 순 없었던 탓이다.

하여 내 기사 하나, 문장 한 줄이 취재원의 목숨을 노린 정보가 될 수도 있고, 취재원의 적한테 타격점을 줄 수도 있다는 두려움 속에서 거르고 걸러내며 기사를 날렸다. 학생군의 승리와 영광의 순간도 패배와 좌절의 현장도 모두 내 심장을 거쳐 뽑아냈다. 다른 말로 자기검열이었다.

그러나 돌이켜보면, 나는 가장 아끼는 벗들한테 가장 못된 기사로 보답한 게 아닌가 싶다. 예컨대 학생군의 내분, 조직 분열, 지도부의 일탈, 전선 인권문제 같은 사안은 가혹하리만치 두들겼으니. 사실은 나 하나 못 본 척 넘어가면 세상이 알 수 없는 그런 일들 앞에서 적잖이 고민했지만, 처음부터 버마학생민주전선을 쫓아온 유일한 기자로서 기록을 남겨줘야 한다는 마음이 컸다. 나는 그걸 소중한 벗들을 향한 우정이라 믿었고.

고백건대, 나는 그동안 딱 한 번 학생군 사안을 자기검열로 묻어버린 적이 있다. 까친독립군KIA 해방구에 진 친 북부 버마학생민주전선ABSDF-North에서 벌어진 이른바 스파이 사건이었다. 1991년 8월 초, 버마학생민주전선의 마너플로 본부를 취재할 때였다.

"북쪽에서 스파이 혐의받은 동지를 사형시켰대. 아직 자세한 보고는 못 받았고…." 의장 나잉아웅Dr. Naing Aung이 사뭇 심각한 얼굴로 귀띔해주었다.

치명적 사건임을 눈치챈 나는 며칠 동안 본부로 날아드는 북부학생군 상황을 쫓으며 고민했다. 기사로 날리자니 북부학생군이 전하는 쪼가리 정보만으론 성이 차질 않는 데다, 현장 없는 보도가 내키지 않았던 탓이다. 더 또렷이 말하자면 학생군 진영에서 벌어진 사형을 어떻게 다뤄야 할지 갈피를 못 잡았다.

'군사정부한테 멋진 선전감이 될 게 뻔한데…, 도덕성 하나로 버텨온 학생군인데…, 기자로서 내 역할과 책임은 어디까지….' 감당하기 힘든 숱한 의문이 자기검열을 다그쳤던 셈이다.

"다 밝혀질 때까지 비밀로 해줘." 곤혹스러워하는 의장 나잉 아웅한테 "북부 현장 가서 판단하겠다"며 취재 준비를 하던 터에 보름쯤 지났을까, 누군가 정보를 흘렸고 《방콕 포스트Bangkok Post》에 이어 《파이스턴 이코노믹 리뷰Far Eastern Economic Review》가 "북부학생군, 동지 처형한 깡패집단"으로 사건을 보도해버렸다.

그 기사로 학생군의 분노가 하늘을 찔렀으나 이미 엎질러진 물이었다. 도덕성을 신줏단지처럼 여겨온 학생군은 버마 안팎으로부터 치명상을 입었다. 군사정부는 때 만난 듯 온갖 흑색선전을 덧붙여 버마학생민주전선을 테러리스트로 낙인찍었다. 걱정했던 일이 현실로 드러났다.

머리를 싸맸지만 뽀족한 수가 없었다. 결국, 내가 아무리 애정을 바탕에 깐들 앞선 기사들을 당장 뒤집을 만한 거리가 없는 판에 '외로운 병아리에 쥐 달리듯' 나까지 달려들 순 없다는 생각이 들어 준비해온 기사도 취재 계획도 접었다. 좀 잠잠해진 뒤에 사건을 반드시 들여다보겠노라 다짐하면서.

마음 한구석에 늘 찜찜하게 남아 있던 그 스파이 사건을 다시 꺼내든 건 10년이 지난 2002년이었다. 나는 그 사건의 가해자였던 북부 버마학생민주전선 의장 아웅나잉Aung Naing과 마주 앉아 속살을 팠다. 그렇게 해서 책임자 입을 통해 학생군 스파이 사건 내막을 다룬 첫 보도가 《한겨레21》을 거쳐 나갔다.

비록 세월이 흘렀지만, 이제 나는 자기검열에서 오롯이 벗어나 여기 버마학생민주전선의 못난 역사를 아픈 마음으로 기록한다. 이 사건은 1991년 8월~1992년 5월 버마 북부 까친주의 소수민족해방군인 까친독립군 본부 빠자웅·Pajaung에 진영을 꾸린 북부 버마학생민주전선이 스파이 혐의로 체포한 동지 106명 가운데 15명을 사형시키고 20명을 조사 과정에서 고문과 가혹 행위로 살해한 참극이었다.

"전선을 갈 때마다 적한테 동선이 알려져 많은 동지를 잃던 터에 몇몇 수상한 행적이 드러나 조직을 전면 수사할 수밖에 없었다." 북부 버마학생민주전선 의장(사건 당시 사무총장) 아웅나잉이 내게 털어놓았던 이 말 한마디가 버마학생민주전선 25년 혁명사에 지울 수 없는 얼룩을 남긴 그 사건의 발단이었다.

애초, 이 사건을 접한 내 의문은 스파이 혐의자 수에서부터 출발했다. 그 무렵 700여 병력을 거느린 북부학생군이 의장을 포함해 조직의 15%에 이르는 106명을 스파이 혐의로 체포했다는 게 상식을 크게 벗어났던 탓이다. 세계 간첩사를 뒤져봐도 은밀성과 안전성을 바탕 삼는 정보전에서 이처럼 많은 스파이를 한 조직에 투입한 정신 나간 경우는 없으므로.

게다가 정보원 투입 규모는 정보 가치에 달렸다. 북부학생군은 재원, 무기, 병참, 정보까지 모조리 까친독립군한테 얻어왔다. 그 둘이 동맹군이라곤 하지만 예나 이제나 작전 명령권이나 전선

지휘권은 까친독립군이 쥐고 있다. 다른 말로 전세를 뒤집을 만한 전투력도 없는 하부조직인 북부학생군에 정보원 106명을 투입할 가치가 없다는 뜻이다. 하여 나는 처음부터 이 사건을 까친독립군이 개입한 북부학생군 내부 권력 투쟁으로 보았다.

본디 버마 학생운동사엔 20세기 초 대영 독립투쟁 시절부터 뻗어내린 전국 학생조직 바까타Ba Ka Tha(버마연방학생회ABSFU)와 랭군 중심 독자 조직 야까타Ya Ka Tha(랭군지구학생회RDSU)에다 1988년 민주항쟁에서 튀어나온 마까타Ma Ka Tha(미얀마학생회MSU)까지 얽힌 내분이 똬리 틀고 있었다.

바깥세상엔 안 알려졌지만 1988년 민주항쟁에서 불거진 그 학생운동 분열상은 1988년 11월 1일 창설한 버마학생민주전선으로 고스란히 옮겨왔다. 버마학생민주전선은 그 분파주의 대립선을 따라 다시 랭군대학과 그 밖 대학 출신, 학생과 졸업생, 학생과 시민, 랭군과 지역 출신으로 마찰층이 더 불어났다. 결국, 버마학생민주전선은 창설 1년 뒤인 1989년 제2차 대의원대회에서 그 분열상이 폭발한 데 이어 1991년 조직이 둘로 쪼개졌다.

그로부터 버마학생민주전선은 1996년 조직 재통일 때까지 만달레이대학 출신 의사 나잉아웅과 랭군대학 출신 학생운동 성골 모티준Moe Thee Zun으로 갈린 두 진영이 독자적으로 전선을 갔다. 그 사이 나잉아웅과 모티준은 최대 병력·최대 대의원을 지닌 북부학생군을 끌어들이고자 애썼다.

한편, 1988년 버마학생민주전선 창설 때부터 까친주에 진 친
북부학생군은 자연스레 지역 사정에 밝은 의장 쪼쪼Kyaw Kyaw, 부
의장 딴차웅Than Chaung, 사무총장 묘윈Myo Win을 비롯한 까친 출
신이 지도부를 꾸렸다. 그러나 1989년 바까타 중북부 지역 의장
으로 이름 날린 학생운동 지도자 뚠아웅쪼Htun Aung Kyaw가 까친
으로 넘어가 북부학생군 새 의장이 되면서 심상찮은 기운이 삐
져나왔다.

그러다 1991년 8월부터 스파이 사건이 불거졌고 새 의장 뚠
아웅쪼와 그 지지자들이 모두 까친 출신 전 지도부한테 체포당
했다. 이어 두어 달 뒤인 10월, 버마학생민주전선 의장 선거에서
패한 모티준이 떨어져 나가면서 조직이 둘로 갈렸다. 여기서 눈
여겨볼 대목 하나, 스파이 혐의로 체포당한 뚠아웅쪼는 모티준과
함께 1988년 민주항쟁을 이끈 학생운동 주역이었다.

그렇게 이듬해 8월까지 이어진 이 스파이 사건은 의장 뚠아웅
쪼를 비롯한 35명 목숨을 앗아갔다. 사건을 주도한 까친 출신 전
지도부는 뚠아웅쪼 아래 사무총장을 맡았던 아웅나잉을 의장으
로 내세워 북부학생군을 손에 쥐었다. 그로부터 북부 학생군은
급격히 나잉아웅 진영으로 쏠렸다. 눈여겨볼 대목 또 하나, 아웅
나잉은 나잉아웅의 만달레이 의과대학 후배이자 동향 출신으로
오래전부터 같은 노선을 걸어온 이다.

이런 배경을 통해 애초 나는 이 스파이 사건을 학생군 내부 권
력투쟁으로 보았다. 더 또렷이 말하자면 쿠데타였다.

여기서 빼놓을 수 없는 대목이 북부학생군을 지원하며 동시에 조종해온 까친독립군이다.

"왜 당신들은 진영 안에서 벌어진 학생군 스파이사건을 보고만 있었나?" 이 원초적 의문에 슘룻군모Sumlut Gun Maw 부사령관을 비롯한 까친독립군 지도부는 저마다 "학생군 내부 일이었다"며 철저히 입을 닫았다.

조사하고 수사할 주체가 없는 현실에서 까친독립군이 자백하지 않는 한 이 의문은 역사의 공백으로 남을 가능성이 크다. 그러나 이 사건은 까친 출신 북부학생군 지도부와 까친독립군의 공모거나, 적어도 북부학생군 지도부가 까친독립군 비호 아래 저지른 일인 것만큼은 틀림없다. 하여 여기 증언 하나를 기록해 둔다.

"우리(북부학생군)는 그즈음 까친독립군 정보사령관이었던 슘룻군모한테 정보전을 배웠고, 우리 내부에서 벌어지는 모든 상황을 그이한테 보고하고 상의했다. 스파이 사건도 말할 나위 없고." 아웅나잉이 내게 귀띔해준 이 말은 스파이 사건에서 까친독립군의 역할을 읽는 결정적 단서다.

까친독립군의 개입을 엿볼 만한 대목이 하나 더 있다. 처음부터 이 사건에서 까친 출신들은 벗어나 있었다. 이 사건이 버마 출신을 겨냥했다는 뜻이다. 게다가 체포당한 버마 출신 가운데도 슘룻군모를 비롯한 까친독립군 지도부와 가까웠던 이들은 탈 없이 풀려나 고향으로 되돌아갔다. 이 사건이 까친독립군 승인 아래 벌어졌다는 증거다.

결국 이 사건의 본질은 까친독립군이 학생군 내부 권력 투쟁을 빌미 삼아 조종하기 쉬운 까친 출신 지도부를 택한 것으로 볼 만하다. 실제로 이 사건 가해자였던 까친 출신 초기 지도부가 아직도 북부학생군을 이끌고 있다. 으레 그 전사들도 거의 모두 까친 출신이고. 북부학생군은 이름과 깃발만 다른 까친독립군인 셈이다.

그렇게 이 스파이 사건은 도덕성을 무기 삼아온 학생군 이름에 결코 어울리지 않는 잔혹성을 드러내며 피해자와 그 가족들로부터 '빠자웅 학살'이란 오명을 얻었다. 부풀린 말이 아니다. 사형 15명에다 수사랍시고 20명을 고문 끝에 살해했고 더욱이 성폭행까지 저질렀다. 전선을 함께 띈 동지를 잔인하게 짓밟은 이 사건은 반독재 민주혁명전선의 배반이었고, 내가 25년 동안 봐온 그 학생군 모습이 아니었다.

"막 전쟁에 뛰어든 우리한텐 인권이란 말이 낯설었고 스파이는 처형하는 게 군법이라 여겼다. 동지들이 사사로운 감정으로 저지른 고문과 성폭행은 나를 포함한 지도부 잘못이었다." 북부학생군 의장 아웅나잉이 내게 털어놓았던 말이다.

"북부학생군도 법과 명령을 따랐어야 한다. 본부는 사건이 터진 뒤 보고를 받았을 뿐, 나나 중앙위원회는 어떤 명령도 내린 바 없다. 본부도 사건 책임에서 자유로울 순 없지만." 버마학생민주전선 의장 나잉아웅이 내게 했던 말이다.

그 시절 '총이 곧 법'인 국경전선에서 학생군이 인권이란 개념을 오롯이 익힐 기회조차 없었던 건 사실이지만, 가해 책임자와 조직 책임자가 '불법'만큼은 자인한 셈이다.

사회법이 닿지 않는 전선에도 법이란 게 있다. 버마학생민주전선도 자신들의 존재 가치와 정신을 담은 매우 엄격한 군법을 지녔다. 내가 간직해온 그 필사본(원본)엔 "적과 내통한 자는 사형에 처한다"는 섬뜩한 조항이 담겼다. 단, 그 "집행은 중앙위원회 승인을 받아야 한다"고 제어장치를 박아두었다. 한데 이 스파이 사건에서 군법은 작동하지 않았다. 원천적 불법이었다.

"정보가 새나가 적한테 동지들이 죽어나가던 그날 국경전선을 오늘 도시의 눈으로 재단하긴 힘들다. 다시 그날도 되돌아가더라도 나는 똑같은 판단과 결정을 할 수밖에 없을 것이다." 아웅나잉의 말은 이제 버마 현대사의 몫으로 넘어갔다.

이 사건은 시민사회가 철저히 조사하고 반드시 그 진실을 기록에 남겨야 한다. 단 그 조사와 사법적 판단을 결코 군인 독재자 손에 맡길 순 없다. 이 사건의 원죄가 시민을 학살한 군인 독재자인 까닭이다. 1988년 독재자의 군대가 유혈 진압으로 2천 웃도는 시민을 살해하고 학생을 국경으로 내몰지 않았다면 버마학생민주전선은 태어나지 않았을 것이고, 이 스파이 사건도 일어나지 않았을 것이므로. 학생군 모두는 피해자였고 모두는 희생자였다.

내가 자기검열을 깨고 여기 버마학생민주전선을 고발하는 까
닭이다.

버마학생민주전선의 멍에

그동안 북부 버마학생민주전선 스파이 사건은 희생자 가족과 벗들이 줄기차게 조사를 외쳤지만 군사독재에 맞선 민주화 투쟁에 가려 사회적 눈길을 끌지 못했다. 그러다 2011년 떼인세인 대통령을 앞세운 군사정부가 내전 종식을 내걸고 소수민족해방군을 비롯해 버마학생민주전선과 휴전협상을 벌이면서부터 그 사건이 공개적인 장으로 튀어나왔다.

'버마학생민주전선 킬링필드', '버마학생민주전선 대량학살', '빠자웅 학살' 같은 선정적인 글들이 소셜네트워크를 달구자 이내 버마 안팎 언론이 달려들었다.

"현 휴전협상 정국에서 스파이 사건 공론화는 군사정부가 민주 진영을 흠집 내고 갈라치기할 먹잇감이 될 뿐이다. 말려들면 안 된다." 버마 민주화 투쟁의 줏대인 민꼬나잉Min Ko Naing 같은 이들이 그 뒷배를 의심하는 사이 반독재 민주혁명이라는 학생군의 본질과 상관없는 온갖 흑책질이 정의와 인권으로 둔갑해 봇물 터지듯 쏟아졌다.

그 틈을 비집고 버마학생민주전선의 분파주의 기운이 되살아나면서 '올드보이'들이 제 살 파먹기 싸움판을 벌였다. 짧은 기간 버마학생민주전선 초대 의장을 지낸 뚠아웅쪼Tun Aung Kyaw(사형당한 북부 버마학생민주전선 의장과 동명이인) 같은 이들이 앞장서 불씨를 지폈고, 조직 분열과 그 스파이 사건의 직·간접 책임자인 두 후임 의장 나잉아웅과 모티준이 불길을 키웠다.

발뺌과 삿대질뿐, 정작 책임지겠다고 나서는 이는 아무도 없었다. 희생자 가족이 원했던 오직 하나 '책임자의 사과'라는 단순한 바람조차 채워주지 못했다. 동지와 후배를 아직도 거친 국경 산악전선에 남겨둔 채 안락한 미국에 앉아 벌인 세 전임 의장의 투정질은 한때 자신들이 몸담았던 조직을 죽이는 반역 행위와 다를 바 없었다. 오죽했으면 버마학생민주전선 현 의장 탄케Than Khe가 전임 지도부를 향해 "꼬탓꼬삐안닝"을 입에 올렸을까. 이건 "자기만 책임에서 벗어나고자 군대를 깨트린다"는 버마 속담이다.

"우리는 진실이 밝혀지길 바랄 뿐 가해자 처벌과 보상은 원치 않는다." 2012년 9월, 스파이 사건 희생자와 그 가족들이 버마학생민주전선 전 의장 나잉아웅, 북부학생군 전 의장 아웅나잉, 북부학생군 정보 책임자 탄쪼Than Zaw를 비롯한 전 지도부를 가해자로 고발했다.

그리고 그해 12월 말, 휴전협상 과정에 현실 점검차 랭군을 찾은 버마학생민주전선 의장 탄케와 대표단이 희생자를 만나 비로소 공식적인 사과와 조사를 약속했다. 꼭 20년 만이었다.

"사건과 관련 없는 학생군 현 지도부의 사과를 받아들이고 존중하지만, 우린 오로지 가해자가 나서길 바란다." 그 학생군 대표단의 현실점검 여행을 유일하게 동행 취재한 기자인 내게 희생자들이 했던 말이다.

2013년 1월 초, 현실점검여행을 마치고 국경전선으로 되돌아온 버마학생민주전선 대표단은 곧장 스위스 정부 지원 아래 진실정의위원회TIC를 만들어 그 스파이 사건을 파기 시작했다. 이어 2015년 6월, 생존자와 희생자 가족 62명을 인터뷰한 끝에 '존엄Dignity'이란 보고서를 내놨다.

"우리 손으로 우리 조직의 범죄를 조사하고 기록하는 게 아주 힘들었다. 수사권 없는 우린 피해자 인권에 초점 맞췄을 뿐, 사건 본질엔 다가갈 수 없었다." 진실정의위원회 조정자로 참여한 쪼린Kyaw Lin이 털어놓았듯 이 조사는 애초 한계를 지닐 수밖에 없었다.

가해자 가운데 사망한 이들, 조직을 떠난 이들, 군사정부에 체포당한 이들은 아예 괄호 밖이었고, 무엇보다 사건 열쇠를 쥔 까친독립군은 조사할 엄두조차 못 냈다.

"조사 보고서는 훌륭했다. 그러나 사건 배경도 본질도 빠졌고, 누가 스파이인지조차 못 가려냈다. 그걸 밝히고 결백을 풀어줘야 이 사건이 끝날 수 있다." 스파이 혐의로 체포당했다가 탈출한 떼인린Htein Lin의 아쉬움이 바로 반쪽짜리로 끝난 진실정의위원회의 한계였다.

북부학생군 스파이 사건은 아직 진행형이다. 진실을 밝혀내 희생자와 그 가족의 원한을 말끔히 풀어주지 못하는 한 영원히 떨칠 수 없는 버마학생민주전선의 멍에로 남을 것이고.

"당신이 모든 불의에 분노하며 몸을 떤다면 당신은 나의 동지다."
버마학생민주전선이 안고 가야 할 체 게바라의 말이다.

2

전선일기

．
．
．
．
．

아프가니스탄

"국가, 민족, 인종, 종교, 이념 따위를 훌훌 던져버린 채, 오늘도 모두의
'배신자'로 길을 나선다. 내가 따를 명령은 오직 시민의 역사뿐."

ㅡ1996년 12월 28일. 탈리반의 바그람공군기지 점령전 취재 노트

1993년 카불. ©정문태

카불 신고식

1993년 7월 11일
카불Kabul | **아프가니스탄**

.
.
.

밤새 설친 나른한 눈꺼풀로 카불의 아침이 스며든다
'요강 뚜껑으로 물 떠먹는 셈'이라 했던가?
별일 없으리라 여기면서도 꺼림칙하니, 개운찮다
몸은 뒹굴뒹굴 맘은 꼬물꼬물, 한참 망설인다
일어나기 싫은 아침과 처절한 싸움 끝에 하루를 연다

저먼클럽German Club 뜰로 나가 커피 한잔으로 잠을 깨운다. 한때 카불의 사교장으로 이름 날린 저먼클럽은 며칠 전 로켓포탄이 날아들어 수영장을 때린 데다 잡초까지 우거져 말 그대로 폐가 꼴이다. 방엔 쥐새끼와 바퀴벌레가 기웃거리고, 전기도 물도 재수 좋은 날 저녁에만 잠깐. 그렇다고 투덜댈 권리 따위 없다. 카불에 살아 있는 오직 하나 숙소이므로!

"지난밤 카불 입성 환영식 어땠나요?"

커피 끓여온 일꾼이 정겹게 인사를

"아, 신고식? 한 해 전만 못하던데."

"온 천지에 총잡이들이니 오늘도 조심하세요."

별일 아닌 척했지만, 어제 카불 입성 신고식은 제법 만만찮았다. 국방장관 아흐맛 샤 마수드Ahmad Shah Massoud 인터뷰가 길어져 카불 남부에 진 친 굴부딘 헤크마티아르Gulbuddin Hekmatyar 총리 진영 취재를 마치니 밤 8시였다. 위험하니 다들 자고 가라며 말렸으나 빽빽한 취재 일정 탓에 밤길을 달렸다.

모퉁이마다 진 친 각 정파의 전사들이 총부리부터 들이대며 거칠게 자동차를 붙들어 세우는 카불엔 원칙도 법도 없는 공상적 해방공간이 펼쳐졌다. 밤 10시 통행금지령이 떨어진 거리엔 해 지고부터 살아 움직이는 게 없었다.

"암흑천지에서 움직이는 건 곧 과녁이다." 14년 전쟁에 이골 난 카불 사람들 말을 조마조마 곱씹으며 저먼클럽으로 되돌아온 9시 30분, "사고 난 줄 알고 다들 걱정했어요!" 일꾼들이 문밖까지 우르르 몰려나왔다. 통역이 으쓱대며 받아친다. "남부에서 오는 길이야. 못 믿겠지?" 운전기사가 빠질쏘냐. "총잡이 득실대는 밤길은 처음인데 별거 아니더군."

밤길 무용담이 막 쏟아지는 순간, 달팽이관이 뒤틀렸다. 마치 잘 훈련받은 무용단처럼 일제히 고개를 처박았다. 저먼클럽 언저리에서 총소리가 울리더니 곧장 골목길로 날카로운 함성이 몰려다녔다.

저먼클럽 도착과 교전 사이는 기껏 5분 남짓, 가슴을 쓸어내렸다. 10분쯤 뒤 총성도 함성도 잦아드는가 했더니, 자정 무렵 또 난리를. 잠도 없는 놈들의 카불 입성 환영식이었다. 나는 설친 잠으로 카불 신고식을 톡톡히 치른 셈이었고.

오늘은 탈 없이 지나야 할 텐데!

도심을 가르는 카불강가 라비다리아시장에서 난Nan 한 조각과 커피 한잔으로 출출한 배를 채우고 칼테세 병원Kārte Seh Hospital으로 간다. 카불 최대 격전지로 꼽는 다룰아만궁과 옛 소비에트문화관 언저리에 자리 잡은 이 병원은 보건부가 국제적십자사 도움을 받아 힘겹게 꾸려왔다고. 칼테세 병원은 의료, 보건을 비롯한 사회 기반시설이 깡그리 무너진 카불에 하나 남은 희망이기도. "무슨 일 생기면 칼테세로 보내줘." 카불 시민이 입에 달고 살 듯.

총알 자국이 도배한 병동, 포탄 맞아 반쯤 날아간 지붕, 모래주머니로 둘러친 담벼락과 창, 구석마다 두려움에 질린 움츠린 눈동자들…. 말이 병원이지 한숨만 절로 난다. 카불의 일상은 더 들여다볼 것도 없다. 병원이 이토록 얼어터졌으니 시민 삶이야 오죽하랴!

"1988년 문 연 뒤 오늘까지 어떤 놈이 날렸는지 알 수 없는 포탄을 쉰 번도 넘게 맞았다." 병원장 압둘 아지즈는 한 손으로 입을 가린 채 "미친 전쟁!"이라고.

현재 입원한 중상자 216명 가운데 80%는 시민이고 나머진 각 정파 소속 무자히딘Mujahideen(전사), 그러나 고통에도 비명에도 평등이란 건 없다. 실려 온 전사들은 고래고래 소리치며 아픔을 토해내지만, 시민은 겁에 질려 찍소리조차 못 내는 판.

오늘 카불은 국방장관 아흐맛 샤 마수드[1]의 자미아티 이슬라미, 총리 굴부딘 헤크마티아르[2]의 헤즈비 이슬라미, 군벌 압둘 라시드 도스텀Abdul Rashid Dostum[3]의 준비시 밀리 이슬라미, 압둘 알

---

1 타지크족Tajiks으로 라바니 대통령과 함께 자미아티 이슬라미Jamiat-e Islami를 이끌 었던 대소비에트 항쟁의 전설적인 게릴라지도자. 1992년 국방장관을 거쳐 1996 년 반탈리반 북부동맹군을 이끌었다. 9·11사건 발생 이틀 전인 2001년 9월 9일 정체불명 암살자한테 살해당했다.

2 파슈툰족Pashtuns으로 1977년 헤즈비 이슬라미Hezb-e Islami를 만들어 파키스탄과 미국의 지원을 받아 대소비에트 항쟁에 참여했고, 1993년 라바니 정부에서 총 리를 맡았다. 1990년대 중반 탈리반을 지지했던 헤크마티아르는 2001년 미국 의 아프가니스탄 침공에 맞섰다. 그 뒤 파키스탄에 숨어 지내다 2017년 유엔의 사면을 받고 2019년 대선에 뛰어들었으나 실패했다.

3 우즈벡족Uzbeks으로 소비에트 침공 시절 괴뢰정부를 지원한 북부지역 민병대 사령관. 소비에트 철군 뒤 준비시 밀리 이슬라미Junbish-i-Milli Islami 를 만들어 내전의 한 축이 된 군벌. 1996년 카불을 점령한 탈리반에 맞서 북부동맹군 일원으로 참여했고, 2001년 미군 침공 뒤 카르자이 대통령 정부에서 국방차관을 했다.

리 마자리Abdul Ali Mazari[4]의 헤즈비 와흐닷 이슬라미를 비롯한 10개 정파가 분리 점령한 채 서로 치고받는 자한남Jahannam(이슬람의 지옥)이다. 여긴 적도 동지도 전선도 없는 마구잡이 총질판. 피할 데도 숨을 데도 없는 시민은 영문도 모른 채 맞아 죽고.

1979년 아프가니스탄을 침공한 소비에트가 1989년 철수한 뒤, 페샤와르 협정Peshawar Accord을 거쳐 1992년 4월 카불에 무자히딘 연립정부가 들어섰다. 부르하누딘 라바니Burhanuddin Rabbani를 대통령 삼은 연립정부는 협정 서명을 거부한 헤크마티아르를 총리로 추대해 정치적 통합에 나섰다. 그러나 헤크마티아르는 치안 문제를 꼬투리 삼아 청사 출근을 거부하며 정부 기능을 마비시켰다.

"북부 소수 타지크족인 라바니와 마수드한테 파슈툰의 300년 수도 카불을 넘겨줄 수 없다." 다인종 사회인 아프가니스탄에서 수니파 주류 파슈툰족 맹주로 자타가 공인해온 헤크마티아르는 이렇게 야심을 드러냈다. 아프가니스탄 내전의 뿌리였다.

그리고 올 6월 들어, 아프가니스탄 지배자를 꿈꾼 헤크마티아

4　하자라족Hazaras으로 대소비에트 항쟁에 참여했고 1989년 소수 시아파 무슬림 정당인 헤즈비 와흐닷 이슬라미Hezbe Wahdat-e Islami를 창설했다. 1995년 탈리반 한테 살해당했다.

르는 120만 카불 시민을 향해 포탄을 날렸다. 아프가니스탄 내전의 신호탄이었다.

곧장 국방장관 마수드한테 밀려난 헤크마티아르는 6월 17일 마지못해 총리직을 받아들이며 1년 만에 카불에 나타났다. 그 사이 1만 웃도는 시민이 목숨을 잃었고, 카불 인구 60% 웃도는 75만 난민이 태어났다.

이제 내전이 좀 숙지는가 싶긴 한데, 카불 도심에선 아직도 심심찮게 전투가 벌어진다. 특히 서부 쪽에선 헤크마티아르와 손잡은 소수 시아파 무슬림 '와흐닷'(헤즈비 와흐닷 이슬라미)과 국방장관 마수드의 '자미앗'(자미아티 이슬라미)이 툭하면 서로 총질을 해대며.

칼테세 병원을 나서 카불 동물원을 지날 즈음, 다룰아만궁 쪽에서 폭음과 함께 검은 연기가 치솟는다. 머뭇거리는 운전기사를 닦달해 급히 자동차를 돌린다. 데마장 로터리에 이르자 달아오른 자미앗 전사들이 자동차를 막아 세운다. 200m쯤 떨어진 옛 소비에트문화관 언저리를 점령해온 와흐닷 진영에서 날카로운 총소리가 울린다.

데마장 로터리 정면, 뼈대만 남은 4층 건물로 뛰어오른다. 이내 언저리 모든 건물로 총알이 날아든다. 데마장을 쥔 자미앗 진영에서도 불꽃이 튀어나간다. 200m 대치선을 낀 도시 한복판에 전선이 펼쳐진다.

눈만 빼꼼 내민 내 전방관측소에도 총알이 꽂힌다. 곧장 거친 발소리가 계단을 타고 올라온다. "위험해! 빨리 피해!" 핏대 오른 자미앗 전사들이 소리치며 다짜고짜 나와 통역을 뒤쪽 비상계단으로 몬다.

데마장 뒤편 민가로 빠지면서 한 전사가 버럭
"미쳤어. 여기가 어디라고!"
끌려 내려온 게 탐탁잖았던 나는 비꼬듯
"어디긴 어디야 내 직장이지."
부아난 다른 전사가 끼어든다
"개새끼, 전투지역 취재 금지란 거 몰라?"

극한 긴장은 내남없이 다들 입에 쓰레기를
"씨발, 시가전에 전투지역이 어디 따로 있냐!"
우격다짐 멱살잡이 직전까지
"너네 사령관 마수드가 허락했으면 된 거 아냐?"
분위기가 험악해지자 분대장쯤 되는 이가 나선다
"그만해. 우린 당신 보호하란 명령 받고 왔어."

아, 그렇지. 여긴 전쟁터다!
다들 숨겨온 야성을 마구 흘려내는 하수구다
이성은 감성 다음에 따라붙는 후회용일 뿐

문득, 한심한 내 꼴을 본다. 이건 아니다.
다 내 '고객'인데!

"담배나 한 대 하세."
놈들 어깨를 두드리며 사과한다
폐가 한구석에 쭈그려 앉아 담배를 꼬나문다
전방은 건물에 가려 시야가 전혀 안 나온다
좌우로 난 길은 훤히 뚫려 옴짝달싹할 수 없다
취재도 대피도 아닌 어정쩡한 꼴이 되고 만다

저만치 포를 맞아 앙상한 뼈대만 남은 흙담집들 사이로 말라 비틀어진 카불의 태양이 헐레벌떡 뛰어든다. 두려움에 질린 햇살 너머로 머리 깨진 모스크가 희멀거니 속살을 드러낸다.

아, 인간과 신 사이에 서로 말 못 할 허물을 가려주던 모스크가 결딴나고부터 겁날 것도 뉘우칠 것도 없는 세상이 되어버렸나 보다!

제 손으로 만든 신을 팽개친 인간들이 벌여온 이 전쟁의 끝은 어디일까? 얼마나 많은 이를 죽이고, 얼마나 긴 시간이 흘러야 이 무너진 신과 인간의 관계를 되돌릴 수 있을까? 2500년 웃도는 이 땅의 전쟁을 알았더라면 차라리, 신이란 걸 창조하지나 말걸….

포를 맞고 쓰러진 모스크는 끝나기 힘든 아프가니스탄전쟁을 예고한다.

한 20분 지났을까, 총소리가 잦아든다. 투덜투덜 데마장 로터리로 돌아 나온다. 자미앗 전사들이 낄낄대며 엄지를 치켜세운다.

"헤이 브라더, 원더풀! 원더풀!"

몇 놈이 달려 나와 사진을 찍잔다. 당최, 놈들 속내를 알 수 없다. 서로 죽고 죽이는 총질을 끝내자마자 아무 일도 없었다는 듯 웃고 떠들어댈 수가? 14년 전쟁이 몸에 밴 이들한테 이깟 전투는 일상인가 보다.

구급차 소리가 귀 때린다. 누군가 또 칼테세 병원으로 실려 가겠지. 오늘, 카불에선 총 맞아 죽고 다치는 것도 일상!

카불 신고식, 어젯밤인가 했더니 오늘이 진짜다.

마자리 샤리프, 공항의 악연

1997년 1월 28일
마자리 샤리프 Mazar-i-Sharif | **아프가니스탄**

∶

마자리 샤리프공항이 저만치 발 아래 차오른다
"그림 잘 잡아 줘. 저 미그MiG 전투기, 활주로, 전사들도."
맘 조리며 카메라맨 피 짤랄윌럭스를 닦달
눈짓으로 답한 피는 좁은 창 너머 앵글 잡느라 몸을 꼰다
"착륙 전에 촬영 끝내야 해!"

유엔 인도주의업무조정국UNOCHA 특별기,
승객은 유엔 직원 셋에다 피와 나, 오직 다섯
썰렁한 비행기가 휑한 활주로 끝에 멈춘다
"피, 카메라 안 보이게 가방에 담아서 나가."
"여긴 북부동맹군 지역인데 이렇게까지?"
피는 고개를 갸웃거리며 주섬주섬 짐을

"본디, 도스텀 장군 진영은 이래. 조심해!"

이내 해묵은 악연이 목덜미를 타고 올라온다

    1993년 카불공항. 포탄 맞아 날아간 지붕과 뻥 뚫린 벽 틈새로 참새떼가 날아다니는 입국장엔 달랑 책상 하나. 한 손엔 AK소총 한 손엔 몽둥이 든 전사들이 눈알을 부라린다. 울타리 쪽엔 'USSR'을 박은 일류신Ilyushin 수송기가 반 토막 난 채 널브러져 몰락한 소비에트 러시아를 증언한다.

    "아프가니스탄전쟁의 상징, 바로 이거다!"

    카메라를 움켜쥔 손으로 빼곡히 깔린 경비병들 눈초리가 날아든다. 슬쩍 구슬려도 보지만 거친 손사래로 돌아오는 대꾸, 카메라 들이댈 틈이 없다.

    못 버린 미련, 일류신 수송기. 카불을 떠나는 날 다시 눈치를 살금살금. AF(자동 초점)로 맞춘 카메라를 가슴팍에 안는다. 공항 로비에서 비행기까지는 천천히 걸어 2분, 20mm 렌즈가 어울리는 거리에서 잽싸게 셔터를 누른다.

    젠장, 뒷덜미가 따갑다. "멈춰. 촬영 금지. 카메라 내놔!" 경비병이 고래고래 소리치며 달려든다. 시동 건 비행기 앞에서 부질없는 실랑이 5분. 그렇다고 취재물을 호락호락 내놓을 수도 없는 노릇. 마지막 자존심, 필름을 확 풀어 허공에 날린다. 비행기에 올라서도 길게 아쉬움이 따라붙는다. 역사관 없는 내전 현장을 뛴 피곤함이 한꺼번에 몰려왔고.

그날, 카불공항도 도스텀 장군이 쥐고 있었다. 소비에트 괴뢰
정부를 돕다 정치판에 뛰어든 군인, 소비에트가 남긴 화력으로
내전의 한 줏대가 된 군벌, 탈리반에 쫓겨나 북부동맹군으로 갈
아탄 지도자, 이 꺼림칙한 이력을 지닌 도스텀과 악연은 그렇게
카불공항에서 비롯되었다.

기장과 승무원이 나와 문을 열고 인사한다
"전선기자 태웠으니 기념사진이라도 한 장?"
기장 말에 손사래 치며 먼저 트랩을 내려온다
아뿔싸, 피가 호주머니에서 카메라를 꺼낸다
"빨리 내려오게." 조마조마, 두근두근
제기랄! 이내 경비병 둘이 달려온다
카메라를 빼앗고는 다짜고짜 보안실로 가잖다
짐을 모조리 풀고 방송용 카메라까지 훑는다
"군사지역 불법 촬영, 이거 스파이군!"
배불뚝이 보안관이 대놓고 으름장을

"그 촬영 테이프 꺼내놓고 본부로 데려가."
경비병한테 하는 말이 감옥에 처넣을 낌새
달리 길이 없다. 얼렁뚱땅 둘러댈 수밖에
"맘대로 해. 내일 도스텀 장군 만나기로 했으니."
계획일 뿐 아직 선조차 못 단 상태였지만

전선에서 제법 먹히는 고단위 거짓부렁이로

"들통나면 어쩌려고?"
피가 '암호'(타이말)로 못내 걱정스러운 듯 말한다
"보안관쯤이 지도자 일정 캘 일 죽었다 깨나도 없어!"
큰소린 쳤지만 속은 안절부절
"우리 도스텀 장군과 약속 잡았다고?"
뚫어지게 바라보던 배불뚝이 태도가 누그러진다
"응. 그러니 그 방송용 테이프 돌려줘."
"이건 본부에 보낼 테니 내일 그쪽에서 찾아."
배불뚝이가 커피를 내온다. 더럽게 맛없는!
마다하는데도, 굳이 호텔까지 태워준다고
통역이랍시고 열여섯 먹은 애송이까지 붙여주며
아주 불편한 친절, 으레 속내는 감시일 테지만

공항에서부터 내 팔자에 또 만만찮은 마가 꼈다
골치 아프다. 놈들을 따돌리자니
와흐닷 진영에 짐 풀기로 한 계획을 접는다
하룻밤 시내 호텔에 묵는 수밖에. 다 꼬인다

형편을 눈치챈 피가 시무룩이
"문태, 미안해! 내가 일을 그르쳐놨어."

"그렇게 조심하자고 했잖아."

복잡한 심사가 모진 대꾸로 튀어나온다

'전선에선 어떤 경우에도 동지를 탓하지 않는다.'

내 원칙을 스스로 깨버린 부끄러움에 낯이 화끈

"형, 괜찮아. 외려 여기까지 같이 와줘서 고마워!"

우리는 가슴을 맞대며 서로를 확인한다

얼어붙은 마자리 샤리프, 여긴 지난해 9월 카불을 점령한 탈리반에 맞서 무자히딘 정파들이 결성한 아프가니스탄구원연합이슬람전선UIFSA, 이른바 북부동맹군이 본부를 차린 곳. 한데, 말이 좋아 동맹군이지 카불 내전에서 서로 치고받은 앙금이 남아 여전히 으르렁대는 꼴.

특히, 도시를 분리 점령한 압둘 라시드 도스텀의 준비시 밀리Junbish-e Milli와 하지 무함맛 모하킥Haji Muhammad Mohaqiq 사령관의 헤즈비 와흐닷Hezbe Wahdat 사이엔 팽팽한 긴장감이 돈다. 모퉁이마다 진 친 두 진영 전사들은 눈알을 부리라고, 무장차량들은 거칠게 내달리며 서로를 올러댄다. 흐릿한 두 진영의 살피를 오가는 시민은 겁에 질려 총총걸음치고.

호텔에 짐을 던져놓고 모하킥 사령관부터 찾아간다. 스스로 몽골리안이라 믿는 하자라Hazara[5] 사람들, 모하킥도 전사들도 '형제'가 왔다며 반긴다. 말마따나 다들 낯이 익고 첫 만남 같지 않다.

찻잔이 서너 번 돈 끝에 공항 악연을 털어낸다.

"걱정 마. 도스텀 쪽엔 전갈 보내놓을 테니."

나근나근한 모하킥 목소리에 긴장감이 녹아내린다.

"아침에 사람 보낼 테니 내일부턴 여기서 지내게."

길게 허리로 토샥Toshak6에 널브러진다. 정겨운 벗들과 시골 집 구들목에 둘러앉은 느낌. 산달리Sandali7에 다리를 푹 파묻는다. 온몸이 나른한 게 눈이 스르르 감긴다. 도스텀 진영과 악연도 말끔히 날려버린다. 적어도, 기댈 구석이 있다. '형제'라고들 하니.

내가 지금 전선에 온 건지, 고향에 온 건지?

---

5 아프가니스탄 인구의 9%쯤 되는 40만을 거느린 소수민족 하자라는 스스로 몽골리안이라 믿어왔으나 그 뿌리는 또렷하지 않다. 본디 아프가니스탄 중부에 뿌리내린 '원주민론', 칭기즈칸 전사들과 원주민이 피를 섞은 '몽골리안론', 중앙아시아 인종이 섞인 '혼혈론'이 나돌 뿐. 대소비에트 항쟁을 거들었던 하자라는 카림 할릴리Karim Khalili가 이끄는 헤즈비 와흐닷 이슬라미를 중심으로 반탈리반 전선에 동참했다.

6 아프가니스탄 가정의 전통 바닥 깔개와 등받이를 일컫고, 주로 회의나 식사를 하는 응접실에 쓴다.

7 토샥 위에 차린 나지막한 탁자로 리하프lihaf란 담요를 덮은 겨울철 아프가니스탄의 보온장치. 사람들은 산달리에 다리를 넣고 추위를 쫓는다.

멀고 먼 전선

1997년 아프가니스탄 겨울은 별나게 추웠다. 1996년 9월 27일 카불을 점령한 탈리반이 교령통치로 거칠게 짓누른 데다 힌두쿠시산맥에서 불어닥친 눈바람으로 몸도 맘도 얼어붙었다.

탈리반이 카불을 점령한 지 꼭 104일째인 1997년 1월 9일, 나는 어렵사리 비자를 얻어 카불로 들어갔다. 보름에 걸쳐 탈리반을 취재한 나는 이어 반탈리반 깃발을 올린 북부동맹군 쪽으로 길을 잡아나갔다. 한데, 1월 중순 카불 북쪽 47km 지점 바그람 공군기지를 점령한 탈리반이 북으로 통하는 모든 길목을 막고 전선을 펼친 탓에 발이 묶였다. 전선을 피해 폭설로 뒤덮인 힌두쿠시산맥에 '개구멍'을 뚫는다는 건 공상 소설이었을 뿐이고.

발만 동동 구르다, 1월 24일 파키스탄의 이슬라마바드를 거쳐 가는 길을 택했다. 카불에서 북부동맹군이 본부를 차린 마자리 샤리프까지 직선거리 306km를 두고 1100km를 돌아야 하는 고달픈 결정이었다. 카불-이슬라마바드 472km야 육로가 나오지만, 이슬라마바드-마자리 샤리프 633km는 오로지 하늘길뿐. 문제는 죽어버린 이슬라마바드-마자리 샤리프 정기 항공편이었다.

"어떻게 되겠지!" 카불을 떠나면서 내가 들고 간 건 "가끔 유엔 특별

기가 뜬다"는 귀동냥이 다였다. '남정북벌 명장 믿듯' 어차피 도박이었
지만 꽉 막힌 카불에 앉아 시간만 죽이느니.

이슬라마바드로 빠져나와 유엔 인도주의업무조정국UNOCHA을 뻔
질나게 드나들며 만나는 이마다 붙들고 매달렸다. 아프가니스탄 속담
에 "첫 만남은 친구고, 그다음 만남은 형제다"고 했던가, 쌀쌀맞던 유
엔 직원들 낯빛이 나날이 부드러워졌다.

"기다려보시오. 곧 띄울 수도 있으니." 유엔 특별기 소문은 사실이었
지만 애타는 내 맘을 헤아려 띄울 리가! 군말 없이 기다릴 수밖에.

나흘 만인 1월 28일 유엔 특별기가 시동을 걸었다. 기꺼이 비행기
삯에다 고마운 맘까지 덧붙여 던졌다. 참, 유엔 특별기도 유엔 일이 아
닌 다음에야 누구든 돈을 내고 탄다. 비상지역을 취재하는 기자도 예
외 없다. 세계시민사회 세금으로 꾸리는 유엔이지만 공짜는 없다.

그렇게 해서 마자리 샤리프로 날아갔다. 발크주Balk Province의 심장
인 마자리 샤리프는 북쪽으로 우즈베키스탄, 서쪽으로 이란 국경 헤랏
Herat, 동쪽으로 타지키스탄 국경 쿤두즈Kunduz, 남쪽으로 카불을 잇는
그야말로 전략 요충지다.

이 마자리 샤리프에 아흐맛 샤 마수드의 자미아터 이슬라미, 압둘
라시드 도스텀의 준비시 밀리, 카림 할릴리의 헤즈비 와흐닷 이슬라미
가 반탈리반 아프가니스탄구원연합이슬람전선UIFSA의 거점을 차렸다.
흔히들 북부동맹군이라 부른.

그러나 그 무자헤딘 정파들은 1992년부터 카불 내전의 줏대로 서로
치고받은 앙금 탓에 여전히 상호 불신감을 안고 있었다. 그저 생존을
위한 느슨한 결사체였던 셈. 특히 마자리 샤리프를 분할 점령한 준비

시 밀리와 헤즈비 와흐닷 이슬라미는 서로 뇌관을 안고 동침하는 꼴이었다.

"우린 늘 준비시 밀리의 배반에 대비한다."

헤즈비 와흐닷 사령관 무함맛 모하칙.

"여긴 본디 우리 땅. 와흐닷도 누구도 손 못 댄다."

준비시 밀리 지도자 도스텀.

두 진영 지도자가 인터뷰에서 거침없이 내뱉었듯.

그 둘의 적대적 공생 관계는 취재에도 큰 걸림돌이었다. 애초 헤즈비 와흐닷과 선을 달고 뛰어든 마자리 샤리프 취재는 반쪽짜리가 될 수밖에 없었다.

"무슨 얘기를 하자고? 난 언론 따위 관심 없어. 와흐닷과 통한다니 일은 그쪽과 알아서 해." 소 닭 보듯 뚱한 도스텀과 한 시간 넘게 마주 앉았지만 건질 것 없는 '보험용 인터뷰'에 그쳤고, 준비시 밀리 취재엔 아무 도움이 안 됐다. 마자리 샤리프 공항을 비롯해 준비시 밀리 점령 지역은 민가까지 모조리 취재 금지령이 떨어져 기웃거릴 수도 없었다.

취재는 둘째 치고 헤즈비 와흐닷 전사들과 함께 마자리 샤리프를 돌아다니는 일마저 만만찮았다. 준비시 밀리 점령 지역을 넘나들라치면 서로 으르릉대는 통에 뒷목이 뻣뻣해졌다. 큰 탈이야 없었지만 다들 총부리를 옆구리에 세우고 다니는 터라 실랑이를 벌일 때마다 머리털이 쭈뼛쭈뼛.

마자리 샤리프 취재는 내 인연의 한계였기도. 1990년대 초부터 무자히딘 모든 정파 지도자들과 어울리며 아프가니스탄을 취재해온 내게 유독 도스텀은 '인연'이 안 닿았다. 1993년 카불에서 처음 만났을 때부터 무뚝뚝한 도스텀은 당최 말이 안 통했다.

취재원을 만나다 보면 까닭 없이 삐거덕대는 경우가 있다. 서로 인사 나누고 한 1분이면 그 낌새를 알아채는데, 도스텀이 그랬다. 도스텀의 악명 높은 반언론관 탓만이 아니라 왠지 정서적 교감이 안 됐다.

견줘보자면, 마수드나 모하킥은 첫 만남에서 눈동자가 부딪치는 순간 바로 통했다. 한 3초 걸렸을까. 그 교감으로 아프가니스탄 취재를 할 수 있었던 건 말할 나위도 없고.

악연도 인연이라고, 그 모두는 아프가니스탄이 내게 준 선물이었다!

이런저런 어려움이 없진 않았으나, 마자리 샤리프는 내게 멋진 추억거리를 안겨주었다. 나는 마자리 샤리프를 발판 삼아 헤즈비 와흐닷이 본부를 차린 바미얀Bamiyan과 자미아티 이슬라미의 거점인 판지시르계곡Phanshir Valley을 최초로 취재하는 영광을 누렸다. 그 시절 국제 언론을 통틀어 아무도 접근하지 못했던 그 현장들은 여태 내 가슴에 명예로 남았고.

바미얀전선, 혜초의 길을 따라

1997년 2월 4일
바미얀Bamiyan | 아프가니스탄

.
.
.

마자리 샤리프에 닿은 지 이레,
헤즈비 와흐닷 숙소에 짐 푼 지 엿새,
바미얀을 향한 피 말리는 기다림
보채고 또 보챘지만 돌아오는 말은 '논 이기듯 밭 이기듯'
"폭설에다 전선이 펼쳐져 육로론 절대 안 돼!"
헤즈비 와흐닷 사령관 모하킥은 고개만 절레절레

오늘도, 마주 앉아 잔 닿도록 차만 마셔댄다
"위험한데 왜 굳이 가려고? 여기서 푹 쉬지."
모하킥이 또 속을 긁어 놓는다
'돌멩이 갖다 놓고 닭알 되기 바란다' 했든가
혹 내 꼴이 아닌가 싶은 게 싱숭생숭

이쯤에서 접을까? 가리산지리산…

"기다려보시게. 곧 길이 열릴 테니."
들킨 맘이 부끄러워 괜히 삐딱하게 한 마디
"또 그 소리. 벌써 칠백 번째."
겉도는 이야기판으로 부관이 전화를 들고 온다
모하킥 얼굴에 사뭇 날이 선다
긴 통화를 마친 이이가 싱긋 웃는다

됐다! 나는 내 직관력을 믿는 편이니
모하킥 코앞까지 바짝 다가앉는다
"문태, 지금 떠나게. 헬리콥터 준비됐으니."
'떡보 메고 배부르다'고 맘은 벌써 바미얀에
"조심해서 잘 다녀오시게."
사내들 뜨거운 껴안음이 빠질쏘냐!

정들었던 엿새까지 담아 잽싸게 짐을 꾸린다
전사들도 제 일처럼 기뻐하며 배웅한다
군용 지프에 경호원 넷과 함께 올라탄다
비상등을 달고 총알처럼 도심을 빠져나간다
마자리 샤리프 공항 한 귀퉁이,
헤즈비 와흐닷 보급창이 바삐 돌아간다

30년은 족히 넘어 보이는 소비에트 헬리콥터,
Mi-8이 비명 질러대며 걸음을 죄어친다
이 고물이 뜰 수나 있을는지? 조마조마
올라타고 보니 속은 가히 절망적
온갖 포탄이 발 디딜 틈 없이 빽빽하니
아아, 저승길로 가는구나!

불이 튀고 온몸이 찢겨 허공에 날리고…
끔찍한 상상들, 가슴이 찌릿찌릿
"철커덕" 날카롭게 '관'이 닫힌다
승무원은 조종사 둘과 길잡이 하나
승객은 오직 카메라맨 피 짤랄월럭스와 나
이제, 다섯은 포탄을 진 운명공동체

뜨긴 뜨나 보다. 어쨌든
단, 날아가는 기분은 아니다
덜컹덜컹 삐걱삐걱, 시골길 달구지 탄 듯
피는 말 없이 눈을 감는다
부처님한테 기도하는 게 틀림없다
불러낼 신마저 없는 나, 그저 '업어 온 중' 꼴

그렇다고, 남의 신에 무임승차하긴 쑥스럽고
이 흉물 덩어리 현대 과학을 믿는 수밖에
그래도 꺼림칙하니 자꾸 떠오른다
'헬리콥터의 무덤.'
이 땅에 338대를 처박은 소비에트군이 붙인 별명
차라리 몰랐더라면 맘이나마 편할 텐데

바미얀, 마자리 샤리프에서 남쪽 220km
줄곧 비명을 질러대며 온몸을 부르르 떠는 Mi-8,
탈리반 대공포를 피해 서쪽으로 먼 길을 잡아나간다
거친 하늘길에 시달리길 한 시간쯤,
"이쪽에 와서 봐요."
기장이 앞창을 가리키며 부른다

Mi-8이 아슬아슬 산허리를 타고 날아오른다
"이게 힌두쿠시산맥이오."
하늘과 맞닿는 데까지 뻗은 거대한 설국,
그저 말문이 막히고 기가 질린다
아름답다거나 멋지다거나 거룩하다거나…
말 따윈 다 겉치레

"와아아아!" 외마디 감탄 말곤 더 나올 게 없다
태고를 간직한 자연 앞에 오그라든다
인과도 없이 날아온 우주의 먼지,
다시 우주의 먼지로 되돌아갈 하찮은 존재
까짓, 삶과 죽음의 갈피가 무슨 의미
온갖 두려움에 질렸던 맘이 사라진다

멧발따라 40분, 마침내 바미얀이 차오른다
휑한 벌판, 우뚝 선 봉우리, 여린 한 줄기 강,
두근대는 심장이 저만치 앞서 날아간다
이윽고, Mi-8이 속도를 줄인다
바로 발 아래 바미얀 두 석불이 나타난다
거센 엔진 소리를 뚫고 기장이 목청껏 외친다

"지금부터 우리 지도자가 명령한 특별 작전을."
생뚱맞은 소리에 피와 나는 고개를 갸우뚱
"특별 작전이라니, 무슨 말인가?"
"바미얀 석불 항공 촬영 지원."
"카림 할릴리Karim Khalili 의장이 그렇게까지?"
기장은 '엄지 척'으로 대꾸한다

두어 주 전 할릴리와 전화로 주고받은 말이 문득

"바미얀에서 석불도 취재할 수 있겠지요?"
"여기까지 올 수만 있다면 마땅히."
그러곤 마자리 샤리프 취재 탓에 잊고 지냈다
사람이 죽어 나가는 판에 석불 타령도 그렇고
한데, 이 전쟁통에도 '말'이 살아 있을 줄이야!

"카메라만 대고 있어요. 앵글은 내가 잡아줄 테니."
기장이 낄낄대며 Mi-8을 180도로 휙 꺾는다
"자, 이제 인류 최초로 바미얀 석불 항공 촬영을!"
부기장이 소리치며 일어나 헬리콥터 문을 연다
이내 허파까지 밀어닥친 찬 바람에 숨이 컥컥
대석불, 소석불이 손 닿을 듯 옆구리에 스친다

"여기 문턱에 걸터앉으면 석불이 한눈에."
부기장이 소리치며 피 허리춤에 벨트를 채워준다
자연이 만든 벼랑에 인간이 깎아 세운 석불 둘
그 틈을 파고드는 조릿조릿 곡예비행 10여 분
두근두근, '바미얀 석불 근접 항공 촬영'
여태, 아무도 갖지 못한 귀한 사료를 담는다

이제 땅으로 내려간다
바미얀을 굽어보는 나지막한 둔덕 위,

Mi-8이 온 천지에 뿌연 먼지를 날린다
휴, 살았다! 뜻 없이 밟아온 땅이 이토록 귀할 줄이야
탈 없이 날아온 Mi-8을 쓰다듬고 경례를
그리곤, 이내 구성없는 풍경 앞에 입이 쩍 벌어진다

어림쳐 1.5km, 이 첩첩 산골에 활주로가 떡하니
러시아제 An-26 수송기도 거뜬히 뜨고 내릴 만
"이란이 바미얀에 군용비행장을 건설했다."
1월 초, 탈리반 외무차관 귀띔을 간가민가했다
이란의 시아파 와흐닷 지원 소문도 마찬가지로
'이란 형제로부터' 여기 이 간판을 내 눈으로 보기 전까진

바미얀 평원을 내려다보며 놀란 맘을 달랜다
기껏 세 시간 남짓, 많은 일이 벌어졌다
Mi-8, 힌두쿠시, 석불, 바미얀, 군용비행장
이 모두는 아프가니스탄전쟁의 첫 기록이다
국제 언론을 통틀어 아무도 접근 못한 현장,
나는 복 받은 저널리스트가 틀림없다!

마중 나온 전사를 따라 와흐닷 숙소에 짐을 푼다
전사도 일꾼도 "한국 형제가 왔다"며 난리들
곧장 소문이 퍼져 동네 구경꾼들까지 들이닥친다

이 바미얀 대석불 사진은 2001년 탈리반이 폭파하기 전 국제 언론에 기록된 마지막 모습이었다.
ⓒ정문태

'형제'에 둘러싸여 인사 주고받느라 발이 묶인다
운전병 도움 끝에 겨우 빠져나와 와흐닷 본부로
"먼 길 오느라 고생했소. 숙소는 괜찮은지?"

할릴리 의장의 정감이 꽉 쥔 손을 타고 심장까지
"자네가 바미얀 밟은 첫 외국인이야. 전쟁통에 아무도."
"취재 허가도, 헬리콥터도, 숙소도 다 고맙고…."
"그야, 우리가 '형제'니까 마땅히."
서울에서 5228km나 떨어진 바미얀,
이 깊은 골짜기에서 뜨거운 '형제 맞이'를 꿈엔들!

"우리 하자라와 한국인은 몽골리안 한 핏줄…."
할릴리가 찻잔을 건네며 속삭이듯
먹먹한 가슴, 왠지 미안한 맘에 콧등이 찡
얼마나 외로웠으면 꼴난 '형제'를 찾았을까!
'형제'를 등쌀로 여긴 나는 '식혜 먹은 고양이' 꼴
바미얀의 하자라, 이 형제들을 어이할까나?

'혈통주의' '인종주의' '민족주의'
이 거북하고 정신 사나운 이념을 잠깐 밀쳐놓기로
"형님" "아우님"…, 좀 서먹해도 불러 볼 만하다
할릴리를 보면 굳이 아니라고 우길 것도 없다

맘씨 좋은 지리산 할아버지와 빼닮았으니
비록, 이 핏줄의 원천이야 알 길 없지만

아무도 찾지 않는 힌두쿠시 골짜기,
해코지당하며 설움 겪어온 소수민족,
외로운 몽골리안 신봉자들,
여기 하자라 사람들
이제, 내가 기꺼이 이들을 형제라 부르리
마다할 것도 아낄 것도 없이

헤즈비 와흐닷 본부를 나와 석불부터 찾아간다
해발 2500m 바미얀, 걸음마다 숨이 차오른다
힌두쿠시를 넘어온 거센 눈바람, 영하 20도
이내 귓불이 얼어붙고 온몸이 오그라든다
열대 사나이 피는 석불 밑에 엎드려 불심을 바친다
처음 겪는 이 추위도 눈 덮인 땅도 아랑곳없이

"눈 내리는 추운 땅, 산속에 사는 사람들, 늘비한 절,
숱한 승려들, 백성도 관리도 임금도 삼보를 받들고…,"
727년, 불심을 쫓아 서역 길에 오른 혜초
바미얀 대석불 아래 엎드려 붓을 들었다
니르바나nirvana[8]를 향한 고요한 신심으로

역사, 『왕오천축국전』의 한 대목이 태어났다

"탈리반의 민간 보급로 차단, 5천 피난민 고립,
동부 쉐발Shebal 고개 전투, 북부 동맹군 후퇴."
1997년, 전쟁을 쫓아 취재 길에 오른 나
바미얀 대석불 아래 쪼그려 펜을 든다
사바sabhā[9]를 향해 가눌 수 없는 증오로
뉴스, 눈바람이 잡문을 쓸어 가버린다

이 1270년 시간의 틈을 비집고,
나는 혜초와 선을 달고자 애쓴다
당신이 순례자였다면 나는 떠돌이
당신이 불국토를 쫓았다면 나는 전쟁터를 쫓고
당신이 황금의 시대였다면 나는 쇠붙이의 시대
"눈앞을 보라!" 혜초가 죽비를 내려친다

불그스레 볼이 언 아이들이 이방인을 쳐다본다

---

8 '니르nir'는 '꺼지다', '바나vana'는 '불'로 흔히 '열반涅槃'이라고 한다. '번뇌의 불
이 꺼지다'의 뜻으로 욕망과 분노, 어리석음 등 온갖 번뇌가 다 소멸된 궁극적
인 경지를 가리킨다.
9 인토忍土, 감이토堪忍土, 인계忍界로 번역. 우리가 사는 이 세상을 가리킨다.

얼어붙은 돌산을 헤집고 다니는 하자라 아이들
운 좋은 날 돌 틈 나물이라도 캤던 기억을 따라
오늘도, 맘을 달래주는 바람개비를 돌리며 기웃기웃
'하자라 로찌 아즈 상 타이다 모나!'
(하자라는 돌에서 빵을 찾는다!)

얼핏, 눈 덮인 산악에서 메마른 사막을 본다
신기루인지 곡두인지 알 수 없는

해 떨어지기 무섭게 바미얀은 암흑천지
신고식이 없을 리!
밥상에 앉자마자 고막이 찢어질 듯
총 챙긴 전사들이 뛰쳐나간다
"피, 카메라, 카메라, 빨리, 빨리"
숙소 지붕으로 날아오른다

러시아제 23mm 기관포가 미쳐 날뛴다
석불 머리 위로 하얀 불꽃이 튀어나간다
탈리반 전투기를 쫓는 대공포에 질린 밤
비로소 코앞까지 쪼여온 바미얀전선을 실감
아, 여긴 전쟁터!
전선 낭만 따위는 이제 접을 때가

길고 길었던 하루가 내일로 넘어간다

끝을 알 수 없는 전선일기에 쉼표를

애달픈 기록

구닥다리 Mi-8 헬리콥터, 눈 덮인 힌두쿠시, 석불, 쉐발전선, 헤즈비 와흐닷 이슬라미 전사들, 동굴 속 피난민들, 하자라 '형제애'….

27년이 지났지만 1997년 바미얀의 겨울은 여태 내 가슴에 또렷이 박혀 있다.

"전쟁이 끝난 따뜻한 봄날, 카메라도 취재 노트도 없이 홀가분히 되돌아오겠노라!"

다짐했건만, 속절없이 세월만 흘리고 말았다. 늘 바쁜 일타령으로 이리저리 핑계를 둘러댔다. 어쩌면 내 안에 똬리 튼 삿된 생각 탓이 아니었던가 싶다.

'북부동맹군' '바미얀전선' '이란 군용비행장' '카림 할릴리 인터뷰' '헤즈비 와흐닷 이슬라미 전사' '석불 항공 촬영' '하자라 난민' '쉐발전선'…. 1997년 내 모든 취재 앞에 국제 언론을 통틀어 '최초'란 수식어가 붙으면서 더 오를 곳이 없는 바미얀을 밀쳐버렸는지도 모르겠다.

그렇게 내가 스쳐 간 바미얀은 머잖아 돌이킬 수 없는 비극을 맞았다. 1997년~2001년, 하자라잣Hazarajat[10]의 심장인 바미얀은 헤즈비 와흐닷 이슬라미와 탈리반이 세 번씩이나 번갈아 깃발을 꽂는 최대 격전지가 되었다.

그사이 탈리반은 1998년 8월 마자리 샤리프에서 5천여 하자라족을 살해한 데 이어, 한 달 뒤인 9월 바미얀에서 또 2천 웃도는 하자라족을 살해했다. 이른바 '1998년 하자라 학살사건'이었다. 바람개비를 돌리며 돌산을 헤매던 바미얀의 겨울 아이들도, 동굴 속 피난민들도 모두 죽임당했다.

3~4세기 불국토의 꿈을 안고 깎아 세웠던 대석불(55m)도 소석불(38m)도 바미얀의 하자라와 운명을 함께했다. 탈리반은 2001년 2월 26일 로켓포로 석불의 역사를 영원히 지워버렸다.

내 필름에 담은 바미얀 사람들과 석불의 '최초'는 그렇게 '최후'의 기록이 되고 말았다. 다시는 되돌릴 수 없는 그 '첫'과 '끝', 내게 남은 애달픈 바미얀의 기억이다.

바미얀의 전쟁은 끝나지 않았고, 바미얀엔 봄도 오지 않았다. 아직도.

....

10 하자라스탄Hazarastan으로 부르기도 한다. 힌두쿠시산맥과 코이바바산맥Koh-iBaba Mountains을 낀 아프가니스탄 중부 산악지역으로 하자라 사람들의 삶터를 일컫는 하자라잣은 16세기 무굴제국 왕 바브르가 처음 기록에 남겼다. 하자라 사람들은 예부터 이 하자라잣을 독립적인 인종, 영토 개념으로 여겨왔다. 하자라잣은 불국토를 꿈꾸던 3~4세기부터 이슬람으로 개종한 7세기 말까지 인디아의 마우리아왕조와 쿠샨왕조한테 침략당한 데 이어, 13세기 칭기스칸한테 그 중심지인 바미얀을 점령당했다. 하자라잣은 1893년 카불 지배자인 파슈툰족 왕 압둘 레흐만한테 침략당하면서 막을 내렸다. 레흐만 왕은 바미얀을 점령한 뒤 하자라를 학살하고 숱한 이들을 카불로 끌고 가서 노예로 부렸다. 그로부터 하자라는 다수민족 파슈툰이 지배하는 아프가니스탄 역사에 휘말려 박해받는 소수민족이 되고 말았다.

판지시르의 사자

1997년 2월 16일
바자락Bazarak 판지시르계곡Panjshir valley | 아프가니스탄

.
.
.

1430시, 탈로칸Taloqan을 떠난 북부동맹군 사령관 아흐맛 샤 마수드Ahmad Shah Massoud의 전용 헬리콥터 Mi-17이 탈리반의 대공포를 피해 힌두쿠시 골짜기를 타고 아슬아슬 날아간다.

1630시, Mi-17이 뿌연 먼지를 일으키며 판지시르계곡에 내려앉는다. 곡예비행으로 빳빳이 굳었던 온몸이 풀리면서 내딛는 발이 후들후들.

"잠깐 앉았다 갈까? 여기서 1980년대 소비에트군과 싸웠지."

대소비에트 항쟁의 전설적인 지도자 마수드가 판지시르강 Phanjshir River 기슭으로 이끈다.

터키석 알갱이가 툭툭 튀어 오르는 강물
차가운 쪽빛 하늘이 뚝뚝 떨어지는 계곡

가버린 역사 안고 엎어진 소비에트 탱크
민둥산을 넘어오는 귀 때리는 대포 소리
거룩한 자연과 고약한 전쟁의 낯선 조화
정녕, 아름다움을 시샘한 신의 장난인가!

우리는 한참 동안 말없이 강만 쳐다본다
멈춘 시간을 비집고 곡두가 휙 날아든다
책에서나 봐온 이 엄청난 역사의 현장도
그 역사의 주인공과 어깨를 맞댄 현실도
마냥 튀었다 사라지는 물방울 속 찰나로

이윽고, 마수드가 옅은 웃음으로 말문을 연다.
"여기 판지시르계곡은 이번이 첫걸음인가?"
"세 번째. 두 달 전엔 쿠데나까지 왔다 탈리반한테 막혀."
"오, 탈리반이 날뛴 뒤에도 여기 온 외국 기자가 있었구먼?"
마수드는 주머니에서 꺼낸 파콜[11]의 각을 세우더니 내게 씌워
준다. "이걸 써봐. 여기선 파콜을 써야 멋쟁이지. 전선기자라면 멋
도 좀 부리고 그러는 거야."

---

11 아프가니스탄과 국경을 맞댄 파키스탄의 치트랄Chitral, 길깃-발티스탄Gilgit-
Baltistan 지역 양털로 만든 전통 모자. 주로 파키스탄, 아프가니스탄, 카슈미르에
서 남자들이 쓴다.

판자시르 계곡. ©정문태

삐딱하게 눌러쓴 파콜은 "판지시르의 사자"로 불려온 마수드의 상징, 짙은 카리스마에서 슬쩍 삐져나오는 잔정을 통해 마수드의 전선 동력을 엿본다. 비로소 의문이 풀린다. 왜 전사들이 "마수드"를 외치며 적진을 향했고, 왜 총 맞은 전사들이 마지막 가쁜 숨을 헐떡이며 "마수드"를 찾았는지.

카불 국방부 청사와 마이단 샤르Maidan Shar 전선에 이은 세 번째 만남, 우리는 정치와 전쟁을 접고 속내를 털어놓으며 서로를 훑어볼 짬이 났다. 참 뜻밖이다. 마수드가 이끄는 북부동맹군의 주력인 자미아티 이슬라미가 최후 방어선을 친 판지시르로 탈리반이 사생결단 쳐들어오는 긴장 속에서.

"나도 한땐 프랑스 소설에 미친 문학청년이었지."
사자 같은 마수드 눈매에 살짝 수줌음이 돈다.
아프가니스탄 최고 명문 카불과학기술대학KPU에서 기계와 건축을 공부하며 일찌감치 정치 운동에 뛰어든 마수드가 문학을 입에 올릴 줄이야! 17세기 극작가 몰리에르에서부터 소설가 스탕달, 샤를 보들레르, 에밀 졸라를 넘나들며 흥겹게 이야기하는 마수드의 모습은 상상 밖이었다. 그동안 우린 기계처럼 정치와 전쟁만 입에 올렸으니.
이래서 예부터 프랑스 정계와 언론이 마수드를 싸고돌았던가 보다. 이래서 '적진'이 마수드를 "프렌치맨Frenchman"이라 닦아

세웠던가 보다.

"고등학교(Franco-Afghan Lycée Esteqlal) 땐 에밀 졸라에 홀려 기자를 꿈꾸기도 했어. 드레퓌스 사건[12]에 맞선 「나는 고발한다」를 닳도록 읽으면서."

기자를 화두 삼은 마수드는 느닷없이 공을 내게로.

"한데, 자넨 왜 기자 할 생각을?"

"사연이 좀 길어서…" 멋쩍음에 우물쭈물

"괜찮아. 오늘은 해 지면 저녁 먹는 게 다니까."

"여행하며 글 쓰고 싶었던 어릴 적 꿈에다, 1980년대의 시대적 고민에다…"

내 이야기를 주절대는 게 싫어 어지간하면 안 꺼냈던 말이 오간다. 우리는 5100km나 떨어진 곳에서 비록 '침략자'와 '독재자'로 적은 서로 달랐지만 저항의 시대를 함께 살아온 동지애를 느낀다. 서로를 연민으로 바라보며.

"근데, 왜 하필 전선기자로?"

---

12 19세기 후반 군국주의, 반유대주의, 애국주의가 휩쓴 프랑스에서 간첩 혐의로 억울하게 옥살이한 포병 대위 드레퓌스를 놓고 무죄를 주장하는 드레퓌스 진영과 유죄를 주장하는 반드레퓌스 진영이 부딪친 정치적 사건. 국가권력이 저지른 대표적 인권유린, 간첩 조작사건으로 역사적 상징성을 지녔다. 그 과정에서 드레퓌스를 지지한 소설가이자 언론인인 에밀 졸라가 「나는 고발한다」라는 유명한 글을 남겼다.

"외신에서 정치판 뛰다 보니 저절로."

"저절로라는 게 있나?"

"정치의 가장 극단적 행위가 전쟁이니."

"애초 전쟁 취재란 게 쉽잖았을 텐데?"

"전선에 몸부터 던져넣고 상상력으로."

마수드는 맞장구치며 한참 껄껄거린다

"나도 그랬어. 1970년대 말 첫 전선에 오를 땐."

"전쟁이란 걸 배울 데가 없으니 부딪치며 눈치껏."

"옳아. 학교도 스승도 없지. 경험이 교범일 뿐."

'고욤 맛 알아 감 먹는다' 했던가?

우린 비슷한 경험으로 부쩍 동질감을 느낀다

마수드는 전선기자를 화두 삼아 인터뷰하듯 물고 늘어진다.

"아미르 사힙[13]은 전사보다 기자가 더 나았을 뻔."

"오전엔 자네가 인터뷰로 애먹였으니 이제 내 차례지."

싱긋 웃는 마수드 얼굴이 살짝 어두워지는가 싶다.

하긴, 패장 마수드한테는 오전 인터뷰가 결코 편치 않았으리

라. 1979년 대소비에트 항쟁에 뛰어들고부터 오직 승리의 깃발

---

13 대소비에트 항쟁 시절 전사들이 마수드를 불렀던 말. 아프가니스탄 통용어인
   다리Dari어(다리 페르시안Dari Persian)로 '사령관'이나 '보스'를 뜻함.

만 올렸던 마수드는 여태 단 한 번도 패장 신세로 기자를 만난 적이 없었을 테니.

실제로 마수드는 지난해 9월 탈리반한테 카불을 내주고 판지시르계곡으로 들어온 뒤 아예 언론과 연을 끊었다. 해서 달포 전 위성전화로 어렵사리 선이 닿았을 때도 마수드는 "지금 할 말 없다. 다음에 보자"며 거리를 뒀다. 보름 전 두 번째 통화에서도 마수드는 "탈로칸까지 올 수 있으면 와라"고 에둘러 마다했다. 북부 탈로칸은 판지시르계곡과 가녀린 숨통을 단 마수드의 병참기지로 이미 탈리반한테 접근로가 잘려 바깥사람이 드나들 수 없었으니.

하여, 일주일 전 나는 마자리 샤리프를 떠날 때만 해도 "갈 수 있는 데까지 가 보자"는 생각이 다였다. 어렵사리 탈리반을 피해 탈로칸에 닿고 보니 놀란 건 마수드였다. "오오, 어떻게 여기를!"

산봉우리에 걸린 해가 뉘엿뉘엿 넘어간다
판지시르강에 이내 어둠이 드리운다
마수드의 부관이 다가온다
"아미르 사힙, 곧 저녁 먹을 때가."

우리는 흐르는 강물을 바라보며 잠깐이나마 전쟁을 잊었다. 마수드는 전사로 나는 전선기자로 살아온 길은 달라도, 어쩌면 우리는 외로웠고 '사람'을 그리워했는지도 모르겠다.

판지시르계곡이 다시 포성에 뒤틀린다.

마수드가 남긴 파콜

그날 판지시르계곡은 마수드와 나의 마지막 인연이 되고 말았다. 4년 뒤, 마수드는 영원히 돌아올 수 없는 길로 떠났다.

2001년 9월 9일, 동티모르 총선 취재를 마치고 발리에서 한숨 돌리던 나는 마수드 암살 소식을 들으며 아프가니스탄에 다가올 어둠을 예감했다. 이틀 뒤인 9월 11일, 뉴욕 월드트레이드센터 폭파 뉴스가 날아들었다. 진자리에서 나는 마수드 암살과 9/11 사건이 아프가니스탄을 낀 쌍둥이 음모라 믿었다.

"머잖아 미국이 아프가니스탄을 세 번째 죽일 거야!"

소름이 끼쳤다. 마수드가 내게 했던 이 말이 꼬리 물며 떠올랐다.

"마수드 암살과 9/11 공격은 아프가니스탄에 똬리 튼 알카에다Al-Qaeda 짓이다." 곧장, 미국 정부는 조사도 수사도 없이 범인을 가리켰다. 이어 미군은 한 달도 채 안 된 10월 7일 아프가니스탄을 침공했다. 11월 카불에서 탈리반을 몰아낸 미군은 12월 초 하미드 카르자이Hamid Karzai를 대통령 삼아 괴뢰정부를 세웠다. 오랫동안 준비하고 잘 짜 맞춘 시나리오를 따라.

마수드의 주검은 이레 뒤인 9월 16일 판지시르계곡 한 모퉁이, 고향

잔가락Jangarak으로 옮겨졌다. 헬리콥터가 잔가락에 내리자 판지시르 사람 2만4000명이 달려들어 서로 그 관을 지키겠다며 난리 쳤고, 수천 전사들이 눈물을 흘리며 마수드의 마지막 길을 따라갔다.

"마수드, 우리는 영원히 아미르 사힙을 따르리다!"

대소비에트 항쟁의 전설적인 게릴라 지도자, '판지시르의 사자' 마수드는 마흔여덟 짧은 삶을 그렇게 마감했다.

'누가 마수드를 죽였는가?'

23년이 지났다. 21세기판 음모의 출발지인 마수드 암살사건은 여태 의문만 남긴 채 깊은 어둠 속으로 빨려 들어가고 있다. 아직은 마수드를 떠나보낼 수 없는 까닭이다.

탈리반의 경고 "팔목을 잘라 버리겠다"

1998년 10월 2일
카불Kabul | **아프가니스탄**

.
.
.

카불에 내리는 어둠, 돌아갈 발길을 죄어친다
막 들어선 인터콘티넨탈호텔 로비가 술렁인다
대여섯 일꾼이 몰려와 계단 쪽 벽을 가리킨다
지배인이 걱정스런 낯으로 종이쪽지를 건넨다
"탈리반이 경고장 붙이고, 이걸 주고 갔어요."

경고
한국 기자 정문태 앞
한 번 더 사람을 촬영하면 손목을 자를 것이다.
이 경고는 마지막이고, 외국 기자도 예외 없다.
–아프가니스탄 이슬람 토후국 외무부 외신국

섬뜩하다
싸한 기운이 돈다
카메라맨, 통역, 운전기사는 얼어붙었고
달리 할 말이 마땅찮다
부풀린 억지웃음 말고는

"탈리반은 달라요. 조심하세요!"
둘러선 일꾼들이 한목소리로
"걱정 마. 꼴난 종이쪽지 하나에 뭘."
큰소리친들 쿵쾅대는 내 심장은 내가 안다
그저 안 들키려고 애쓸 뿐

"괜찮겠어? 취재는 할 수 있으려나?"
카메라맨 쿠사카베Masazo Kusakabe가 짐짓
제법 많은 전선을 뛴 이이도 못내 불안한 듯
"어떻게 되겠지. 갈 수 있는 데까지 가보세."
말은 이지렁, 속은 '질탕관에 두부장 끓듯'

"경고", 취재 현장에서 귀 닳도록 들어왔다
'동네 개 짖는 소리'니 흘려 넘기면서
한데, 문서로 받긴 처음이다
눈에 닿는 긴장감이 귀완 다른가 보다

현실감이 오싹 다가오는 게

여성을 찍던 《CNN》이 모질게 당한 터라 더 그렇다
앞서 탈리반은 본때를 보였다
기자를 개머리판으로 두들겼고
카메라를 길바닥에 내동댕이쳤고
통역과 운전기사를 감방에 처박았고

대책회의
카메라맨, 통역, 운전기사를 내 방으로
"이거 자네들이 고자질했지?"
통역과 운전기사가 손사래 치며 펄쩍 뛴다
"농담이야. 내가 자네들 믿는 것 잘 알지?"

사실이 그랬다
비록 탈리반이 붙여준 통역과 운전기사지만,
둘은 현장에서 전방관측소 노릇까지 해줬다
일찌감치 우리 편으로 끌어들인 동지였으니!
아프가니스탄 취재의 성패가 달린 고갱이로

진짜 고민은 탈리반의 정보력이다
하일하나 공동묘지에서 장례식 찍은 게 1400시,

기껏 두어 시간 만에 경고장이 날아들었으니
"그럼, 이제 어떻게 해요?"
통역이 조심스레 묻는다

"뭘 어떻게 해. 오늘처럼 현장 뛰는 거지."
셔츠를 벗어 통역한테 입힌다
머플러를 풀어 운전기사 목에 감아준다
이게 다. 경고장에 맞서 내가 할 수 있는 일
대책 없는 대책회의 끝

뜨거운 포옹
확인한 믿음
우리는 간다
내일을 향해
나머진 운명

다들 떠난 쓸쓸한 밤,
카불은 칠흑 같은 어둠에 잠긴다
고맙고, 또 고맙다!
나와 함께 묶인 이 인연들이
다짐한다. 그래, 고민은 나 혼자만!

아프가니스탄에서 두 번 죽다

1996년 카불을 점령한 탈리반은 이슬람 원리주의를 내걸고 물라 오마르Mullah Omar의 교령통치로 아프가니스탄을 옭아맸고, 국제사회는 곧장 그 탈리반을 '악마'로 몰아붙였다.

그리고 1998년 아프가니스탄은 뜨겁게 달아올랐다. 내가 탈리반한테 '경고장'을 받은 바로 그해였다. 8월 7일, 케냐와 탄자니아의 두 미국 대사관을 겨냥한 알카에다의 폭탄 공격으로 224명이 숨지고 4000여 명이 다쳤다. 8월 20일, 미국 정부는 아프가니스탄 호스트주Khost Province에 더부살이해온 알카에다의 군사훈련장 자와르 킬리 알바드르Zhawar Kili Al-Badr를 토마호크 미사일로 보복 공격했다. 알카에다의 미국 대사관 공격 못잖게 미국 정부의 아프가니스탄 불법 공격도 국제사회를 달궜다.

이내 외신판엔 아프가니스탄 비자 전쟁이 벌어졌다. 그즈음 탈리반이 비자를 발급했던 오직 한 곳, 파키스탄의 이슬라마바드 주재 아프가니스탄 대사관은 북새통을 이뤘다. 8월 말부터 몰려든 외신기자 백여 명은 대꾸도 없는 아프가니스탄 대사관에서 날마다 죽쳤다.

기다림에 지친 나는 허수아비 대사관 대신 카불의 탈리반 지도부와 어렵사리 선을 달았다. 그리고 9월 말 외신기자 가운데 첫 비자를 받았다. 내가 비자를 받는 순간, 등 뒤에선 희망을 엿본 기자들이 환성을 터트렸다. 으레, 시기와 질투로 구시렁대는 소리도 함께.

"한국 기자 정문태는 탈리반 끄나풀이다."
그날 저녁부터 외신기자들이 수군대는 소리가 들려왔다.
'들으면 병이요 안 들으면 약이다' 했거늘, 소문이란 게 속보 뺨치는 외신판이다 보니 사뭇 걱정스러웠다. "미친놈들!" 일일이 대꾸할 순 없었지만, 사실은 탈리반 지도부와 직통하는 내 친구 라히물라 유숩자이Rahimullah yusufzai한테 도움을 받았다. 파키스탄 언론인인 라히물라는 탈리반 최고지도자 물라 오마르와 알카에다 지도자 오사마 빈 라덴Osama bin Laden을 유일하게 인터뷰한 당대 최고 '아프가니스탄통'이었다. 그렇게 나는 9월 30일 카불로 들어갔다.

돌아보면, 1994년 칸다하르Kandahar에서 태어난 탈리반과 나는 제법 많은 사연으로 얽혔다. 나는 1996년 문화공보장관 아미르 칸 무타키Amir Khan Mutaqi와 외무차관 모함마드 스타닉자이Mohammad Stanikzai 인터뷰로 얼굴 없는 탈리반 지도부를 처음 세상에 알렸다. 이어 탈리반의 바그람공군기지 점령 취재, 탈리반의 살랑파스Salang Pass 전선 취재, 북부동맹군한테 잡힌 탈리반 전쟁포로 200여 명 인터뷰도 모두 국제언론에서 '최초' 꼬리표를 달았다. 극단적 반언론관으로 악명 떨친 탈리반이고 보면 나는 기자로서 엄청난 행운을 누린 셈이다.

뭐, 그렇다고 탈리반과 악연이 없었던 건 아니다. 그럭저럭 괜찮은 관계를 맺은 탈리반 지도부와 달리 현장에선 모든 외신기자가 겪었던 것처럼 까탈 부리는 전사들과 심심찮게 부딪히기도 했으니. 하긴, 탈리반한테 적잖은 외신기자가 얻어터지고 감방에 처박히고 죽어나간 판에 실랑이와 몸싸움에다 꼴난 경고장쯤이 다였던 내가 굳이 악연이라 우길 것도 없지만.

다만, 소문에서만큼은 여러 번 큰일을 겪었다. 아프가니스탄을 드나든 기자가 아주 드물던 그 시절 내겐 유독 희한한 소문이 따라붙었다. 1998년 비자건으로 '탈리반 끄나풀'이 된 건 그렇다 치고, 1996년 카불 취재 때는 "한국 기자 정문태가 탈리반한테 개머리판으로 얻어 터졌다"며 괴상한 소문이 돌기도 했다. 외교부 청사 앞길에서 담배를 피우지 말라는 탈리반 전사와 잠깐 옥신각신했던 게 다였다. 나는 그 담배를 끝까지 피우고 자리를 떴으니 사실이 아니었다. 말질 즐기는 외신기자 한 놈이 그 장면을 보고 부풀린 듯.

"정문태가 북부 마자리 샤리프에서 탈리반한테 살해당했다."

이건 탈리반이 마자리 샤리프 점령전을 벌이던 1997년 5월에 나돈 꽤 가혹한 소문이다. 그즈음 탈리반한테 쫓겨난 북부동맹군을 유일하게 취재한 기자인 데다 카불 친구들과 소식이 끊겼으니 얼핏 그럴듯했다. 어이할까나! 나는 이미 그 두어 달 전 마자리 샤리프를 떠나 캄보디아를 취재하고 있었으니.

아, 그리고 보니 나는 아프가니스탄에서 이미 두 번이나 죽었다. 1993년 카불에서도 "자미아티 이슬라미와 헤즈비 와흐닷 이슬라미 교전 중 한국 기자가 총 맞고 실려 갔다"는 소문이 나돌았다. 그땐 전투가 끝나고 전상자를 옮기는 구급차에 올라탔을 뿐이다.

그리하여, 나는 아프가니스탄의 불사조가 됐다!

섬뜩한 경고장도 생뚱맞은 소문도 모두 탈리반과 인연이 내게 안긴 추억거리로 남았다. 뜨겁게 현장을 취재하던 아름다운 시절의 기억들이다. 오늘도 나는 그 날카로웠던 순간들을 그리워한다.

3

후불, 넝마주이로 뛰어든 전쟁

. . . . .

예멘

북예멘군의 남예멘 유류 저장고 공습 현장. 1994년 예멘전쟁. ⓒ정문태

유언장

1994년 5월 29일
지부티Djibouti

．
．
．

수신 : 지부티 국제적십자위원회

발신 : 정문태

나, 정문태, 한국인 저널리스트는 1994년 5월 30일 지부티 발 아덴행 구호선 본셀라호에 승선함으로써 발생 가능한 어떤 신체적(부상과 사망 포함), 재산적 손실도 국제적십자위원회에 책임을 묻지 않는다. 항행 중 발생 가능한 모든 신체적, 재산적 손실의 책임은 오롯이 나, 정문태가 진다. 이 문서는 법적 효력을 지닌 증거로 남긴다. 1994년 5월 29일. 정문태

에라, 얼떨결에 한 자 갈긴다
뭐, 달리 뾰족한 수도 없으니
쓰고 보니 신체 포기 각서다

후불, 넝마주이로 뛰어든 전쟁 | *131* |

이 세상에 남길 마지막 글일 수도

흥정치곤 꽤 만만찮다
애초, 책임 따윌 떠넘길 맘도 아니었지만,
좀 꺼림칙한 게 영 떨떠름하다
늘 막장 앞에 서성이는 내 팔자도, 참!

"꼭 이렇게까지 해야 하나?"
"확인서라 여기게. 본디 기자 못 태우니…."
불편한 낌새챈 지부장이 멋쩍게 웃는다
"여튼, 고맙고. 내 유언장 잘 챙기시오."

"유언장은 무슨, 왜 그런 불길한 말을."
지부장이 펄쩍 뛰며 손사래 친다
'불길'이라? 음, 괜스레 불길하다
전선에 오르기 전 애써 피하는 말인데

쓸데없이 날카로워지는 게 얄궂다
뚱하니 국제적십자 사무실을 나선다
내 맘에 모가 난 게 틀림없다
꼴난 각서 한 장 탓에

49도, 펄펄 끓는 사막길 따라 현실로
아, 내가 엄청난 도움을 잠깐 잊었다
각서 한 장 휘갈기고 뱃길 얻었는데!
까짓 백번 천번 쓴들 어떠리오

지부티-아덴Aden 바닷길, 기껏 244km
전쟁 특수로 모터보트 편도가 2만5000달러
목숨 건 뱃사공 찾기도 하늘의 별 따기
그래, 나는 오늘 유언장과 뱃삯을 맞바꿨다

내 몸값이 2만5000달러?
좀 억울하지만, 이게 내 시세다

해거름, 사막 언저리 카페에 앉는다
전쟁보다 무섭다는 지부티 물가
풀 한 접시가 25달러
토마토 네 쪽, 오이 여섯 쪽, 양상추 한 줌

오늘만큼은 투덜대지 않기로
2만5000달러를 번 날이니!

이슥한 밤길을 따라 호텔로

내일이면 나는 아덴으로 들어간다
내 몸에 흐르는 G형(집시) 피의 명령을 좇아
문득, 가로등을 때리는 부나방에 연민을

나를 태워갈 본셀라Bonsella는 어떤 배일까?
여인 기다리듯 두근거리는 맘으로 하루를 접는다

길바닥에서 건진 아덴행 뱃길

1994년 5월 4일 예멘전쟁이 터졌다. 몸은 하난데 맘은 둘, 무너져 내리는 버마 민족해방전선을 취재하던 나는 예멘 소식에 안달복달 맘 졸이다 결국 5월 중순 방콕으로 되돌아와 외신판을 두드렸다. 한데 예멘전쟁에 선뜻 나서는 언론사가 없었다. "좀 더 기다려보자." 다른 말로 "관심 없다"는 뜻. 섭섭하지만 이해 못 할 바는 아니었다. 예멘을 비롯한 중동 뉴스는 주로 이집트 카이로나 요르단 암만 지국의 취재 영역이었으니.

5월 25일, 속이 타들어 가던 나는 짐을 꾸렸다. 이 바닥 말로 흔히 언론사와 계약(임명)을 뜻하는 '어사인먼트assignment'도 없이 훌쩍 예멘을 향해 날아갔다. 몇몇 언론사로부터 취재비도 지면도 그저 두루뭉술 '후불(취재가 된다면)' 약속만 받은 채. 하여 내가 예멘으로 들고 간 건 동전까지 챙긴 9000달러에다 '현장에서 부딪쳐보자!'는 오기가 다였다.

"어떻게 되겠지!" 혼잣말로 주절거리는 사이 예멘 취재 거점으로 잡은 에디오피아 수도 아디스아바바에 떨어졌고, 힐튼호텔에 짐 풀기 무섭게 예멘행 정보를 캐러 길바닥으로 나섰다.

"딱 보니 기잔데 중국, 일본, 어디?" 어깨를 툭 치며 너스레 뜨는 낯선 놈과 커피 한잔으로 인연을 맺었다. 길에서 만난 프랑스 출신 기자

프란시스 히켈Francis Hickel은 남과 어울리는 재주가 뛰어나 온천지에 친구를 깔고 사는 그야말로 아프리카 마당발이었다.

"자넨 예멘전쟁 취재한다며 왜 여기로?" "지부티 관문이니." "오, 남쪽 아덴 노리는군. 쉬운 북쪽 사나Sana'a 두고 왜 굳이 위험한?" "사나엔 이미 기자들 바글거리니." "아덴 들어가기 힘들어! '개구멍'은 찾았나?" "해서 지금 헤매고 다니는데, 아직." "뱃삯도 만만찮아. 어쩌려고?" "길이 있겠지. 지부티에서 부딪쳐보려고." "내가 한 번 알아봐줄 테니 기다려보게." 날라리의 잘난척쯤이라 여겨 한쪽 귀로 듣고 흘렸다. 지푸라기라도 잡고 싶은 심정이긴 했지만.

그즈음 접근이 자유로운 북예멘 수도 사나엔 300여 외신기자가 몰려 북새통을 이뤘으나 공격당하는 쪽인 남예멘 수도 아덴은 언론 사각지대였다. 그러니 뉴스는 모조리 사나에서 쏟아져 나왔고, 국제언론의 예멘전쟁 보도는 극단적 편향성을 드러냈다.

애초 국제언론이 아덴을 버린 건 통일 예멘공화국의 정치, 경제, 외교가 사나에 몰린 데다 접근로가 막힌 아덴의 취재 환경이 한몫한 건 사실이다. 그러나 본질은 따로 있다. 국제공룡자본 언론사들이 사회주의 노선에 기운 남예멘을 흘겨본 탓이었다.

그런 상황 속에서 나는 '소수, 비주류, 피해자, 방어자 쪽에서 취재한다'는 해묵은 다짐을 좇아 망설임 없이 아덴을 택했다.

한데, 현실이 녹록잖았다. 당최 길이 안 보였다. 전쟁이 터지자마자 예멘과 늘 으르렁대온 북쪽 사우디아라비아는 말할 것도 없고, 전쟁 불똥을 걱정한 동쪽 오만마저 국경을 닫아버려 육로 접근은 원천적으로 불가능했다. 북군 공습 탓에 남쪽 공항과 항구는 일찌감치 폐쇄되었고.

"아덴 개구멍은 오직 하나, 서남쪽 지부티에서 배로 홍해 들머리 아
덴만을 뚫는 수밖에!" 말은 그럴듯한데, 전쟁터로 배를 몰고 갈 사공을
찾는다는 게 호락호락할 리가. 운 좋아 간 큰 뱃사공을 만난들 손바닥
만 한 모터보트로 아덴까지 가는 데만 2만5000~4만5000달러. 부르는
게 값이니 웬만한 국제 언론사들도 혀 내두를 판에 나처럼 가난한 기
자야 오죽하랴!

밤새 뒤척뒤척. 이튿날 아침 잠결에 날라리 전화를 받았다.

"헤이 문태, 내일 지부티로 떠나게. 케냐 국제적십자사가 용선 계약
한 구호선을 곧 아덴으로 띄운대. 내가 케냐 쪽 친구한테 부탁해서 이
미 지부티에 케이블(전보)을 쳐놓았으니."

날라리 말을 듣고 지부티로 떠났다. 어차피 지부티에서 결판내겠다
고 맘먹었으니 달리 밑질 일도 없었고. 긴가민가 지부티 국제적십자위
원회 사무실을 찾아갔다.

"혹시, 케냐 쪽에서 케이블 받았는지?"

"오, 당신이 한국 기자 미스터 정?"

그랬다. 내가 아덴으로 들어갈 수 있었던 건 오롯이 날라리의 도움
이었다. 길바닥에서 만난 날라리한테 상상도 못 한 엄청난 선물을 받
았던 셈이다. 날라리와 인연은 이듬해 에티오피아와 르완다 취재로 이
어졌다. 단, 거기까지였다. 시시콜콜 다 말할 순 없지만, 귀한 인연이었
던 만큼 아픔도 적잖았다.

고백건대, 나는 날라리한테 많은 걸 얻었다. 아덴행 뱃길을 잡아준
게 다가 아니었다. 나는 기자로서 현장을 다루는 날라리 솜씨를 엿보
며 크게 한 수 배웠다. "어떻게든 해낸다"는 돌파력과 "모두가 친구다"

는 친화력이 현장 취재의 고갱이란 사실을 깨달았고.

　도시에선 낯가림이 심한 내가 취재 현장에서만큼은 뻔뻔스레 변신할 수 있는 것도 그 인연에서 비롯되었다.

　어리석고 못난 놈, 그래도 너는 내 스승이었다.

　나는 아직도 가끔, 너를 떠올린다.

　'불 꺼진 화로 딸 죽은 사위'라 했던가, 올 때 왔듯이 갈 때 가는 게 인연인가 보다.

편도 인생, 아덴만을 넘다

1994년 5월 30일
아덴만Gulf of Aden

.
.
.

설친 잠결에 아침을 맞는다
말끔히 면도하고 몸을 씻는다
깨끗한 속옷에 날 선 셔츠를 걸친다
커피 한 잔에 담배 한 대, 출정식이 끝났다

두근두근 길을 나선다
맘에 둔 여인을 만나러 가듯 설레는 걸음

1000시, 지부티항
검정빛 본셀라Bonsella[1]가 기다린다
1960년생, 살짝 풍기는 촌티에 제법 육감적
한눈에 반해 대뜸 올라탄다

1140시, 본셀라가 부르르 몸을 떤다
이내 거친 숨소리를 뿜는다
출항. 국제적십자 구호품 싣고 남예멘으로
나를 아덴까지 데려갈 이 여인에게 경의를!

갑판 밑 화물칸 한 귀퉁이에 드러눕는다
58도! 5분 만에 숨이 콱. 죽을 것 같다
선장실로 달려가 다짜고짜 소파에 잠긴다
냉방기가 도는 낙원, 살 것 같다

"오, 공짜 승객. 아예 선장실까지 점령하는구먼."
프랑스계 케냐인 선장 조스 앙투안Joss Antoine
냉장고에서 맥주 한 캔을 꺼내 휙 집어 던진다
화끈한 바다 사나이!

"자네나 나나 전쟁 팔아먹고 살 팔잔가 봐."

---

1 남아프리카공화국 영어로 '선물'이란 뜻을 지닌 길이 45m, 폭 7.7m, 150톤짜리
   네덜란드 선적 화물선. 주로 예멘을 비롯한 비상지역을 오가며 구호품을 실어
   나른 본셀라는 악명 높은 아덴만에서 세 번씩이나 해적들한테 곤욕을 치렀다.
   특히 아덴으로 나를 태워주고 석 달 뒤인 1994년 9월 해적들한테 걸렸을 때는
   국제사회를 떠들썩하게 만들기도 했다.

출항 보고 무전을 마친 조스가 싱긋 웃는다
"내 직업이야 그렇다 치고 당신은 왜?"
"안 보여? 지금 전쟁터로 배 모는 꼴."

맥주 깡통이 늘어난다
"근데, 아덴 들어가면 나올 땐 어떡하려고?"
아차, 미처 생각도 안 한 걸 조스가 묻는다
"우린 늘 편도 인생! 돌아올 길 알 수 없는."

"쯧쯧쯧…." 혀 차는 조스 얼굴에 동병상련 같은 게 묻어난다. "그러는 당신은?" "우리야 폭격 안 당하고 해적 안 만나면 그만이지." "그게 맘대로 되나? 나보다 더 위험하구먼." "다 팔자려니…. 대신 이 일 마치면 유럽 가서 두어 달 재미 볼 수 있으니까." "그렇게 놀면 일자리 안 끊기나?" "돈 떨어지면 키 잡으면 돼. 널린 게 전쟁 항로니."

말로만 듣던 바다 사나이, 한량이 따로 없다. '뱃사람과 전선 기자는 한통속이다'란 전설이 괜한 게 아니었던가 보다. "케냐 오면 연락해. 멋지게 한 잔 살 테니." 30년 배를 타고도 빈털터리란 조스 얼굴에서 내 미래가 스친다. 아뿔싸! 연민이 동지애로.

1720시, 잘 나가던 본셀라가 난데없이 멈춘다
불길한 생각, 심장이 철렁 내려앉는다

"왜 어디 고장이라도? 아니면 해적?"
뱃머리에서 함께 재잘대던 선원들도 어리둥절
"바다 한복판에서 배 세우질 않는데…."
본셀라에 팽팽한 긴장감이

선장실로 급히 달려간다
막 무전을 끝낸 조스가 핏대 올린다
"해적들 우글대는 판에 어떻게 하라고!"
"무슨 사고라도?"
"기자란 놈들은 왜 늘 말썽이야."
"미안, 미안."

사연도 모른 채 기자 대표선수로 사과부터
본셀라에 '불법'으로 오른 내 신세가 찔려
"조난당한 프랑스 기자 구하라고 지랄들이야!"
조스는 투덜투덜 뱃머리로
선원들이 걱정스레 몰려든다
"어디 떠도는 배 있는지 잘 살펴보게들."

발 묶인 본셀라 너머로 뉘엿뉘엿 해가 진다
이내, 하늘도 바다도 불길한 핏빛으로
다들 말을 잃은 괴괴한 이 공간이 두렵다

바다 한가운데 멈춰버린 이 시간이 괴롭다
벗어나고 싶은 파리한 맘이 저리이리 헤맨다
몰려다니는 돌고래떼가 성가시다. 불안한 게

아덴만의 낮과 밤, 그 경계는 찰나
해가 바다를 넘어가자마자 온 세상이 칠흑
여긴 감상마저 끼어들 수 없는 진공지대
본셀라의 사람들은 암흑물질만 노려본다
"저기 불빛, 저기, 저기."
한 선원이 불난 강변에 덴 소 날뛰듯

가물거리던 한 점 불빛이 악쓰며 다가온다
1930시, 본셀라가 서치라이트를 뿜어댄다
손바닥만 한 모터보트가 본셀라 옆구리에
거센 물결에 흔들리고 뒤뚱거리길 10여 분,
한 중년 여인이 밧줄 사다리를 타고 올라온다
"담배 하나." 젖은 머리를 넘기며 첫마디

"제기랄, 뱃사공이 초짜라 애먹었네!"
조난당한 사람치곤 너무 당차고 덤덤
"난 프랑수아즈 시포Francoise Chipaux."
"《르몽드Le Monde》 기자?"

이 바닥에 꽤 알려진 이름이다
"아덴행이겠지?"

"한데, 우린 늦었어. 벌써 몇 놈 들어갔대."
줄담배에 꼬인 프랑수아즈의 신세타령
바다 한복판에서 '프로페셔널 경쟁심'을 본다
어쩌면, 한 배를 탄 이이와 나도 속내는 하나?
문득, 결투장에 갇힌 우리 꼴이 애처롭다
'최초' 환상을 좇는 직업적 운명이 가엾고

본셀라가 달리는 만큼 오늘은 뒤로 밀려나고,
내일을 알 수 없는 아덴만의 밤이 깊어간다
선장실 소파에 쭈그려 앉아 일기를 쓴다
서서히 전선을 향한 맥박이 뛴다
굿나잇 본셀라!

예멘전쟁, 세계사의 학습 현장으로

전선기자들 사이에 그날 남예멘 수도 아덴은 가장 접근하기 힘들었던 전쟁터로 꼽힌다. 오죽했으면 기자가 아덴으로 들어간다는 소식을 외신이 뉴스로 다루기까지 했을까. 실제로 1994년 5월 4일~7월 7일, 두 달 사흘 동안 벌어진 예멘전쟁에서 남예멘을 취재한 기자는 고작 10여 명뿐이었다. 반대쪽 북예멘 수도 사나에 몰려간 300명 웃도는 외신기자와 견줘보면 애초 예멘전쟁은 '기울어진 취재' '일그러진 보도'가 될 수밖에 없었다.

30년 전 그날, 내가 아덴을 택했던 건 으레 현장 가치를 좇는 기자로서 직업적 판단이었다. 그러나 그 밑절미엔 '통합과 분열'의 틀로 세계사를 짜맞춰온 개인적 호기심이 한몫했다. 예컨대, 1990년대 들어 소비에트 러시아와 동구 사회주의권이 해체된 20세기 말을 분열기로 봐온 내게 아주 짧은 주기로 통합과 분열을 되풀이한 예멘은 귀한 학습 현장이었던 셈이다. 게다가 1990년 '흡수통일'로 끝난 독일에 견줘 같은 해 '1국 2체제 통일'을 이룬 예멘은 한반도 통일의 앞날을 짚어볼 만한 귀한 밑감이기도 했고.

그러다 1994년 전쟁으로 '예멘식 평화통일'이 깨졌고, 한반도를 긴 기류도 심상찮게 돌아갔다. 한동안 숙졌던 서울과 워싱턴의 극우 강경

파들이 대놓고 '대북 무력통일론'까지 들먹이며 긴장감을 높였다. 예멘을 향한 내 관심이 더 커졌던 까닭이다.

예멘전쟁 배경은 이랬다. 1990년 5월 22일, 북쪽 예멘아랍공화국Yemen Arab Republic과 남쪽 예멘인민민주공화국People's Democratic Republic of Yemen이 통일하여 예멘공화국Republic of Yemen을 선포했다. 북예멘 대통령 알리 압둘라 살레Ali Abdullah Saleh를 대통령, 남예멘 대통령 알리 살렘 알베이드Ali Salem al-Beidh를 부통령 삼은 통일 정부는 국제사회의 눈길을 끌었다. 그러나 정치, 경제, 사회 모든 부문이 북쪽 중심으로 돌아가던 통일 예멘공화국은 1년 남짓 만에 분열 낌새를 드러냈다.

무엇보다 자주외교를 선언했던 신생 통일 공화국은 1991년 미국의 제1차 이라크 침공에 치명타를 입었다. 미군에 군사기지를 제공한 사우디아라비아를 거세게 나무란 예멘공화국은 미국과 그 동맹국한테 미운털이 박혔고, 곧장 사우디아라비아는 예멘 노동자 8만5000명 추방으로 앙갚음했다. 예멘공화국은 유일한 '현금카드'였던 해외 노동자 귀국으로 경제적 타격을 입은 데 이어 북남 불평등 문제가 도지면서 건잡을 수 없는 혼란으로 빠져들었다.

결국 1993년 부통령 알베이드가 불평등을 탓하며 통일 수도 사나에서 철수했다. 이어 1994년 5월 4일 대통령 살레가 남예멘을 공격하자 알베이드가 5월 21일 예멘민주공화국Democratic Republic of Yemen을 선포하면서 꼭 4년 만에 통일이 깨졌다.

지난한 남과 북 예멘 분쟁의 뿌리는 여느 제3세계와 다름없는 식민주의의 유산이었다. 1839년 영국 식민주의자가 남부 예멘을 삼킨 데 이어 1849년 오스만제국이 북부 예멘을 공격하면서 예멘에 남과 북이라는 정치적 지형이 생겼다.

그 뒤 북예멘에는 민족주의를 내건 압둘라 알살랄Abdulla al-Sallal이 1962년 쿠데타로 권력을 잡고 예멘아랍공화국을 세웠으나 사우디아라비아가 뒤받친 왕당파와 이집트 입김이 서린 공화파로 갈려 내전을 겪다 1978년 알리 압둘라 살레가 쿠데타로 집권했다.

한편 영국 식민통치를 받던 남예멘에는 독립투쟁을 이끈 마르크스주의 민족전선NLF 지도자 카흐탄 무함맛 알사하비Qahtan Muhammad al-Sahaabi가 1967년 예멘인민공화국People's Republic of Yemen을 세운 뒤, 1969년 집권한 예멘사회주의당YSP이 국호를 예멘인민민주공화국으로 바꿨다. 남예멘은 내부 권력투쟁을 거쳐 1986년부터 1994년 통일 때까지 알리 살렘 알베이드 서기장이 실질적 권력을 쥐고 있었다.

그 북과 남 예멘은 1971년과 1979년 두 차례 전쟁을 거쳐 1990년 평화적으로 통일 국가를 세웠다. 그리고 1994년 북부 대통령 알리 압둘라 살레는 내분 끝에 전쟁을 통해 예멘을 다시 무력통일했다. 그러나 예멘은 30년이 지난 오늘까지 독립을 외치는 남부 세력의 저항에다 종파분쟁과 인종분쟁까지 겹쳐 내전을 겪고 있다. 게다가 국제 테러리즘의 온상으로 찍혀 미국의 지원을 받는 사우디아라비아와 아랍연합군의 불법 공습까지 받아왔다. 정치, 인종, 외교, 종교를 빌미로 국제사회가 달려든 예멘은 소리도 없이 비밀 전쟁 무대가 되고 말았다.

2014~2021년 사이에만도 37만 7000명이 전쟁으로 목숨을 잃었고, 어린이 8만 5000명이 굶주림 끝에 숨졌다. 집 잃은 피난민이 400만 명을 웃돈다. 전쟁의 피해는 오롯이 시민 몫이란 사실이 또 드러났다. 예멘 사회는 되돌릴 수 없는 폐허로 변했다.

우리한테도 낯선 일만은 아니었다. 2016~2018년, 예멘 피난민 500

여 명이 8000km나 떨어진 멀고 먼 제주도까지 살길을 찾아왔듯이.

예멘의 무력통일 결과를 눈여겨봐야 하는 까닭이다.
결코, 남의 일이 아니다!

현장기자한테 중립을 지키라고?

1994년 6월 4일

아덴Aden │ 남예멘

•
•
•

아침부터 또 지랄들
북군 MiG-27이 정수리에 맴돈다
남군 대공포가 고막을 찢는다
제기랄, 호텔이 공습 좌표라니!
겪다 겪다 이런 일은 처음

북쪽 2km 아덴공항, 남쪽 3km 아덴항,
그 한복판 허허벌판에 우뚝 선 16층 아덴호텔
멍텅구리 폭격엔 그야말로 장땡이다
"아덴호텔 보고 폭격해 길면 항구 짧으면 공항"
식은 죽 먹기는 이럴 때 쓰는 말

구시렁댄들, 달리 뾰족한 수도 없다
아덴에 손님 맞는 오직 한 곳
아덴에 전기가 흐르는 오직 한 곳
아덴에 통신선이 살아 있는 오직 한 곳
바로 여기 아덴호텔이므로

"버러지 같은 외신기자들이 묶는 아덴호텔…"
폭음이 잦아드니 이번에 북군 라디오가 귀 때린다
"아덴호텔 남군사령부에 빌붙은 외신기자들…"
로비에 모인 외신기자들은 저마다 부글부글
"씨발!" 내 입에선 대한민국 전통어가 튀고

때린 놈이 화낸다고, 북군이 발끈한 건 뻔하다
아덴호텔 기자들 보도로 시민 공격이 들통났으니
어이하리, 여긴 북군한테 공격당하는 남예멘 땅!
아덴호텔 기자 눈엔 남예멘 시민 피해가 들 수밖에
아이, 여성, 병원, 학교…. 전쟁 취재 기본이니

"북군이 외신기자들 묶는 아덴호텔까지 공격…"
맞받아치는 남군 라디오도 거슬리긴 마찬가지
남군 라디오 송출지가 아덴호텔이니 더 그렇다
'뒤웅박 팔자'라 했던가?

양쪽 선전감이 되고 보니 가시방석이 따로 없다

엎친 데 덮친 꼴,
들려오는 바깥소리도 흉흉하고 짜증스럽기만
"아덴 외신기자들이 남군에 기운 보도만 한다."
북군 선전을 퍼 나른 국제 언론의 삿대질까지
아덴에 기자 못 보낸 주류 언론사가 더 날뛰며

'백인' '기독교' '서구중심주의' '자본주의'
이 근엄한 잣대로 싸개질한 얌심이 또 도졌나 보다
놈들은 이걸 '중립'이라 팔아먹으며 몸집을 불렸다
놈들은 수틀리면 어김없이 '중립성' 몰매를 퍼부었고
국제공룡자본 언론사의 정체다

한데, 기자는 소설가가 아니다
상상력으로 글을 쓸 만한 재주도 권리도 없다
내가 못 본 북예멘을 놓고 중립을 지키라고?
천만에. 거긴 이미 삼백 웃도는 기자가 깔렸다
여긴 기껏 열이다. 애초 중립은 당치도 않는!

'기자는 중립을 지켜야 한다.'
나는 이 따위 말을 믿지도 않을뿐더러 관심도 없다

현장 기자인 내게 중립은 오직 내 발에 차이는 돌
하여, 오늘 내게 중립은 오직 남예멘의 돌뿐이다
내가 죽기 살기로 아덴에 온 까닭이며!

나는 하룻내 아덴의 돌을 찾아 헤맸다
그리고 깊어가는 아덴의 밤,
북군 공습이 마침내 아덴호텔 정원까지 때린다
누웠다 일어나기를 되풀이,
오늘도 발 뻗고 자긴 글렀나 보다

아덴 함락 코앞까지

1994년 6월 5일
아덴Aden | 남예멘

．
．
．

밤새 뒤척인 파리한 아침,
아덴호텔에 진 친 군인들이 거칠게 날뛴다
《아덴뉴스에이전시ANA》 기자들이 웅성웅성
"북군이 아덴 북서쪽 25km, 라히즈Rahij까지."
통역 압둘라가 굳은 얼굴로 귀띔한다
아덴이 북군 야포 사정거리에 들었다는 뜻

외신기자들이 몰려가 남군 대변인을 닦달
"라히즈 취재 길 열어 달라."
1000시, 취재 허가가 떨어진다
낡은 토요타 두 대에 나눠 타고 부리나케 북진
휑한 사막길, 라히즈 전방 15km 지점

남군 150mm 포가 북으로 불을 뿜는다

1130시, 라히즈 전방 8km 지점
북군 포탄이 길바닥으로 쏟아진다
허허벌판 포격전에 꼼짝없이 갇힌 꼴
토요타 꽁무니를 방벽 삼아 쭈그린 신세들
고집 센 기자 일곱, 되는 일이 없다
포격전 속에 올라갈지 내려갈지 실랑이만

"북상 금지." "취재 금지."
반쯤 혼 나간 군인들이 소리치며 몰려온다
"본부 명령이다. 아덴으로 돌아가라."
군인들 신경질에 어정쩡한 결론이 난다
되돌아선 기자들 발치에 북군 포탄이 날아든다
운전기사가 미친 듯 차를 몬다. 아덴으로

1300시, 되돌아온 아덴호텔엔 북군 전폭기가 설친다
아덴항 쪽에서 거센 불길이 치솟는다
이내 온 천지가 검은 연기로 뒤덮인다
"아덴항으로!" 운전기사를 다그친다
"같이 가." 《로이터 TV》 기자가 올라탄다
뒤따라 러시아 신문 《이즈베스티아Izbestia》 기자도

북군 미사일이 때린 현장은 그야말로 불지옥
얻어맞은 원유탱크 둘이 쏟아내는 거센 불길
둔덕을 따라 친 방화선에서 헐떡대는 소방대
혼 빠지게 불길한 소리를 질러대는 구급차들
여기저기 정신 사납게 깜빡이는 온갖 비상등
영화판에서 본 듯한 초현실 세계와 마주친다

둔덕을 기어오르는 순간,
북군 전폭기가 건너편 유류 저장고를 때린다
"빨리 내려와!"
《로이터 TV》고함을 등지고 방화선으로
열풍이 온몸을 휘감는다
숨이 컥 막힌다

얼굴마저 들기 힘들다
20mm 렌즈로 재빨리 현장을 담는다
기다시피 둔덕을 내려온다
열 받은 카메라를 만지다 소스라친다
아뿔싸, 필름 감도 다이얼이 'ISO 400'에
내가 꽂은 새 필름은 'ISO 64'였는데

이 상징적인 현장 그림은 놓칠 수 없다

내 비록 전문 사진기자는 아닐지언정,
여기 카메라를 쥔 이는 나뿐이다
기록에 남겨야 한다
"먼저 떠나라. 나는 알아서 돌아갈 테니."
다시 둔덕을 올라 방화선으로

서둘러 몇 컷을 찍고 내려오기까지 7~8분,
떠났으리라 여긴 일벗들이 기다린다
"개새끼. 모두 뒈지는 꼴 보고 싶어!"
대뜸,《이즈베스티아》입에서 거친 욕이
"미안. 미안!"
정중히 사과부터

"사진은 한 지점 3분으로 약속한 걸 몰라?"
《이즈베스티야》는 자동차에 올라서도 씩씩댄다
"씨발, 그래서 먼저 떠나라고 했잖아."
제어장치가 고장 난 나는 되받아치고 만다
전선 사내들의 날카로운 야성이 부딪친다
"그만들 해!"《로이터 TV》가 가로막는다

호텔로 돌아와 커피 한 잔을 돌리며 사과한다
일만 생각했을 뿐, 일벗을 살피지 못한 잘못

"전선에서 우린 한 몸이야. 서로 지켜줘야 해."
《로이터 TV》가 윙크하며 받아넘긴다
중동 전쟁판에 이골난 선배 말을 고이 담는다
욕먹으며 전선을 배운다. 맘가짐도 몸가짐도

저녁나절, 전기 끊긴 아덴호텔은 암흑천지
느닷없이 남군 공보부 태도가 거칠어진다
"지금부터 공보부 거쳐 기사와 필름 송출하라."
외신기자들이 모두 펄쩍 뛰며 달려든다
"미쳤군! 왜 난데없이 검열을?"
"이상." 공보관은 들은 척도 않고 자리 뜬다

"오늘 남군 포격 사진이 외신에 떴다며…."
아덴뉴스에이전시 기자들이 수군수군
"오전에 로이터가 날린 라히즈 쪽 그 사진?"
외신기자들이 우르르 공보부로 달려간다
"전쟁판에 그깟 포격 사진이 왜 문젠가?"
"우리 남예멘은 피해자다." 공보관은 딱 한 마디

남예멘의 피해만 보도하라는 뜻
안달복달 이러쿵저러쿵, 씨알도 안 먹힌다
"'취재 허가' '기사 검열' 어기면 체포한다."

외려, 혹 떼러 갔다 혹 붙이고 나온 꼴
'독 지고 당나귀 탄 신세', 앞이 깜깜하다
외신기자들이 호텔 커피숍에 둘러앉는다

"남군 빨아주려고 여기 온 건 아니잖아?"
우린 저마다 직업적 고민에 머릴 싸맨다
'허락받아야 하는 취재' '검열받아야 하는 기사'
마침내 전시언론통제에 손발 묶인 기자들
성큼 다가온 아덴의 끝을 본다
빌어먹을! 북군 공습은 더 거칠게 이어지고

"1시간 전, 남군의 아덴 방어선 라히즈 함락…"
"현재 아덴 20km 지점까지 치고 내려온 북군…"
날카로운 전황 뉴스가 쏟아진다
아덴 함락, 시간문제
이젠 취재만 따질 때가 아니다
서푼짜리 목숨을 짚을 때가 됐다

'아덴호텔 기자'한테 적개심 드러낸 북군,
'아덴호텔 기자'한테 등 돌린 남군,
'아덴호텔 기자'한테 아덴 함락은 곧 지옥행
'아덴호텔 기자'는 기댈 데도 피할 데도 없다

"취재도 못 하는 판에 목숨까지 걸어야 하나?"
열띤 토론, 깊은 침묵…, 뜻 없는 되풀이

촛불로 버티던 2200시, 철수 결정을 내린다
앞서, 《BBC》는 사흘 전 떠났다
《로이터》,《이코노미스트》,《라레푸블리카》,
《르몽드》,《이즈베스티아》,《아에프페》
《쿠웨이트 뉴스에이전시》, 그리고 나
아덴에 남은 아홉 기자가 고개를 떨군다

"한데, 다들 어떻게 철수할 건가?"
《르몽드》 말에 멍하니 서로를 쳐다본다
철수 결정만 내렸을 뿐, 현실은 얼추 난감
애초 우리한테 비상철수로 따윈 없었으니!
우리 모두는 아덴행 편도에만 목매달았던 팔자
온갖 아이디어를 짜내지만 다 허탕질

결론, '아홉이 함께 안전하게 떠날 방법 없다.'
"두서너 명씩 짝맞춰 재주껏 길 찾아 떠나자."
전선에서 몰려다니는 건 떼죽음을 뜻하므로
자정 무렵, 우리는 맥 빠진 채 자리를 턴다
"조심들 하길!" "행운을 빈다!" "잘 가시게!"

그리고, 멋쩍게 서로를 끌어안는다

만남이 곧 헤어짐인 전선 문화,
우린 내일 없는 작별 인사를
냉혹한 세계
냉정한 놈들
이제, 내게 남은 화두는 오직 하나
오늘 밤만큼은 푹 잘 수 있을는지!

철수, 어디로 가야 하나?

1994년 6월 6일
아덴Aden - 걸프만

 　 ●
 　 ●
 　 ●

제법 익숙해진 폭격판 아침을 맞는다
자포자기를 감춘 태연자약으로 커피 한 잔을
"어디로 가야 하나?"
나와 짝맞춘《라레푸블리카La Repubblica》,
마르코 안살도Marco Ansaldo가 한숨부터

아덴호텔을 나서지만 정작, 우린 갈 데가 없다
"항구부터 뒤져보는 게 어때?"
"이 전쟁판에 배가 어딨겠나?"
마르코가 절레절레 고개를
"그럼 어디로? 하늘도 땅도 모조리 막혔는데."

1000시 아덴항,

낡은 화물선 하나가 눈에 든다

기웃기웃 선장을 찾는다

"1600시 지부티로 출항 예정인데, 왜?"

무뚝뚝한 선장은 소 닭 보듯 한마디 툭

"같이 갑시다. 태워주시오."

"아무나 못 태워. 불법이야."

"이 전쟁판에 불법은 무슨 불법."

"문제 생기면 어떻게 책임지라고?"

"'비상 난민' 우기시오. 책임은 우리가!"

슬쩍 웃는 선장 얼굴에서 흥정 낌새가

"뱃삯은 낼 테니."

기다렸다는 듯 답이 튄다

"그럼, 한 사람 앞에 350달러."

모터보트 편도 2만5000달러 치면 껌값이다

시리아 화물선 이스마일-엠Ismail-M,

공습에 발 묶인 놈을 만난 행운!

부리나케 호텔로 되돌아와 짐을 꾸린다

점심나절 첫 조가 이미 떠났다고 한다

《이즈베스티아》와《쿠웨이트 뉴스에이전시》

그 둘이 어디로 튀었는진 아무도 모른다
다른 조도 나름대로 길을 찾았다고들
'개구멍' 뚫는 재주만큼은 알아줄 만하다
다들 아덴으로 들어올 때도 그랬지만
건투를 빈다

인연 있으면 다시 만나겠지!
같은 하늘 아래 함께 뒹군 기억만 남긴 채,
우리는 제 갈 길 찾아 뿔뿔이 흩어진다
서로 연민을 품고 이렇게 한 전선을 접는다
정에 약한 나는 본디 전선 체질이 아닌지도

전선이 몸에 익을수록 나는 외톨이가 됐다
내 몸에 흐르는 찬 기운을 말할 수 없었다
하여 떠나는 도시의 벗들을 붙들지 못했다
어쩌면, 말없이 받아주는 벗들이 있는 곳,
내가 전선에 오르는 까닭인지도 모르겠다

1500시, 이스마일-엠에 오른다
하룻내 공습 겪은 선루엔 싸늘한 기운이

두려움에 질린 선원들은 말을 잃었고
1600시, 출항
1700시, 아덴이 사라진 바다에서 숨을 돌린다

선실에 드러누워 창밖만 뚫어지게 쳐다본다
'쑨 죽이 밥 될까?' 너무 짧은 아덴의 일주일
이 겉치레 취재나 하려고 목매달고 아덴을?
못 버틴 외신기자들 철수 결정은 옳았는지?
길게 꼬리 무는 아쉬움에 지쳐 눈을 감는다

예멘전쟁은 여기까지. 나머진 역사로 넘긴다
누가 죽든 말든, 누가 이문을 챙기든 말든
누가 이기든 말든, 누가 뭐라 떠들어댄들
내가 떠난 남예멘은 이제 내 것이 아니다
현장 없인 말할 수 없는 현장 기자의 숙명

모든 기억회로를 아덴만에 수장한다
내 품에서 죽은 다섯 살짜리 파테마도
아덴호텔의 치욕도, 유류 탱크의 불길도….
어차피 내 작은 뇌에 다 담아 둘 수 없으니
다음 전선을 위해 미련 없이 기억창고를 비운다

파도가 잦아든다

손가락 하나 까딱이기 싫을 만큼 주럽든다

몸도 맘도 오뉴월 쇠불알 늘어지듯 흐물흐물

건너편에 쪼그린 마르크도 이미 허물어진 듯

우리는, 어디서 왔고 어디로 가고 있을까?

끝나지 않은 예멘전쟁

1994년, 남예멘 수도 아덴에서 예멘전쟁을 취재한 외신기자 열두어 명은 그렇게 6월 초 모두 떠났다. 그로부터 남예멘은 전쟁이 끝날 때까지 한 달 가까이 언론 사각지대가 되었다. 끝까지 현장을 못 지킨 아쉬움이 컸지만, 그 무렵 '아덴호텔 기자'는 달리 택할 길이 없었다.

애초 아덴호텔 기자들은 적개심을 드러낸 북군의 아덴 점령과 함께 닥칠 신변안전 문제까지 떠안은 채 남군한테 자유로운 취재 보장을 요구했으나 끝내 거부당하고 말았다. 제 몸 하나 지킬 수 없는 판에 취재마저 못 하는 현실, 더 버틸 까닭이 사라졌던 셈이다.

그리고 7월 7일 북예멘군의 아덴 점령으로 예멘전쟁이 끝났다. 그 64일 전쟁에서 남예멘 군인 6000명과 북예멘 군인 931명이 목숨을 잃었다. 남과 북 시민을 합하면 1만 웃도는 희생자가 났다.

1978년부터 집권해온 북예멘 대통령 알리 압둘라 살레는 그 전쟁 끝에 예멘을 무력통일했으나 중동과 북아프리카의 장기 집권 세력들이 무너진 이른바 '아랍의 봄'에 휘말려 2012년 물러났다.

그로부터 정쟁에 빠진 예멘은 2014년 이슬람 시아파 맹주 이란이 뒤를 받친 반군 후티Houthi가 수도 사나를 점령하면서 다시 전쟁터로 변했다. 살레에 이어 예멘을 이끌어온 대통령 압드 라부 만수르 알하

디Abd Rabbuh Mansur al-Hadi는 수도를 남예멘 아덴으로 옮겨 후티에 맞서
왔다.

한편 수니파 맹주인 사우디아라비아는 미국의 지원 아래 아랍에미
리트를 비롯한 중동 아홉 나라를 이끌고 이른바 반후티 '비밀전쟁'을
벌여왔다. 여기에 반후티를 선언한 알카에다Al-Qaeda와 이슬람국가IS까
지 뛰어들어 예멘을 수렁으로 몰아넣었다.

이 정치와 종교가 더럽게 얽힌 국제 비밀 대리전은 어디로 치달을
지 낌새조차 알 수 없는 길을 가고 있다.

게다가, 이미 돌이키기 힘든 폐허가 된 예멘은 현재 남예멘 전 대통
령 알리 살렘 알베이드의 지지 세력이 남예멘운동South Yemen Movement
을 조직해 분리 독립을 외치는 데다, 2017년 후티한테 살해당한 예멘
전 대통령 살레를 따르는 국민저항National Resistance까지 등장해 반정부
투쟁으로 혼란을 겪고 있다.

30년 전 그날, 나는 아덴을 떠나면서 내가 예멘전쟁의 마지막 기자
이기를 바랐다. 그러나 예멘전쟁은 아직도 끝나지 않았다. 내 기억창
고에서 다시 예멘을 꺼낸 까닭이다.

또, 외로운 불법 입국자 신세

1994년 6월 7일
지부티

·
·
·

창 넘어 든 햇살이 얼굴을 때린다
오랜만에 코가 비뚤어지도록 잤다
포성 없는 세 평짜리 선실의 평화,
왠지 낯설고 쑥스럽고 섬서하기만

'얼음판에 넘어진 황소 눈깔 같다'
흐리멍덩한 내 꼴이 딱 그 짝이다
저쪽 침대, 마르코는 아직도 잠결
그럼 나도 더! 요리조리 뒹굴뒹굴

쾅, 쾅, 쾅, 쾅.
누군가 거칠게 방문을 두드려댄다

"선장이 보자 하니 빨리 나와요."
놀란 마음으로 투덜투덜 선장실에

시무룩한 선장이 사납게 째려본다
"당신들 여권, 지부티 비자 없어."
"이 전쟁판에 비자 어떻게 받나?"
"불법 입국자 태우면 내가 벌을!"

사실, 우린 비자를 생각도 못했다
뭐, 생각했던들 받을 데도 없지만
이게 '편도 인생', 전선기자 팔자!
선장이 짜증스레 무전기를 잡는다

"여긴 이스마일-엠, 이스마일-엠
아덴 발 이스마일-엠. 아덴 발….
이탈리아, 한국 여권 저널리스트
아덴 비상탈출. 아덴 비상탈출….
아덴에서 구조, 아덴항에서 구조
1630시, 지부티 입항예정. 1630
영사지원 부탁, 영사지원 부탁…."

우린 전쟁터를 들락거리는 뜨내기,

왕복 티켓도 비자도 딴 세상 얘기
나오기는 들어가기 다음 일일 뿐!
거긴 오늘만 있지 내일 따윈 없다
하여, 우린 또 '불법' 딱지를 단다
바란 적은 없지만 피할 수도 없는

1625시, 이스마엘-엠이 지부티항에 닻을 내린다
무장보안관 넷이 잽싸게 뛰어올라 여권을 압수
"전원 하선 금지."
'불법자' 탓에 난데없이 선원들까지 발이 묶인다
티셔츠, 머플러, 수건, 볼펜… 또 뭐 있나 보자
미안한 맘에 주섬주섬 챙겨 선원들한테 선물로

1830시, 지루한 기다림 끝에 다시 보안관 등장
"마르코는 지금 하선하시오. 영사가 기다리니."
"나 혼잔 못 가. 한국 친구와 함께 내려야 해."
심드렁한 보안관 둘이 아주 쌀쌀맞게 받아친다
"한국 영사 보증 없는 당신은 입국 허락 못 해."
아무 대꾸도 못 한 채 나는 '두 볼에 밤 문 꼴'

마르코가 선착장을 내려다보며 영사와 몇 마디
"문태, 걱정 마! 내가 길 찾아볼 테니 기다려."

마르코를 보내고 선실로 돌아와 픽 드러눕는다
케 세라 세라Que Sera Sera, 될 일은 꼭 된다!
카르페 디엠Carpe diem, 이 순간 맘껏 즐기자!
부질없는 구호는 잦아들고, 맘은 뒤숭숭하기만

한 20분 지났을까, 보안관이 선실 문을 때린다
"미스터 문태, 당신도 빨리 짐 챙겨 내리시오."
갑판에 나오니 선착장의 마르코가 손을 흔든다
그야말로 도깨비 대동강 건너듯 일을 해치웠다
전선 사나이들 '개구멍' 뚫는 재주만큼은 역시!
찡한 콧등, 진한 동지애를 새삼 느끼면서 하선

1930시, 지부티 상륙. 마르코와 해방의 기쁨을
"외교관 15년에 외국인을 보증하긴 처음이야!"
이탈리아 영사는 "국제법 위반이다"며 너스레
사실이다. 깐깐한 외교판에서 상상하기 힘들다
이탈리아 영사가 대한민국 여권 보증한다는 건
불법 입국자 신세를 면했다. 감방 대신 호텔로

이렇게 또 한 장을 접는다
짧은 취재를 위한 긴 여정,
쌓였던 긴장을 독한 술로 푼다

어제는 어제고, 오늘은 오늘이고
내일은 또 지나갈 어제일 게 뻔하고
우린, 전선 부랑아는 그 '어제'가 없다

예멘전쟁이 남긴 이름들

그렇게 지부티로 되돌아온 나는 호텔에서 술 한 잔을 걸치고 새벽 4시쯤 잠자리에 들었다. 서너 시간 지났을까 벨이 울렸다. 잠결에 문을 열자 한 사나이가 뛰어들며 덥석 손을 잡았다.

"당신이 한국 기자 미스터 정이요?"

"근데?"

"나는 지부티 주재 한국 명예영사 동생이오."

사나이는 어쩔 줄 몰라 허둥대며,

"정말 미안해요. 형이 사우디 출장 중이라."

사연은 이랬다. 이스마엘-엠이 입항 전 비자 문제로 급전을 때렸을 때 지부티 외무부가 한국 명예영사한테 연락했으나 닿지 않았다고. 해서 마르코와 달리 항구에서 나는 영사 도움을 받을 수 없었다. 지부티엔 한국대사관이 없었고.

그게 다가 아니었다. 이튿날 에티오피아 수도 아디스아바바로 돌아왔더니 한국대사관이 난리였다. 지부티 외무부가 한국 명예영사와 연락이 안 닿자 지부티를 겸임해온 에티오피아 주재 한국대사관과 선을 달았고, 그 과정에 한국 기자가 남예멘에서 실종되었다고 잘못 알려져.

예멘전쟁 취재는 그렇게 처음부터 끝까지 길에서 만난 많은 이들 도움을 받았다. 내겐 인연의 소중함을 깨닫게 한 전쟁으로 남았다. 아덴으로 뱃길을 열어준 날라리 프랑스 기자 프란시스 히켈, 본셀라호 선장 조스 앙투안, 지부티 철수 길을 함께 한 이탈리아 기자 마르코 안살도, 에티오피아 주재 한국 대사 공선섭…. 그 이름들을 기억하며.

4

전시언론통제, 언론 사각지대

. . . . .

아쩨

나는 늘 첫 현장기자이며 마지막 현장기자이고 싶었다.
그러나 스스로를 배신한 나는 개 같은 기자다!

─1999년 9월 5일. 동티모르를 떠나며

자유아쩨운동 전사. ©정문태

불법 기자 꼬리표

2003년 6월 14일
반다아쩨Banda Aceh | 인도네시아

.
.
.

'아쩨계엄군사작전 취재 허가증'

　오로지 이 화두를 들고 자까르따를 휘젓고 다닌 지도 어느덧 스무날이 훌쩍 지났다. 대통령실로, 외무부로, 국방부로, 인도네시아군TNI 본부로, 육군TNI-AD 본부로…. 출근 도장 찍듯 뻔질나게 드나들며.

　"취재 금지!" "외신기자 현장 접근 금지!"

　제기랄, 다들 앵무새를 삶아 먹었는지 똑같은 말만.

　잠 못 이루는 0200시, 갑갑증이 도져 미칠 것 같다

　"그래, 법은 나와 인연 없다. 몸부터 던져넣자!"

　주섬주섬 짐을 챙겨 무턱대고 자까르따공항으로

　0430시, '반다아쩨행 가루다 인도네시아'

이제 좀 살 것 같다

0900시, 외국인 발길 끊긴 썰렁한 반다아쩨공항
이내 날카로운 보안관 눈길이 따라붙는다
"어떻게, 여길 왜 왔어?"
"그야 비행기 타고 왔지. 시에 까멩[1] 먹고 싶어서."
슬쩍 찔러본 농지거리가 안 먹힌다
"증을 내놔봐. 여기 올 땐 허가증이 있었을 거 아냐."
다그치는 보안관 태도가 예사롭잖다

잠깐 고민 끝에 육군본부 기자증을 내민다
놈이 기자증을 살피는 동안 나는 '식혜 먹은 고양이 속'
유효기간 석 달 지난 기자증에 조마조마!
"외신기잔가? 계엄작전 지역 취재 허가증은?"
"우린 그런 거 필요 없다. 육본이 보증하니."
보안관 말투가 좀 누그러진다
"바로 계엄사령부에 가서 신고하시오."

외신기자 가운데 몇몇만 지닌 이 육본 기자증, 인도네시아에

---

1 양고기를 넣어 만든 아쩨 전통 커리. 인도네시아에서는 흔히 굴라이 깜빙Gulai
Kambing이라 부르기도 한다.

서 사통팔달이라더니 참말로 꽉 막힌 아쩨에서도 통한다. 내밀어
본 적 없는 이 플라스틱 쪼가리가! 유효기간마저 지났건만.

아무튼, '특별관리대상자' 꼬리표 달고 공항을 나선다. 뭐, 이
쯤이야 고마운 일. 예부터 아쩨는 내게 늘 '불법'이었고, 나는 아
쩨와 만나면 안 되는 사이였으니.

'취재 금지령', '외신기자 출입금지령' 따윈 새로울 것도 없
다. 유독 이번 아쩨 계엄군사작전에만 들이댄 별난 일도 아니다.
1990년 인도네시아 정부가 아쩨를 군사작전지역DOM[2]으로 선포
한 뒤부터 쳐놓은 해묵은 덫이었다. 하여, 나는 늘 불법 신세로 아
쩨를 드나들수밖에 없었다. 때론 얼빠진 관광객 흉내 내며, 때론
돌팔이 토속 연구자로 꾸며.

싱숭생숭 공항을 나서 택시를 잡아탄다.
낡은 스피커가 운다.

"와라, 용기를 얻자
어두운 밤을 밝히며 빛나는

---

2 수하르또 독재 정부가 1990년부터 자유아쩨운동의 독립투쟁에 맞서 아쩨 전
   역을 군사작전지역으로 선포해 무차별 공격했다. 1998년 수하르또 퇴진 뒤 인
   도네시아 정부는 군사작전지역을 해제했지만 2005년 헬싱키 평화협정을 거쳐
   아체 특별자치주를 건설할 때까지 중무장 병력을 동원해 아쩨를 무력통치했다.
   그 사이 외신기자는 아쩨에 얼씬도 못했다.

동녘별을 쫓아, 동녘별을 쫓아
내 조국으로부터 하나둘씩 사라져가는
저 별들, 저 별들
두려워 말라. 우리는 너를 사랑한다
언젠가는, 누군가는 너를 따르리라"

<조국의 꽃>[3]이 애간장을 태운다. 힐끗힐끗 뒤를 훔치던 운전기사는 항변이라도 하듯 소리를 높인다. 공항에서 반다아쩨 도심 사이 20여 분 길은 바깥세상과 전선을 가르는 살피. 늘 그랬듯 오늘도 나는 침묵의 통과의례를.

지난 5월 19일부터 아쩨 전역에 계엄령이 떨어졌지만 반다아쩨는 달라진 게 없다. 중무장 군인들이 모퉁이마다 득실대는 꼴도, 군용 차량이 폭풍처럼 내달리는 꼴도, 겁먹은 시민이 총총걸음 치는 꼴도, 내겐 다 낯익은 풍경일 뿐. 1990년부터 내가 봐온 아쩨는 늘 이랬으니.

반다아쩨 계엄사령부, 내가 부딪쳐야 할 첫 번째 전선
맘을 다잡고 미디어센터 문을 두드린다

---

3 니아웡Nyawong 그룹이 유언장이란 부제를 붙여 부른 노래로 2001년 교전 중 전사한 자유아쩨운동 사령관 압둘라 샤피이Abdulla Syafi'i 사령관에게 바쳤다. 인도네시아 정부가 금지했으나 아쩨 시민은 저항의 상징으로 불렀다.

"외신기자라고, 어떻게 여기까지?"

힐끗 쳐다보는 군인 네댓이 놀란 듯

"계엄작전사령관 밤방 장군이 오라고 해서."

"그게 무슨 말? 육본 허가증은?"

놈들은 믿을 수 없다는 듯 고개를 갸우뚱

내게 허가증 따위가 있을 리! "올 수 있으면 와라." 내가 아쩨에
들고 온 건 밤방 다르모노 준장Brig.Gen Bambang Darmono 말 한마디
가 다였으니. 지난주 전화로 인터뷰를 요청한 내게 밤방이 에둘
러 거부한 말이었다. 대놓고 마다하지 않는 자바Java 사람 말투를
모를 리 없지만 나는 곧이곧대로 써먹은 셈.

불법 이방인 방문에 미디어센터가 술렁인다.

"그럼, 밤방 장군 확인을 받아야 하는데?"

"지금 밤방 장군은 어디에?"

"록스마웨Lhokseumawe 계엄작전사령부에."

"기다려봐. 내가 전화해볼 테니."

나도 놈들도 맘 졸이며 신호가 떨어지길

"계엄사령부에 도착했는데 확인이 필요하다고?"

"누가, 무슨 확인을? 난 기자 상대할 여유 없고…."

밤방은 시큰둥하니 되받고는 전화를 끊는다

"어이, 밤방 장군 화났어. 너희가 직접 통화해봐."

끊긴 전화를 내밀며 되레 으름장을 놓는다

병장이 장군한테 따질 일은 죽었다 깨나도 없으므로!

영문도 모른 채 지켜보던 놈들한테 통화 한방으로 확인 끝. 진
자리에서 계엄사령부 여행 허가증이 나온다. '준합법' 신분으로
작전지역인 록스마웨까지 가는 길이 열렸다.
'디 마나 아다 꺼마우안, 디 시뚜 아다 잘란Di mana ada kemauan, di
situ ada jalan' 인도네시아 사람들이 즐겨 쓰는 속담이 통했다. '뜻이
있는 곳에 길이 있다'고.

언론 없는 전쟁

2003년 들머리부터 인도네시아는 정신없이 돌아갔다. 대선을 1년 앞
둔 메가와띠 수까르노뿌뜨리Megawati Sukarnoputri 대통령은 정치적 혼란
과 경제 실정을 타박하는 시위대에 시달렸고, 독재자 수하르또의 유산
을 물려받은 군부는 호시탐탐 패권 탈환 기회를 노리고 있었다.

그 정부와 군부의 야심은 민족주의 카드로 맞아떨어졌다. 그 민족
주의는 호전론에 불을 지폈고, 이내 아쩨를 재물 삼아 훨훨 타올랐다.

5월 19일 자정, 인도네시아 정부와 자유아쩨운동GAM이 휴전협상
테이블을 차린 도쿄회담이 깨지기 무섭게 메가와띠 대통령은 아쩨에
계엄령을 선포했다. 인도네시아군은 기다렸다는 듯 해병대, 특전사
Kopassus, 기동여단Brimob을 비롯한 중무장 특수전 병력 4만6675명을 아
쩨에 투입해 1975년 동티모르 침공 뒤 최대 규모 군사작전을 벌여나갔
다. 공군은 계약상 국내 작전 투입이 금지된 영국제 호크-200을 띄운
데 이어, 세계 전사에 최초로 미국제 F-16을 국내 분쟁에 동원했다. 해
군도 전함 23척을 보내 입체작전을 거들었다. 이른바 '아쩨계엄군사작
전'이었다.

반대쪽 무자끼르 마나프Muzakir Manaf 사령관이 이끈 자유아쩨운동
5천 게릴라는 보급마저 끊긴 산악에서 초인적으로 맞섰다.

계엄령이 떨어진 아쩨는 곧장 언론 사각지대가 되었다. '애국언론' '민족언론'을 내건 인도네시아군은 그해 3월 미군이 이라크 침공 때 써먹었던 임베디드 프로그램embedded program을 고스란히 베껴 전시언론 통제 연장으로 삼았다. 인도네시아군은 자까르따의 신문과 방송 기자 54명을 육군전략예비사령부Kostrad에서 군사훈련시킨 뒤 '용병언론'을 창조했다.

"언론은 자유아쩨운동 뉴스로 반군을 키우지 말라."

계엄군사작전 첫날인 5월 20일, 아쩨계엄사령관 엔당 수와리아 Endang Suwarya 소장이 경고장을 날리자마자 국영《TVRI》카메라맨 모하마드 자말루딘Mohamad Jamaluddin이 실종되었다. 하루 뒤인 21일《TV7》기자 리잘 와히유Rizal Wahyu와 유스리잘Yusrizal, 22일《TV7》기자 와히유 물리오노Wahyu Mulyono, 23일《RCTI》기자 와얀 아스따빨라 Wayan Astapala의 취재 차량에 총알이 날아들었다. 24일엔 사흘 전 총 맞았던 리잘 와히유와 유스리잘 자동차가 또 총질 당한 데 이어《메트로 TVMetroTV》아스완디 아사드Aswandi Asad,《트랜스TVTrans TV》델위 시남베라Delwi Sinambera,《자까르따뽀스뜨Jakarta Post》나니 화리다Nani Farida,《라디오 68HRadio 68H》에드윈 스리비모Edwin Sribimo 기자의 자동차가 총알 세례를 받았다.

"외신기자도 공격 목표가 될 수 있으니 조심하라."

25일은 외신 차례였다. 인도네시아군 대변인 사프리 삼수딘Sjafrie Sjamsoeddin 소장이 경고장을 날리자마자《타임Time》엔드류 마샬Endrew Mashall,《BBC》올란도 데 구즈만Orlando de Guzman,《AFP》홀티 시만 준탁Holti Siman Juntac의 자동차에 총알이 박혔다.

그날, 계엄령 선포 전 현장에 들어갔던 자까르따 주재 외신기자들이 모두 철수하면서 아쩨는 외신 공백지대가 되고 말았다. 그로부터 인도네시아 정부와 군은 외신기자의 아쩨 접근 금지령과 취재 금지령을 내렸다.

인도네시아군의 전시언론통제 아래 1년 넘도록 이어진 아쩨계엄군사작전은 '언론 없는 전쟁'으로 악명 떨쳤다. 그사이 '불법' 신분으로 아쩨에 뛰어든 나는 아쩨계엄군사작전에서 현장을 취재한 유일한 외신기자였다.

비나비라 감방 05호

2003년 6월 15일
반다아쩨 | 록스마웨Lhokseumawe

．
．
．

창 넘어 든 햇살이 잠을 깨운다
목덜미가 빳빳한 게 온몸이 찌뿌둥하니
어제 불법 잠입으로 난리 친 탓인가보다
몸이 보내는 신호, 오늘도 만만찮을 하루를 예감

0800시, 반다아쩨 계엄사령부 미디어센터
브리핑 마친 대변인 디띠아Ditya 대령이 다가온다
"반군 다루면 외신기자도 체포, 사살하니 조심해!"
농담으로 듣기엔 초면이라 서먹서먹

'체포'란 말쯤이야 흘려넘기면 그만
한데, '사살'이란 말이 못내 꺼림칙

하긴, 아쩨에선 빈말도 아니다
벌써 숱한 기자가 총질 당했으니

'언론통제는 불법 전쟁의 자백이다.'
'군인들 신경질은 부도덕한 전쟁의 증거다.'
이게 그동안 내 전선 경험이었다
일찌감치 아쩨전쟁의 본질을 확인한다

사살, 사살, 사살…
언짢은 화두를 안고 계엄사령부를 나선다
"록스마웨 간다고? 다들 당한 길이니 조심해!"
현지 기자들이 걱정스레 배웅한다

아쩨전쟁 심장, 록스마웨 계엄작전사령부로 달린다
반다아쩨에서 남동쪽으로 272km 고행,
모퉁이마다 중무장 검문소가 자동차를 붙들어 맨다
미친 듯 내달리는 군인들과 마주칠 때마다 조마조마
어디 저격병이라도, 불쾌한 상상으로 두리번두리번
피곤하고 외로운 다섯 시간, 그야말로 죽을 맛이다

1400시, 계엄작전사령부 본부 들머리
비나비라호텔에 짐을 푼다

하나 남은 방이라는 05호 열쇠를 받아든다

순간, 함성이 터진다

"입방 축하! 비나비라 감방 05호!"

취재 거점 차린 열댓 현지 기자들이 반갑게 맞는다

"다들 문태 형 알지? 아쩨 취재해온 유일한 외신기자."

《뗌뽀Tempo》 기자 짜히요Cahyo Junaedi가 나선다

"아, 무자끼르 사령관 처음 세상에 알린 한국 기자?"

"무자끼르 수배 사진(군이 불법 복사한) 찍은 기자?"

처음 만난 이들도 해묵은 벗처럼 살갑게 맞아준다

그러고 보니, 아쩨 언론판도 낯선 얼굴로 물갈이 중

놈들은 기꺼이 짐을 받아 들고 앞선다

"여기가 우리 '전설'이 머물 감방."

한눈에 절망적이다!

전기가 끊겨 대낮에도 암흑천지,

바퀴벌레와 쥐새끼들이 어른대는 찜통,

05호는 고달플 앞날을 예고한다

신고식이 빠질쏘냐

해거름, 현지 기자들과 어울려 도심으로 진출

"자, 꼬삐 뚜브룩(인도네시아식 커피)부터 한 잔씩."

장마당에 퍼질러 앉아 재잘재잘
"형, 저기 계엄작전사령관 밤방 장군이."
《뗌뽀》아쩨 주재 기자 자이날Zainal Bakri이 귀띔

"어차피 부딪쳐야 할 일, 가서 인사나 하자."
자이날을 앞세워 밤방 장군 일행 쪽으로
"내가 전화했던 한국 기자 정문태인데…."
밤방은 좀 놀란 듯 물끄러미 바라본다
"여튼, 전화 받아줘서 고맙고. 왔으니 인터뷰도?"
"지금은 시간 내기 힘드니, 나중에 보세."

뜻밖에 이뤄진 밤방 장군과 열없는 만남,
비록 서름서름했지만 그런대로 괜찮았다
적어도, 나를 잡아 가두거나 쫓아내진 않을 낌새니!
"오늘 저녁은 내가 쏜다. 맘껏 드시게들!"
록스마웨의 밤이 깊어간다
장터에 둘러앉은 열두엇 기자들 우정과 함께

<h1>아쩨, 고단한 항쟁사</h1>

말라까해협Selat Malaka을 낀 동서 무역과 교통 중심지로 15세기에 빛나는 이슬람제국을 건설했던 아쩨는 1537~1571년 포르투갈의 공격을 받으면서부터 지난한 항쟁사의 막을 올렸다. 그 뒤 아쩨는 인도네시아를 삼킨 네덜란드가 1873년 선포한 아쩨전쟁에서 35년 항전 기록을 세운데 이어 제2차 세계대전에서 일본 점령군에 맞서 싸웠다.

제2차 세계대전이 끝나고 1945년 8월 17일 인도네시아는 독립을 선포했으나 민족주의 이슬람 조직과 식민 종주국 네덜란드의 복귀를 바라는 지역 군벌 사이에 내전이 벌어졌다. 이른바 독립전쟁이었다. 그 과정에서 인도네시아 초대 대통령 수까르노Sukarno는 독립투쟁을 지원한 대가로 아쩨한테 특별자치주를 약속했다. 그러나 1949년 12월 27일 공식적으로 독립 정부를 세운 수까르노는 아쩨를 수마뜨라Sumatra에 편입해버렸다. 배신당한 아쩨가 1953년 아쩨이슬람공화국IRA을 선포하자 수까르노는 아쩨를 무력합병했다.

이어 1965년 수까르노를 감금한 채 권력을 쥔 수하르또Soeharto는 세계 최대 천연가스전을 비롯해 풍부한 천연자원을 지닌 아쩨에 무력통치와 착취의 시대를 열었다. 아쩨는 인도네시아 가스와 원유 총생산의 30%, 수출의 11%, 중앙정부 예산 13%를 매울 만큼 큰 돈줄 노릇을 했다. 그러나 정작 인도네시아 중앙정부는 지방세 5%만 아쩨에 남긴 채 모든 이문을 자까르따로 쓸어가버렸고, 아쩨 주민 400만 가운데 40% 는 절대빈곤에 허덕였다.

1976년 12월, 인도네시아 정부의 무력 수탈로 골병든 아쩨에 술탄의 후예인 하산 무하맛 디 띠로Hasan Muhammad di Tiro가 자유아쩨운동 Gerakan Aceh Merdeka, GAM 깃발을 올렸다. 그러나 기껏 150여 게릴라를 이끌고 무장투쟁에 뛰어든 자유아쩨운동은 이내 한계를 느꼈고, 하산 띠로는 1981년 스웨덴으로 건너가 아쩨 망명정부를 세웠다.

1980년대 말까지 깃발뿐이었던 자유아쩨운동은 인도네시아 정부가 대규모 병력을 투입해 1990년 아쩨 전역을 군사작전지역으로 선포하고부터 오히려 몸집을 불렸다. 아쩨 사람들 몸에 흘러내린 항쟁 유전자가 인도네시아 정부의 무력 침공을 통해 되살아난 셈이었다.

"자유아쩨운동은 인도네시아군 공격을 먹고 자랐다."

망명정부 총리 말릭 마흐뭇Malik Mahmud이 내게 했던 말마따나 1990년대 들어 자유아쩨운동은 실질적인 게릴라전선을 구축했다.

그리고 2003년 5월 19일, 인도네시아 정부는 사생결단 계엄군사작전으로 아쩨 전역을 전쟁터로 만들었다. 인도네시아군은 육·해·공 입체작전으로 아쩨를 무차별 공격했고, 무자끼르 마나프 사령관이 이끈 자유아쩨운동 게릴라는 "마지막 한 방울 피까지!"를 외치며 맞섰다. 아쩨전쟁은 2005년 8월 15일 헬싱키 평화협정을 맺을 때까지 이어졌다.

그 뒤, 2006년 총선을 거쳐 2007년 아쩨 특별자치주가 태어났다. 그러나 지난한 항쟁사를 대물림해온 아쩨에서 여전히 평화를 말하기엔 조심스럽다. 아쩨 사람들 맘속에 똬리 튼 독립의 꿈이 어디로 향할지 아무도 알 수 없는 까닭이다.

아쩨의 평화는 오로지 인도네시아 정부에 달렸다. 짓밟을수록 되튀는 아쩨, 그 130년 항쟁사의 유전자가 호락호락 사라지진 않을 테니.

전선 없는 전선기자

2003년 6월 17일
록스마웨

•
•
•

0900시, 록스마웨 계엄작전사령부
"외신기자들 다 떠났는데 어떻게 여길?"
여기 미디어센터 군인들도 놀라긴 마찬가지
"밤방 장군이 오라고 했어. 어제 만났고…"
너스레 떨며 작전지역 취재허가증을 신청한다
'밤방팔이'가 곧장 통했고 커피가 나온다
뒷일이야 어떻게 되겠지!

1000시, 니삼Nisam 전선으로 첫 출근
열두엇 기자들과 함께 자동차 넉 대에 나눠 탄다
니삼 지역은 예부터 격전지로 악명 떨쳐온 곳
낮엔 정부군 밤엔 자유아쩨운동 깃발이 걸릴 만큼

록스마웨에서 서쪽 25km, 파뚤레숭Vatulesung 마을
해병 202대대가 진 친 들머리부터 빳빳한 긴장감이
"멈춰. 멈춰." 군인들이 거칠게 자동차를 막아댄다
"대대장과 약속 잡고 왔으니 탱크 치워!"
한 놈이 부리나케 무전기를 때리더니 빙긋이 웃는다
이내 탱크가 뿌연 먼지를 일으키며 길목을 턴다

"2km 전방, 교전… 중이라 취재… 할 수 없…"
대대장 림보Limbo 중령 말이 포성에 들렸다 말았다
땅이 울리고 고막이 찢어질 듯
"현장 없인 기사 못 쓰니 길 열어달라."
"위험해서 책임질 수 없다. 미안."

《수아라 쁨바하루안Suara Pembaharuan》 기자
버르뚜스 만데이Berthus Mandey가 뚱하니 나선다
"난 임베디드 기자다. 이럴 거면 왜 훈련까지 시켰나?"
순간, 싸한 기운이 돌고 점잖던 림보 중령이 핏대를
"여긴 내 작전이고, 내가 명령한다. 당장 돌아가라."
"취재 불능!" 기자들은 눈짓으로 서로를 읽는다

허탕 치고 되돌아 나오는 추레한 기자들,
비웃듯 탱크가 시꺼먼 매연을 뿜어댄다

"시팔, 취재하려면 더 센 탱크 몰고 올 수밖에…."
버르뚜스 투덜거림에 다들 쓴웃음을
파뚤레숭을 나와 여기저기 들쑤시고 다닌다
한데, 가는 곳마다 모조리 군인들한테 막힌다
대형 폭발물이 나온 알루가롯Allgarot에서도
쫏띠무르Cot Timur 전선 들머리에서도

전선 없는 전선기자들 앞에 땅거미가 진다
다시 파뚤레숭을 지나 록스마웨로 되돌아오는 길,
울부짖는 아낙네가 취재 차량을 가로막는다
아낙네를 쫓아 파뚤레숭 언저리 300m 숲속으로
발가벗겨진 채 나무둥치에 묶인 주검,
목 베인 온몸은 피투성이, 빠져나온 혀를 개미들이 핥고

스무 살 먹은 무자끼르 압디 알라Muzakir Abd Allah,
"이번 계엄군사작전에서 가장 잔인하게 죽임당한…"
자이날이 혀 차며 고개를 돌린다
"무자끼르는 아이들 가르쳐온 꾸란Quran 선생이야!"
"게릴라도 아닌 무자끼르를 누가 왜, 왜, 왜!"
동네 사람들이 저마다 울분을 털어놓는다

"어젯밤 검은 복면 넷이 내 동생을 끌고 갔어요."

무자끼르 누이 파레다는 까무러칠 듯 울며
"복면 쓴 놈들이 자바 말 썼어. 아쩨 사람이 아냐."
무자끼르 아버지 압둘라 아담은 에둘러 정부군을

가족한테 동의를 구하고 무자끼르 주검을 훑어본다
길이 20cm, 깊이 2cm. 턱 아래를 한칼에 벤 자국
이건 훈련받은 프로페셔널 킬러 짓이란 뜻

다시, 파뚤레숭에 병영 차린 해병 202대대로
"보고받은 적 없다. 부하들 보내 알아보겠다."
마을 사람이 다 아는 사건을 대대장 림보가 몰랐다고?
해병 400명이 온 마을을 휘젓고 다니는 판에

죽은 자는 말이 없다. 여긴 전쟁터, 조사도 수사도 없다
파뚤레숭의 눈물, 26년 통곡의 아쩨사에 또 한 방울을
어둠을 따라 록스마웨로 되돌아오는 길,
하룻내 전선 특종을 쫓아 헤맨 기자들은 말을 잃었다

'애국언론' '민족언론' 유령이 날뛰다

"이라크 공격을 멈추고 평화적 해결책 찾자."

2003년 3월 20일 미국이 이라크를 침공하자 메가와띠 수까르노뿌뜨리 인도네시아 대통령은 아시아 정치인 가운데 남달리 '반전' 목소리를 냈다. 꼭 두 달 뒤인 5월 19일, 메가와띠는 그 입으로 아쩨전쟁을 선포했다.

"아쩨는 평화적 해결책 없다. 분리주의자를 박멸하라."

5월 19일 메가와띠가 아쩨에 계엄령을 선포하자 인도네시아군은 곧장 작전명 '오퍼라시 떠르빠두Operasi Terpadu'(통합작전) 아래 해병대, 특전사, 기동여단을 비롯한 특수전 병력 4만6675명을 투입했다. 그리고 2004년 5월 13일까지 아쩨 전역을 무차별 공격한 계엄군사작전은 '언론 없는 전쟁'을 실현했다.

"민족통합이 언론자유에 우선한다."

5월 20일, 인도네시아 정부는 전시언론통제를 선언했다.

"반군을 보도하는 언론사에 민족주의 깊이를 묻겠다."

5월 29일, 엔드리아르또노 수따르또Endriartono Sutarto 최고사령관은 신문과 방송 편집장들을 밀실에 모아놓고 으름장 놨다.

'넘어지기 전에 지팡이 짚는다'고 했던가, 지레 겁먹고 몸 사린 언론은 날마다 정부군의 결연한 탱크몰이로 지면과 화면을 도배했다. 그렇게 21세기판 '민족언론' '애국언론' 유령이 어른대는 자까르따엔 정부군 승전보만 휘날렸을 뿐, 아쩨의 통곡은 들리지 않았다.

으레, 전시언론통제에 맞서 《뗌뽀》처럼 아쩨의 실상을 전하고자 애쓴 언론사가 없진 않았다. 아시아 언론자유 투쟁 상징인 《뗌뽀》는 아쩨계엄군사작전 나흘 만에 탈이 났다.

5월 23일, 자까르따의 모든 신문은 군이 원한 대로 "정부군, 반군 7명 사살"로 머리기사를 올렸다. 그러나 《뗌뽀》 자매지인 일간 《꼬란 뗌뽀Koran Tempo》는 "정부군, 시민 7명 사살"로 1면 톱을 뽑았다. 정부와 군이 고발장을 들이대며 펄펄 뛰고 난리 쳤다.

"자네라면 기사 어떻게 쓰겠나? 열세 살짜리 아이를 비롯해 살해당한 일곱이 반군이란 증거 없다. 증거 없으면 시민이지 뭐냐!" 《뗌뽀》 편집국장 밤방 하리무르띠Bambang Harymurti는 "자까르따에 앉아 있어도 전선에 서 있는 기분이다"며 어려움을 털어놓았다.

아쩨 현장 기자들 어려움이야 말할 나위도 없었다. 바깥에는 안 알려진 이야기지만, 6월 초 《뗌뽀》 편집국이 공고한 아쩨 취재기자 대담 기획을 현장에 파견한 다섯 기자가 거부해버린 '반란사건'이 터졌다.

"본사가 현장을 몰라서 벌인 일이다. 형이 여기서 겪고 있듯이, 군인들 감시와 압박 탓에 취재도 힘든 판에 말로 때우라는 건 죽음이다. 기사마저 한 줄 한 줄 꼬아 쓰는 마당에." 《뗌뽀》 기자 압둘 마난Abdul Manan은 "'시민 7명 사살' 기사 뒤부터 군이 우리를 아예 '반군 기자'라 부른다"며 하소연했다. 오죽했으면 '강골'로 이름난 《뗌뽀》 기자들마저 몸을 사렸을까! 인도네시아군의 전시언론통제 실상을 보여준 사건이었다.

현장의 압박감은 《뗌뽀》 기자들 몫만도 아니었다. 아쩨 계엄군사작전을 뛴 기자들은 하나같이 "기자질 못 해 먹겠다"며 아우성쳤다.

"형, 이 전시언론통제 실상을 우리 대신 바깥세상에 꼭 전해줘." 버르뚜스 만데이 기자처럼 현장 기자들은 저마다 절박한 심정을 내게 쏟아냈다. 나는 아쩨의 유일한 외신기자다 보니 팔자에 없는 '고충 상담소' 노릇을 하며 한편으론 '전령사'로서 인도네시아 정부와 군의 전시언론통제 상황을 바깥세상으로 힘껏 퍼 날랐고.

전시언론통제는 인도네시아군의 임베디드 프로그램을 통해 군사훈련 거친 쉰다섯 '공식 기자'한테도 다를 바 없었다. 6월 18일 취재가 좋은 본보기였다. 기자들은 100여 주민이 살해당했다는 정보를 잡고 쫓메우고Cot Meugoe 산악지대를 두어 시간 헤맨 끝에 전선이 펼쳐진 세느복롱Seuneubok Lhong 마을 어귀에 닿았다. 중무장 탱크들이 줄줄이 달려들었고 해병대는 기자 열댓을 거칠게 막아댔다.

"주민 살해? 그런 일 절대 없다. 우리가 조사할 테니 당장 떠나라." 사안이 사안이니만큼 기자들도 호락호락 안 물러섰다.

"어이, 임베디드 기자들 좀 나서봐. 풀pool(대표취재)이라도 좋으니." "형, 또 그 소리. 임베드embed든 인베드in bed든 안 돼!" 손사래 치던 버르뚜스가 등 떠밀려 주뼛주뼛 나섰다. "나는 군이 취재 허락한 임베디드 기자니 현장 열어줘." 눈알 부라리던 해병대원 왈 "나는 기자 막으라고 명령받은 군인이다. 돌아가." 네댓 임베디드 기자가 달려들어 우격다짐 실랑이까지. 육군본부와 계엄사령부에 전화질해대며 버티기 4시간, 결과는 헛짓. 임베디드마저 써먹을 데 없는 꽉 막힌 전쟁만 확인.

"그 봐. 취재 안 된다니까!" 버르뚜스의 쓸쓸한 독백이 아쩨의 현실이었다.

외려, 임베디드 기자들은 남다른 어려움까지 떠안았다. "모든 기자의 자유로운 취재를 보장한다. 단, 임베디드 기자는 정부군과 똑같이 공격대상임을 미리 밝혀둔다." 자유아쩨운동 대변인 소피안 다오우드Sofyan Daoud가 일찌감치 임베디드 기자를 향해 경고장을 날렸던 탓이다.

"정부군 등쌀에다 자유아쩨운동까지 을러대니 오금이 저려 현장에 나가기도 싫다."《뗌뽀》기자 압둘 마난Abdul Manan처럼 임베디드 프로그램을 거친 기자들은 저마다 "샌드위치"라며 신세타령을 해댔다.

'익은 밥이 날로 돌아갈 수 없다'고 뒤늦은 후회는 임베디드 기자들 몫이었다. "만일의 사태에 대비하고 전쟁 분위기 익히라며 뱀 잡아피 마시게 하더니 실탄 사격까지 시키더군." 압둘 마난 말마따나 인도네시아군은 임베디드 프로그램에서 애국언론을 들이대며 기자들한테 펜 대신 총을 들도록 했다. 그 만일의 사태가 무엇이며, 전쟁 분위기를 익힌다는 건 또 뭔가? 기자들이 누구를 향해 총을 들란 말인가? 비록 여론에 밀려 접었지만, 애초 정부군은 임베디드 기자들한테 군복 착용 명령까지 했으니!

이 어처구니없는 짓들이 바로 아쩨 계엄군사작전의 전시언론통제였다. 그동안 내가 겪은 숱한 전시언론통제 가운데 가장 저질이고 악질이었다.

전선의 부랑아들

2003년 6월 19일

록스마웨 | **마땅쭛**Matang Cut | **따껭온**Takengon

·
·
·

0930시, 계엄작전사령부 미디어센터

"현재 마땅쭛 마을 교전 중, 반군 6명 사살…"

대변인 하흐맛Ahmad Yani Basuki 중령이 브리핑을

"마땅쭛, 몇 분이면 돼?"

"밟으면 20분."

"튀자."

《뗌뽀》기자 자이날을 닦달해 자리를 박찬다

예닐곱 기자가 우르르 따라나선다

계엄작전사령부에서 35km 동쪽 마땅쭛 어귀,

벌겋게 달아오른 해병대원들이 길을 막는다

자동차를 버리고 논둑길을 따라 마을로

군인들이 고래고래 소리치며 날뛴다
"위험해! 기자들 돌아가! 돌아가!"
소대장의 짜증 너머로 날카로운 총성이 울린다
마을 안쪽에서 총알이 날아든다
군인도 기자도 잽싸게 나무둥치 뒤로
흥분한 군인들이 마구잡이 총질을 해댄다

치고 빠지는 자유아쩨운동, 맞받아치는 해병대
여긴 대치선도 없는 사통팔달 전선이다
몸 숨길 곳도 마땅찮다. 시야도 전혀 안 나온다
전투 가운데 가장 어렵다는 마을 점령전,
군인들이 가장 두려워하는 마을 전투 현장이다

10분 남짓 흘렀을까, 총소리가 잦아든다
해병대를 따라 마을 한복판으로 살금살금
널브러진 주검 10구, 반군인지 주민인지?
"무기도 없는데 반군이라고?"
"무긴 이미 거뒀다."
"전투 중인데 언제? 그 무긴 어딨나?"
현장 기자와 군인 사이에 실랑이가

그동안 아쩨를 취재해온 내 기억이 꿈틀댄다
'아쩨에선 누구든 총 맞아 죽으면 다 반군이다.'
반군이라서 총 맞아 죽은 게 아니다!

골난 해병대가 기자들을 밀어낸다
아쉬운 맘에 투덜투덜 뒷걸음질 치다 깜짝 놀란다
150여 주민이 모퉁이에 쪼그려 앉아 벌벌 떨고 있다
"정부군이 반군과 주민을 분리한다며 우릴 여기에."
몸도 숨길 데 없는 빈터에 주민을 꿇리고 전투를!
피할 자유도 없는 미친 전쟁의 속살을 본다
치미는 부아, 참을 수 없는 무력감!

"형, 조심해. 빨리 빠져나와. 빨리."
논둑에서 기다리던 기자들이 소리친다
고개 돌리자 군인 넷이 겨눈 총부리를 스르르 내린다
"니 놈들 제대로 미쳤구나!"
한 놈이 총부리로 논을 가리키며 꺼지라는 시늉을
"그래. 꺼져주마. 사람 죽이지 말고 적당히들 싸워라."
몇 발짝 등 뒤로 "son of a bitch"가 날아든다
휙 돌아서서 낄낄대는 놈들한테 마지막 인사를
"'개자식'을 알아봐줘서 고맙다. 개새끼들!"

아쩨에 닿고 닷새, 그나마 전선에 올랐지만 속은 허전
'꽃은 웃어도 소리가 없고 새는 울어도 눈물이 없다.'
겉으로 드러내진 않았지만, 나는 이미 알고 있었다
'아쩨 계엄군사작전 취재 불능!'
마땅쯧에서 다시 확인했을 뿐

입 막고 눈 가린 채 불 뿜는 아쩨전쟁
아쩨 기자들은 손발 묶인 허수아비
"내가 전송한 기사를 또 죽였어!"
"내가 쓴 적 없는 기사가 또 떴어!"
기자들은 정체불명 편집에 아우성치고
기생언론은 정부군 승전보만 울려대고
시민 귀에는 포성 대신 교성만 들릴 뿐

오늘은 아쩨계엄군사작전 꼭 한 달째,
이 땅엔 무슨 일이 벌어지고 있을까?
얼마나 많은 이들이 죽임당했을까?
정작, 현장 기자들마저 모른다
전선기자라고?
내 직업에 침을 뱉는다

텅 빈 마음, 지친 몸, 헷갈리는 세상

그래도, 또 현장을 뛰어야 하는 팔자들
1200시, 비나비라호텔 뜰앞에 하나둘씩 모인다
오늘도 우리는 담배 한 대를 나누며 다짐한다
"할 수 있는 데까지 해보자."

여덟 기자가 자동차 두 대에 나눠 탄다
친정부군 민병대가 설쳐대며 악명 떨치는 곳,
자바 이주민이 아쩨 주민을 해코지해온 곳,
록스마웨에서 남서쪽 109km 지점 따껭온으로

1630시, 꼬불꼬불 세 시간 만에 따껭온 남쪽 옆구리,
가요고원에 안긴 호수 라웃 따와르[4]가 눈에 차오른다
호숫가 렝갈리호텔에 짐을 푸는 둥 마는 둥
다들 뛰쳐나와 넋 놓고 감상에 잠긴다
갖은 흑책질에 시달리며 전선 특종을 꿈꾼 기자들

----

4 라웃 따와르 호수Danau Laut Tawar. '민물 바다'란 뜻을 지닌 이 호수는 중부 아쩨
주도인 따껭온 서쪽 가요고원Gayo Highlands에 자리 잡았다. 길이 17km, 폭 3.2km
에 이르는 이 거대한 호수는 전통적으로 어업, 농업, 관광을 통해 주민을 먹여
살렸고, 특히 멸종 위기종 잉어류인 데삑Depik(라스보라 타와렌시스Rasbora Tawarensis)은
이 호수에만 사는 것으로 유명하다. 수마뜨라 섬의 네 마리 용 가운데 하나가
이 라웃 따와르 호수에 산다는 전설이 내려오고, 실제로 그 용을 봤다는 사람
들 이야기가 심심찮게 전해지기도.

우리, 모두는 비로소 강팍한 현실을 벗어버린다

"아, 여기서 그냥 푹 쉬었으면 원이 없겠다!"
《라디오 68H》 기자 찌뜨라Citra 눈망울엔 간절함이
"헤이, 내친김에 다들 전화 끄고 오늘 하루는 쉬자."
"형, 멋진 생각이야. 하룻밤 연락 끊자."
《뗌뽀》 기자 짜히요 맞장구에 다들 솔깃
"하긴, 현장 고충도 몰라주는 본사에 충성한들!"
《와스빠다Waspada》 기자 바흐띠아르Bahtiar가 덩달아

전화기를 던져버린 여덟 기자,
밤이 이슥토록 서로들 맺힌 속내를 털어낸다
슬픔도, 기쁨도, 사랑도, 이별도 호수에 녹이며
우리는, 하룻밤짜리 해방을 통해 전선 우정을 쌓아간다
우리는, 이 밤을 '라웃 따와르의 반란'이라 이름 붙인다

"타국 남자와 결혼해 부모한테 버림받은 공주가 왕궁을 떠나
며 흘린 눈물과 공주를 가엾이 여긴 하늘이 뿌린 비가 호수의 원
천이 되었다."
라웃 따와르의 전설과 함께 밤이 깊어간다.
전선의 낭만, 전선기자들 동력이라 했던가!

애태운 밤, 떠나는 발길

2003년 6월 23일
록스마웨 ┃ 메단Medan

· · ·

"전선 없는 전선기자, 허울뿐이지 않던가?"
"꽉 막힌 현장, 시간만 죽이는 꼴 아닌가?"
"외신기자 하나쯤은 현장 지켜야 옳겠지?"
"죽 되든 밥 되든 더 물고 늘어져야 하나?"
…

대답 없는 물음 붙들고 시름에 시름을
아무도 알아주지 않는 구실과 홀로 싸운다
참, 외롭다!

온밤을 꼴딱 새운다
새벽녘 동이 튼다

'전시언론통제에 사로잡힌 전선기자'
끝내, 뚫지 못한 현실 앞에 고개 숙인다
여기까지다!
발버둥 친 나란 놈의 불쾌한 한계를 본다
"이제 떠날 시간이 왔다."
혼잣말을 지껄이며 짐을 챙긴다

0900시, 계엄작전사령부 미디어센터
"다들 일보단 몸이나 잘 챙기시게."
함께 뛴 벗들을 하나하나 가슴으로 안아준다

'아쩨의 마지막 외신기자 철수'
달려든 벗들은 취재로 인사를 대신한다

0940시, 미디어센터 홍보병이 다가온다
"여기 계엄작전사령부 기자증 나왔어요."
아무짝에 쓸모없는 플라스틱 기념품,
전시언론통제의 교활한 간지러움을 느낀다

아쩨를 떠나는 날, 나는 '합법' 신세가 된다
"이 증 있으면 모든 전선 취재할 수 있나?"
"아, 그건 자까르따 육본이. 우린 명령 따라…."

"그럼, 이 플라스틱 쪼가리는 뭔가?"

"기자들 신변 안전과 보호용으로."

"나는 보호받으러 온 게 아니라 일하러 왔어."

열없이 머리 긁적이는 홍보병이 외려 가엾기만

"형, 메단 길 너무 위험해. 반다아쩨로 가."

《뗌뽀》기자 자이날 말에 다들 맞장구를

"별일 없을 거야. 걱정 마!"

"왜 굳이 험한 길로?"

"아, 메단에 숨겨둔 여인이 있어."

벗들을 남기고 떠나는 발길이 무겁기만

"곧, 또 만나세들!"

1000시, 다들 말리는 메단 향해 길을 잡아나간다

'철수 길도 취재다.'

기자로서 구실을 다하고 싶었다

어쩌면, 현장 버린 부끄러움 덮으려는 마음인지도

주검, 난민, 군인, 기자⋯.

아쩨의 얼굴들이 길게 따라붙는다

엉터리 기사로 저항한 기자들

그렇게 2003년 6월 23일 록스마웨 계엄작전사령부를 떠난 나는 170km 떨어진 남부 랑사Langsa를 들러 정부군 보급작전을 취재한 뒤, 167km를 더 달려 1900시 북수마뜨라North Sumatra 주도인 메단에 탈 없이 닿았다.

이틀날 아침 메단 호텔에서 신문을 받아든 나는 적잖이 놀랐다.

"외국인 가운데 마지막까지 아쩨를 취재해온 한국 시사주간지 《한겨레21》 정문태 기자가 본디 일정을 앞당겨 월요일 아침 수마뜨라의 메단으로 떠났다. 그이가 정부군한테 압력을 받아 아쩨를 떠났는지는 아직 확인할 수 없다…"

《자까르따 뽀스뜨Jakarta Post》 2003년 6월 24일

—록스마웨 / 베르니 무스따파Berni Moestafa 기자

《자까르따 뽀스뜨》, 《레뿌불리까Republika》, 《뗌뽀》, 《인도 뽀스Indo Pos》를 비롯한 신문들이 한낱 외신기자의 아쩨 철수를 저마다 '사건'처럼 키워 올렸다. 나는 하나같이 '정부군 압력'에 의문을 단 그 현장발 '엉터리 기사'를 읽으며 웃고 울었다.

사실은 이랬다. 나는 비록 언론통제에 시달렸지만 정부군한테 쫓겨

난 게 아니었다. 오히려 나는 아쩨를 떠나는 날 계엄군사작전사령부의 취재 허가 신분증까지 받았다. 그 신분증은 아쩨계엄군사작전 기간을 통틀어 처음이자 마지막으로 외신기자한테 발급한 아주 특별한 '플라스틱'이었고. 하니 아쩨 철수는 오롯이 내 판단이고 결정이었다. 현장을 함께 뛴 아쩨 기자들은 다 알고 있었다.

덧붙이자면, 반다아쩨 계엄사령부가 '외신기자 철수령과 금지령'을 거듭 내린 건 내가 록스마웨를 떠나고 이틀 뒤였다. 하여 나는 아쩨 계엄사령부 철수 명령과도 상관없었다. 내가 떠난 아쩨엔 어떤 외신기자도 없었다. 반다아쩨 계엄사령부는 외신 공백지대에 대고 '외신기자 철수령과 금지령'을 내리며 으름장을 놓은 셈이었다.

이런 상황을 모를 리 없는 아쩨 기자들, 난들 놈들 속내를 모를쏘냐! 내가 떠나는 순간까지 한데 어울리며 내 사정을 속속들이 아는 놈들은 그렇게 '외신기자 철수' 소식을 통해서라도 정부군의 언론통제 상황을 독자들한테 알리려고 애썼다!

기사를 읽는 내내 놈들 얼굴이 떠오르며 눈물이 핑 돌았던 까닭이다. 비록 나는 현장을 떠났지만, 정부와 군의 혹독한 전시언론통제를 뚫어보려고 '바둥대는' 기자들이 고맙고 또 고마웠다.

그날 자까르따로 되돌아온 나는 아쩨 현장에다 인도네시아 정치, 자유아쩨운동, 아쩨 망명정부를 덧붙여 기사를 날렸다. 《한겨레21》은 나무둥치에 묶인 채 살해당한 무자끼르 주검을 표지에 건 14쪽짜리 초대형 아쩨 특집 기사를 실어날랐다. 그게 2003년 7월 10일치 「아쩨의 눈물」이었고, 국제 언론을 통틀어 아쩨계엄군사작전의 유일한 현장발보도로 기록되었다.

5

전선 33년, 멈춰버린 시계

. . . . .

버마

버마전선은 내게 스승이고 학교였다
그날 병아리 전선기자의 다짐을 다시 떠올린다
기어이, 시민 승리의 날을 내 발로 기록하리라

—2012년 12월 5일. 까친독립군KIA 본부 라이자

간추린 버마 현대사

1947년 빵롱협정Palong Agreement

    아웅산 장군이 이끈 버마 정부, 소수민족 샨, 까친, 친의 자치권 인정

    아웅산 장군 암살

1948년 버마 독립 / 우누 총리 정부 출범

1962년 네윈 장군 쿠데타로 집권

1987년~1988년 전국 대학 반독재 민주화 시위

1988년 7월 23일 네윈 퇴진

    8월 8일 전국 시민 봉기

    9월 18일 소마웅 장군 쿠데타, 국법질서회복평의회SLORC 권력 장악

    민주화운동 참여자 체포령 발동

1989년 아웅산수찌와 야당 정치인 감금

1990년 5월 민족민주동맹NLD 총선 압승

    7월 군부, 총선 부정과 민정 이양 거부. 국제사회, 대버마 경제 제재

    12월 망명 버마연방민족연립정부NCGUB 창설

1992년 탄슈웨 장군, 국가평화개발평의회SPDC로 권력 장악

2008년 군부, 헌법 제정

2010년 야당, 총선 보이콧. 군부의 연방단결발전당USDP 총선 승리

2011년 떼인세인 장군을 대통령으로 준군사정부 출범

2015년 아웅산수찌의 민족민주동맹 총선 승리

2016년 아웅산수찌 국가고문, 틴쪼 대통령 정부 출범

2020년 민족민주동맹 총선 승리

2021년 2월 1일 민아웅흘라잉 군최고사령관 쿠데타. 국가행정평의회SAC

    의장으로 권력 장악. 아웅산수찌 국가고문과 윈민 대통령 감금

2월 2일 의사와 공무원 시민불복종운동CDM 선언. 버마 전역 반쿠데타
시위 돌입

2월 5일 반군부 연방의회대표위원회CRPH 결성

3월 시민, 사제 무기로 군부에 저항. 군부, 까렌 비롯한 소수민족 공격

3월 8일 반군부 민족통합자문회의NUCC 결성(연방의회대표위원회와
소수민족무장조직들)

3월 31일 민족통합자문회의, 2008년 군부 헌법 폐기 이어 버마연방민주헌법
선포

4월 16일 지하 망명 민족통합정부 NUG 창설

5월 5일 민족통합정부, 민중방위군PDF 창설

버마 현대사를 움직여온 조직

민족민주전선National Democratic Front, NDF

1975년 까렌민족연합, 까레니민족진보당, 까친독립기구, 신몬주당, 샨주군,
아라깐해방당, 친민족전선CNF, 라후주군LSA, 와민족군WNA, 까얀신국가당
KNLP, 라후민족기구LNO, 빨라응주해방당PSLP, 빠오민족기구PNO 비롯한 13개
소수민족해방군이 창설한 통일전선.

버마민주동맹Democratic Alliance of Burma, DAB

1988년 민족민주전선 동맹군과 버마학생민주전선, 버마청년승려동맹ABYMU을
비롯한 민주 혁명조직이 함께 창설한 연합전선.

연방동맹군Federal Union Army, FUA

소수민족 정치 결사체인 연합민족연방회의UNFC의 무장기구로 2011년
까렌민족연합, 친민족전선, 까레니군, 신몬주당, 빠오민족기구, 아라깐군,
까친독립군, 따앙민족해방군, 라후민주연합LNU, 샨주북부군SSA-N, 와민족기구
WNO, 꾸끼민족군KNA, 조미혁명군ZRA을 비롯한 13개 조직이 결성.

버마학생민주전선All Burma Students' Democratic Front, ABSDF

1988년 11월 1일 창설. 1988년 민주항쟁 뒤 군부의 체포령에 쫓겨 타이,
인디아, 중국 국경을 넘은 학생과 시민의 반군부 무장투쟁 조직. 의장 탄케Than
Khe 아래 1000 병력.

민족민주동맹National League for Democracy, NLD

1988년 민주항쟁에서 아웅산수찌, 띤우Tin Oo를 비롯한 민주진영이 창당.
시민사회의 전폭 지지로 1990년, 2015년 총선에서 압승. 2016년 정부를 맡은

뒤 2020년 총선에서도 승리했으나 2021년 쿠데타로 해산당함.

연방의회대표위원회Committee Representing Pyidaungsu Hluttaw, CRPH

2021년 2월 1일 쿠데타로 쫓겨난 민족민주동맹을 비롯한 각 정당 출신
상·하원이 2월 5일 결성한 반군부 항쟁의회.

민족통합정부National Unity Government, NUG

연방의회대표위원회를 줏대 삼아 정당, 민주진영, 소수민족을 아우르는
망명 지하 정부로 4월 16일 창설한 뒤 반군부 무장항쟁 주도.

민중방위군People's Defence Force, PDF

민족통합정부의 시민 군사조직으로 2021년 5월 5일 창설. 현재 중부, 북부,
남부로 나눈 3개 사령부 아래 6만5000 병력이 정부군과 교전 중.

시민불복종운동Civil Disobedience Movement, CDM

2021년 2월 1일 쿠데타 하루 뒤인 2월 2일부터 버마 전역에서 의료인, 교사,
철도 노동자를 비롯한 공무원들이 조직한 상징적인 시민 저항운동.

전국휴전협정Nationwide Ceasefire Agreement, NCA

2011~2012년 버마 정부와 까렌민족연합을 비롯한 10개 소수민족무장조직
(버마학생민주전선 포함)이 개별 휴전협정을 맺은 데 이어 2015년 전국 단위
휴전협정에 서명.

소수민족무장조직Ethnic Armed Organizations, EAOs

버마 정부가 휴전협상 과정에서 까렌민족해방군을 비롯해 20여 개 웃도는
소수민족해방군을 가리킨 공식 용어.

까레니민족진보당Karenni National Progressive Party, KNPP

까레니군KA의 상위 정치조직으로 1957년 까레니주 독립을 목표로 창설. 의장
우레Oo Reh(2021년 12월~)

까레니군Karenni Army, KA

까레니민족진보당의 군사조직. 사령관 아웅 맛 준장 Brig.Gen Aung Myat(2021년 12월~) 아래 2개 대대와 1개 특수부대 포함 2000 병력.

까렌민족연합Karen National Union, KNU

소수민족 까렌 해방과 자치를 목표로 1947년 창설. 의장 끄웨뚜윈Kwe Htoo Win(2023년 5월~)

까렌민족해방군Karen National Liberation Army, KNLA

까렌민족연합의 무장조직으로 1948년 창설. 사령관 조니 장군Gen.Jonny 아래 7개 여단과 1개 특수대대 1만 병력.

까친독립기구Kachin Independence Organization, KIO

소수민족 까친 해방과 자치를 목표로 1960년 창설. 의장 반라N'Ban La.

까친독립군Kachin Independence Army, KIA

까친독립기구의 무장조직으로 사령관 감숑 장군Gen.Gam Shawng이 10개 여단 1만5000 병력을 이끌고 까친주와 샨주 일대에서 정부군과 전쟁 중.

샨주복구회의Restoration Council of Shan State, RCSS

샨주 해방을 외치며 2000년 창설. 의장 욧석 장군Gen.Yawd Serk

샨주군Shan State Army, SSA

샨주복구회의의 무장조직으로 1996년 창설. 샨주북부군SSA-N과 구분하기 위해 샨주남부군SSA-S이라 부르기도. 욧석 장군 아래 1만 병력.

아라깐해방군Arakan Liberation Army, ALA

1968년 소수민족 아라깐 해방을 목표로 창설한 아라깐해방당ALP의 무장 조직. 사령관 킨레이킨Khine Ray Khine 아래 1000 병력.

아라깐군Arakan Army, AA

아라깐주 자치를 목표로 2009년 창설. 본디 버마 남서부 아라깐주를 거점 삼은
아라깐연합동맹United League of Arakan의 군사조직이지만 현재 뜨완므랏나잉 소장
Maj.Gen. Twan Mrat Naing이 이끄는 2500 병력은 까친독립군과 함께 까친주에서
정부군과 전쟁 중.

몬민족해방군Mon National Liberation Army, MNLA

1958년 소수민족 몬 자치를 목표로 창설한 신몬주당NMSP의 무장 조직.
의장 나이한따Nai Han Tar 아래 1500 병력. 신몬주당은 2024년 이탈 세력의
신몬주당-반독재MNLA-AD 창당으로 조직 분열.

따앙민족해방군Ta'ang National Liberation Army, TNLA

1992년 소수민족 따앙(빨라웅) 자치를 목표로 창설한 빨라웅주해방전선Palaung
State Liberation Front의 군사조직. 의장 따아익봉Tar Aik Bong 아래 6000 병력.

＊ 독자들의 이해를 돕고자 '간추린 버마 현대
사'와 '버마 현대사를 움직여온 조직'을 덧
붙입니다.

2021년, 다시 국경으로

2021년 3월 4일
살윈강Salween River | 버마-타이 국경

·
·
·

화전 연기에 가린 잿빛 하늘

찌는 더위에 말라붙은 땅

샨 멧발Shan Hill 따라 살윈강 물살 넘어

두려움에 질린 눈동자들이 국경으로 몰려든다

쿠데타[1]로 뒤집힌 세상, 군인들 총질에 쫓겨난 시민

버마는 모진 역사를 되풀이한다

---

1   민족민주동맹NLD을 비롯한 야당이 승리한 2020년 11월 총선을 부정하며 버마군 최고사령관 민아웅흘라잉이 2021년 2월 1일 대통령 윈민과 국가 고문 아웅산수찌를 감금한 채 권력을 낚아챘다. 군부가 반쿠데타 시위대를 유혈 진압하자 숱한 시민이 무장투쟁에 뛰어들면서 버마 전역이 내전 상태에 빠졌다.

33년 동안 봐온 잔인한 풍경,
이 익숙한 장면 속을 들락거린 지 한 달,
정작 나는 길을 잃고 헤맨다
국경폐쇄, '개구멍'마저 찾을 길 없다
"버마 쿠데타와 상관없다. 오직 코로나 탓."
국경을 틀어막은 타이 정부는 허튼소리만

2014년 쿠데타로 권력 낚아챈 타이 군부
2021년 쿠데타로 권력 낚아챈 버마 군부
이 아시아판 쿠데타 형제의 짝짜꿍
누가 모를쏘냐!
'난민 봉쇄' '군부 협잡'
제기랄, 국경은 숨이 넘어가는데

"형편 되면 어련히 자네한테 첫 길 열지 않겠어."
까레니민족진보당KNPP 의장 에이벌 트윗Abel Tweed
"기다려보게. 첫 배는 꼭 자네한테 띄울 테니."
까렌민족연합KNU 부의장 끄웨뚜윈Kwe Htoo Win
국경 너머 소수민족해방군은 저마다 사정이 녹록잖단다
보채고 구슬리고 별짓 다하지만 당최 길은 안 열리고

'뻗치기', 기자의 일상이라지만 속은 시꺼멓게

'넘을 수 없는 국경'
내 집인양 드나든 이 땅이 오늘따라 낯설기만
"뭐 좀 없냐? 자넨 저쪽 해방구 들어갈 수 있잖아?"
뉴스에 굶주린 외신판 벗들은 내리 전화질을
참, 열없다. 남 속도 모른 채!

언저리만 집적대는 꼴
과녁 없는 화살만 날리는 심정
버마 정국과 따로 노는 내 직업
발 묶인 국경, 현장 없는 현장기자
서먹서먹한 3월 들머리
남몰래, 속앓이만

원칙 하나, 내 발로 기사를 쓴다
원칙 둘, 내 발로 기사를 쓴다
원칙 셋⋯, 꼽아도 꼽아도 마찬가지
오로지 현장을 쫓아온 내 전통,
현장을 명예로 여겨온 내 자부심,
꽉 막힌 국경과 날카롭게 충돌한다

포탄이 날아들던, 난민이 쏟아지던
유엔도 국제사회도 먼발치에서 설레발만

"평화" "인권" "민주" "정의" 케케묵은 말질로
언론은 언론대로 헛발질만
보도란 건 정체불명 작문투성이
'밤새도록 울다 누구 초상이냐?' 되묻는 꼴

버마 정국 열쇠 쥔 저 소수민족해방군 진영
하지만, 쥐새끼 한 마리 얼씬할 수 없는 땅
그래도, 나는 기어이 이 국경을 넘어야 한다
나는 현장기자이므로!
속절없이 흐르는 살윈강에 땅거미가 진다
국경 떠돌이의 쓸쓸한 넋두리만 남긴 채

버마도 나도 저편 어둠을 따라 가물가물

'소수민족통일전선', 그 전설을 그리워하며

2012년 4월 8일
매홍손Mae Hong Son | 버마-타이 국경

．
．
．

"동맹체 만들자고 외쳤지만 아무 대꾸도 없다."
까레니군KA 사령관 비투Bee Htoo는 짜증스레
"통일전선 필요하다. 문제는 진정성이다."
까렌민족해방군KNLA 사령관 조니Jonny는 뚱하게
"연방회의FC(가칭) 만들자고 던져놓았잖아."
샨주군SSA 사령관 욧석Yawd Serk은 심드렁하니

다들 안다. 소수민족해방군 통일전선 의미를
다들 원한다. 소수민족해방군 동맹체 결성을

한데 말치레뿐, 도무지 움직이질 않는다
선뜻 깃대 잡고 나서는 이가 없다

서로 요리 저리 이문만 저울질

'여름벌레 얼음 얘기한다'고

현실과 동떨어진 엉뚱한 핑계들만 늘어놓고

외려, '관전자'인 나만 애태우는 꼴

오늘, 독재 군대는 시민을 무차별 학살한다

비폭력이니 평화니 들먹일 때가 아니다

 '무장투쟁 말고 달리 길이 없다.'

이게 버마 시민과 소수민족 모두의 뜻이다

'협상도 평화도 다 무장투쟁에서 나왔다.'

이게 버마 현대사의 처절한 가르침이었다

다들 버마 시민과 소수민족 연대를 외친다

옳다. 한데, 먼저 서둘러야 할 일이 있다

소수민족해방군 통일전선부터!

뿔뿔이 갈린 소수민족으론 안 된다

버마 시민과 연대는 그 다음이다

현실을 보라

35만 대군을 거느린 독재 군부에 맞설 실질적 동력을 쥔 쪽은 1948년 버마 독립 뒤부터 해방투쟁 벌여온 소수민족들이다. 스무 개 웃도는 소수민족해방군 병력을 합하면 8만에 이른다. 통일

전선으로 뭉치면 버마 현대사를 고쳐 쓸 수 있다.

　허튼소리가 아니다. 70년 웃도는 버마 민족분쟁사가 증언한다. 버마 정부의 무력 강공책이 통한 적 없다. 버마 군부는 단 하나 소수민족도 무릎 꿇리지 못했다. 기껏 몇몇 소수민족 정파가 정부군 흑책질에 놀아났을 뿐.

　소수민족통일전선을 닦달하는 까닭이다
　지레, 망설일 것도 수선댈 일도 없다
　'돌맹이 갖다 놓고 닭알 기다린다'고?
　천만에!
　역사를 되살리기만 하면 된다
　소수민족통일전선, 새로운 게 아니다

　1975년 창설한 민족민주전선NDF
　'소수민족의 평등과 자결로 버마연방 건설'
　13개 소수민족해방군 통일전선

　1988년 결성한 버마민주동맹DAB
　'평화, 인권, 민주주의로 버마연방 건설'
　21개 소수민족해방군과 민주조직 통일전선

　2011년 조직한 연방연합군FUA

'소수민족 영토 보존과 권리 수호'
13개 소수민족해방군 통일전선

흐르는 세월 따라 세상도 정치도 변해 이젠 비록 빛바랜 깃발만 남았지만 소수민족통일전선은 나름껏 시대의 부름에 답했다. 다시, 2021년을 받아낼 새로운 소수민족통일전선을 다그치는 까닭이다.

으레, 새로 세워야 할 소수민족통일전선 앞엔 걷어내야 할 덫이 켜켜이 쌓였다. '패배주의', '이기주의', '독선주의', '분파주의' 그리고 추상적 정치이념과 지도부의 전략 부재. 그 밑에 짙게 깔린 고질적 상호불신감.

말마따나, '바지랑대로 하늘 재기'만큼이나 힘겹고 벅차다. 그렇다고 달리 길도 없다. 소수민족통일전선, 반드시 이뤄내야 할 버마 현대사의 명령이다. 내가 30년 넘게 겪어온 버마 정국의 해법은 오로지 하나, 소수민족통일전선뿐이다. 왜? 독재 군부가 가장 무서워하고 싫어하는 존재이므로!

하여, 나는 오늘도 '전설'을 못내 그리워한다
까렌민족연합 전 의장 보먀Bo Mya,
까친독립기구KIO 전 의장 마란브랑셍Maran Brang Seng,
그 깃대잡이들이 사라져버린 시대적 결함이 애달프고

2021년 4월, 아직 버마 정국 앞날을 밝힐 불빛이 보이지 않는다.

동상이몽, 난파선 하나에 선장은 여럿

2021년 4월 30일
쿤유암Khun Yuam | **타이-버마 국경**

●
●
●

"탄핀뗏렛맛야데."[2]
'야자수에 오르면 일거리만 더 얻는다.'
버마 사람들이 즐겨 쓰는 속담이다
괜스레 나선들 돌아오는 게 없다는 속뜻
요즘 국경 반군부 진영 낌새가 딱 그 짝

망명 지하 '민족통합정부NUG'와 '소수민족해방군', 버마 정국 열쇠 쥔 두 희망이다. 한데, 이 둘이 공공의 적인 군부 앞에서 내는 삑사리 엇박자가 심상찮다. 다들 이리저리 둘러대며 몸만 사

---

2   제2차 세계대전 때 버마로 쳐들어온 일본군한테 야자 열매를 따줬지만 대가는 커녕 해코지만 당한 데서 비롯된 말.

리는 게.

"소수민족들과 버마연방 향해 공동투쟁 합의했다."
지하 민족통합정부가 거듭 날려온 성명서다
"민족통합정부 인정하고 전폭 지지한다."
소수민족해방군들이 맞받아 날려온 성명서다

두 진영의 결속, 겉보기엔 그럴듯하다. 곧 뭔가 이뤄질 듯. 단,
속살을 파보면 영 딴판이다.

"아직 민족통합정부의 실체 모른다. 우리와 뭘 합의했다는 건
지? 추상적인 버마연방만 내세운들 앞날 없다. 버마인이 진짜 싸
울 의지 보여야 우리도 움직인다." 까렌민족연합 의장 무뚜세이
뿌Mutu Say Poe가 고개 젓듯이.

"군인학살 정권 60년째, 늘 되풀이한 쿠데타다. 여태 우리는
버마연방 위해 싸웠지만 돌아온 건 버마인의 박해와 차별뿐이었
는데 뭘 믿고 뭘 인정하란 말인가?" 까레니민족진보당 의장 에이
벌 트윗이 되박듯이.

민족통합정부와 소수민족해방군들, 다른 말로 버마인과 소
수민족들은 여전히 삼사하다는 뜻이다. 뿔뿔이 갈린 국경 기운
은 4월 16일 지하에서 망명 민족통합정부를 띄울 때도 고스란히
드러났다. 2월 1일 민아웅흘라잉Min Aung Hlaing 최고사령관의 쿠

데타로 쫓겨난 버마 정치인과 사회운동가들이 민족통합정부를 창설하면서 내각 스물여섯 자리에 부통령 두와라쉬라Duwa Lashi La(까친민족자문회의 의장)와 여성청년아동부장관 노흘라흘라수 Naw Hla Hla Soe(까렌 여성운동가) 같은 소수민족 출신 장·차관 13명 을 끼워 넣었다. 말하자면 정치적 지분을 나누며 소수민족한테 손을 내민 셈이다. 그러나 정작 민족통합정부 출범에 환영사 하나 날린 소수민족해방군이 없었다.

"환영사는 무슨 환영사. 버마인은 필요할 때만 우리 소수민족 찾는다. 1948년 독립 때도, 1988년 민주항쟁 때도, 1990년, 2015년, 2020년 총선 때도 늘 그랬다. 그 결과가 뭐였나? 지나고 나면 곧장 입 닦았잖아. 민주 상징 아웅산수찌도, 독재자 민아웅흘라잉도 우리한테는 다 똑같은 버마인일 뿐이다." 샨주군 사령관 윳석 장군이 쌀쌀맞게 털어놓았듯이.

이건 윳석의 별난 독설도 정략도 수사도 아니다. 소수민족들 가슴에 맺힌 버마인에 대한 배신감이고 불신감이다. 샨Shan, 까렌 Karen, 까레니Karenni, 까친Kachin, 몬Mon, 친Chin, 아라깐Arakan···. 버마 인구의 40% 넘는 135개 소수민족이 저마다 입에 달고 살아온 말이다.

바로 여기 버마 정국 해법의 고갱이가 담겼다. 민족통합정부가 버마중심주의를 고집하며 소수민족들 심장을 못 얻는다면 전략, 전술을 백날 떠들어댄들 버마의 앞날은 없다. 독재 타도도,

민주주의도 건설도, 평화 정착도, 버마 민주연방 창설도 다 곡두일 뿐.

더구나 4월 들어 국경 소수민족해방군 진영은 저마다 발등에 불이 떨어졌다. 까렌민족해방군, 까레니군을 비롯한 9개 주력 소수민족해방군은 2011~2012년 버마 정부와 맺은 휴전협정을 2월 1일 쿠데타 뒤 곧장 폐기했고, 버마 정부군은 소수민족 공격으로 앙갚음해대고 있다.

그동안 휴전협정을 거부한 채 버마 정부군과 싸워온 까친독립군KIA, 아라깐군AA, 따앙민족해방군TNLA, 미얀마민족민주동맹군MNDAA을 아우른 버마북부동맹NA-B(2016년 결성) 전선도 쿠데타 뒤 더 뜨겁게 달아올랐고.

'제 코가 석 자'라고, 소수민족해방군들은 민족통합정부가 내건 추상적인 미래형 버마민주연방을 쫓아 버마 정국에 발 담글 겨를이 없다.

"목숨 건 전쟁을 누가 부추긴다고 할 수 있나? 전쟁이란 건 남 위한 자선사업이 아니다. 우리를 지키기도 힘든 마당에 민족통합정부까지 생각할 틈은 어딨고." 까레니군 사령관 비투 장군 말마따나 국경 현실은 녹록잖다.

누가 버마 반군부 투쟁 정국을 이끌 것인가? 버마 안팎 시민 사회의 절박한 의문이다. 한데, 그 답은 오로지 하나다. 소수민족

해방군 없는 지하 망명 민족통합정부도, 민족통합정부 없는 소수
민족해방군도 허깨비일 뿐이다. 그 둘의 연대투쟁 말고 달리 길
은 없다. 지금은 감상적인 주도권 다툼 따위나 벌일 때가 아니다.

　난파선 하나에 선장은 여럿
　버마호, 어디로 갈 것인지?
　물살은 점점 거세지고
　승객은 숨이 넘어가는데

전선일기, 오늘이 마지막 장이기를

2021년 6월 12일
냐무Nya Moe 까레니군 본부
까레니주 | 버마

. . .

"형편 되면 어련히 자네한테 첫 길 열지 않겠어."
이 한마디를 믿고 애타게 기다리길 넉 달째
"문태, 편한 날 잡아 냐무 본부로 들어가시게."
마침내, 까레니민족진보당 의장 에이벌 트윗이 전화를
곧장, 까레니군 사령관 비투 장군과 선을 단다
"응, 전갈받았어. 국경까지만 조심해서 오시게."

지난 2월 1일 쿠데타 뒤, 온 세상 언론이 반군부 투쟁 열쇠를
쥔 소수민족해방군한테 눈길을 꽂았다. 그러나 버마 군부 뒤를
받쳐온 타이 정부의 국경 폐쇄로 아무도 현장에 다가갈 수 없었
다. 오늘, 비로소 그 언론 사각지대의 '개구멍'이 열린다. 국경 맞
댄 타이 정부 눈치를 안 볼 수 없는 까레니군이 간 큰 짓을 한 셈

이다.

　새벽녘, 국경 한 모퉁이로 에이벌을 찾아간다
　"약속 지켰으니 이젠 됐지? 조심해 다녀오게."
　'날 듯이 기쁘다!' 이럴 때 쓰는 말이다
　30년 우정, 헛게 아니었구나 싶은 게

　"날 밝기 전에 서두르세."
　타이 국경수비대와 호형호제해온 까레니군 작전사령관 에므웨 대령Col.Eh Mwe을 따라나선다. 타이 국경에서 직선거리 기껏 5km, 거친 산악길을 돌고 돌아 자동차로 50분. 저만치 산꼭대기가 보일 즈음, 타이 국경수비대가 놀라 뛰쳐나온다. 에므웨가 창을 열고 날고기 댓 근을 건네자 바리케이드가 스르르 올라간다.

　냐무산Mt.Nya Moe 꼭대기에 오른다
　샨 멧밭을 스쳐가는 높바람 소리
　온 천지를 뒤덮은 초록빛 대자연
　아슴푸레한 세볼렉(버마 전통 말이 담배) 내음
　내 오감이 기억하는 여긴, 내가 있어야 할 곳
　까레니 전사들이 몰려들어 반갑게 맞는다
　빳빳이 굳었던 온몸이 봄눈 녹듯 풀어진다

꼭 열 해 만에 냐무에 올랐다. 2012년 휴전협정 한 해 전이 마지막이었으니. 까레니군과 타이군 진지가 전보다 더 가까워진 걸 빼면 별로 달라진 게 없다. 다만, 흐르는 세월 따라 얼굴들이 바뀌었다. 작전사령관으로 승진한 에므웨 후임으로 냐무 본부를 맡은 제2대대장 우레Oo Reh 중령과 몇몇 고참들 기억 속에서 내가 되살아날 뿐, 나머지는 다 낯선 얼굴들로.

이윽고, 짙은 안개를 뚫고 아침이 열린다.

"우리는 까레니 해방 위해 싸운다
우리는 까레니 독립 위해 싸운다
날마다, 적을 무찌르고 전진한다
우린 모두 영웅, 우린 모두 영웅"

164명 훈련병이 핏대 높여 부르는 <까레니 영웅>이 해발 2000m 산악을 쩌렁쩌렁 울린다.

"석 달짜리 정기군사훈련에 보물(신병) 마흔도 함께 붙였다." 교관 부레Bu Reh 중위는 새내기들 입대에 입이 째진다.

여느 소수민족해방군과 달리 징병 없이 자원병만으로 꾸려온 까레니군 전통은 2천 전사들 자부심이자 전투력의 밑천이었다. 소수 까레니군이 얻은 별명 '게릴라전 명수'는 우연이 아니었다.

0900시, 부레 중위가 "30분 휴식"을 알린다. 녹초가 된 훈련병들이 그늘 찾아 흩어진다. 앳된 소녀 셋을 불러 퍼질러 앉는다. 다들 반마이나이소이Ban Mai Nai Soi 난민촌에 차린 까레니민족대학 학생이라고.

"해방투쟁에 남녀가 어딨나요. 저는 의무병으로."

낯가림 심한 수레(19)가 말만큼은 똑 부러진다.

"저는 통신병요. 여자라고 특별대우 원치 않아요."

허당끼 지닌 쁘레이메(19)도 단단한 속을 드러낸다.

말투나 몸가짐이나 다들 이미 한 경계 넘은 전사다.

단, 땀범벅 군복도 신세대 티를 가려주진 못한다. "남군과 똑같은 훈련도 견딜 만해요. K-드라마 못 보는 것 빼면 다 괜찮아요." 수다쟁이 수에메(19)가 깔깔대며 나선다. "이민호 보고 싶어요. 사랑해요." 쁘레이메가 몇 마디 익힌 한국말로 끼어든다. 수에메는 "공유"를, 수레는 "방탄소년단"을 외친다.

신세대를 따라 변해가는 민족해방전선을 보는 심사가 참 복잡하다. 맘껏 꾸미고 놀아야 할 열아홉 꽃다운 아이들이 총을 움켜쥔 게 애처롭고, 민족해방투쟁에 뛰어든 아이들 용기가 존경스럽고, 역사가 또 원망스럽고….

다시 만날 기약 없는 전선 아이들의 참한 눈망울이 산길로, 산길로 길게 따라붙는다.

1000시, 에므웨 꽁무니를 쫓아 냐무 기지로.

기울기 45도, 200m 오름길, 열댓 걸음에 이내 허파가 찢어질

듯. 뚜벅뚜벅을 가장한 흐늘흐늘, 뇌가 내리는 명령을 발이 거부
한다.

"이젠 전선 못 다니겠구먼?" 앞서가는 에므웨가 눈치챈 듯. 들
켰지만 대꾸할 힘도 없다. 자존심 따위를 떠올릴 틈도 없고. 자존
심 따위를 떠올릴 겨를도 없다. 10년 세월의 흐름을 비로소 깨닫
는다.

중무장 요새 너머 펼쳐진 장엄한 까레니 산악,
"와아아…(빌어먹을!)"
전쟁과 자연의 불화를 감탄사에 숨긴다
"말보단 눈으로 보세." 에므웨가 전방관측소로 이끈다
"여기도 머잖았어. 오늘내일 그래."
"험한 지형 탓에 정부군이 여길 치긴 쉽잖겠는데?"
"아냐. 요 앞산을 봐. 저게 다 정부군 요새야."
1km 남짓, 정부군 요새 일곱이 맨눈에 잡힌다

전선 대치 1km, 코빼기 앞 죽음을 뜻한다
"정부군이 81mm(박격포)로도 쉽게 때리겠는데?"
"적들이 맘만 먹으면."
"냐무 쑥밭 되는 건 시간문제겠군?"
"우린들 보고만 있겠어!"
에므웨는 자신감과 긴장감이 섞인 껄껄웃음을

소수민족 까레니의 독립을 향한 꿈은 오늘도 산악 밀림에서 끝없이 이어지고 있다.
—2021년 까레니군KA 본부 냐무의 신병 훈련소. ©정문태

"적이 곧 우릴 칠 거야. 보름 전 드론 띄웠으니."

전선에서 45년 잔뼈가 굵은 에므웨의 직감이 불길하다. 이내
불 뿜을 것 같은 정부군 진지를 바라보는 맘이 아슬아슬하기만.
까레니 본부 방어군 제2대대 병력은 고작 200, 냐무를 지켜낼 수
나 있을지 못내 의심스럽고 처절했던 1995년이 자꾸 되살아난
다. 석 달 만에 휴전협정을 깬 버마 정부군의 기습공격으로 본부
후아이뿔롱Huay Pulong을 잃은 까레니군이 눈물을 흘리며 여기 냐
무로 옮기던 그 날의 아픈 기억이.

군격정만도 아니다. 현재 까레니는 '덜미에 사잣밥을 짊어
진 꼴'. 까레니주 전역을 공습하며 전선 펼친 정부군 손아귀에 이
미 주도 로이꼬Loikaw를 비롯한 주요거점이 다 넘어갔다. 게릴라
전에 이골난 까레니군이지만 도시 방어전엔 힘이 부치고, 2월
1일 쿠데타에 맞서 조직한 시민무장조직 까레니민족방위군KNDF
1천까지 나섰지만 어림도 없으니.

그사이 까레니는 피난민 10만을 또 쏟아냈다. 1980년대부터
버마 정부군 공격받고 피난민 문제로 시달려온 까레니는 현재 절
망적이다. 그동안 타이를 넘은 난민 1만4000명에다 난민 지위조
차 못 받은 국내실향민IDPs 3만5000명을 포함한 5만이 국경 유
령으로 떠돌던 판에 이번 쿠데타 뒤 쫓겨난 새 피난민까지 보태
면 모두 15만에 이른다.

까레니 인구 35만 가운데 거의 반이 피난민인 셈이다. 까레니 민족공동체는 아예 해체 단계에 접어들었다. 부풀린 말이 아니다. 가히 인류사적 사건이다. 단 40년 만에 한 민족공동체가 이토록 깨진 경우가 없다. 버마 군사정부의 소수민족 말살정책, 그 잔혹한 결과다.

"여기서 3km 떨어진 도누꾸Daw Noe Ku까지 난민이."
에므웨 고민이 깊은 한숨에 묻어난다.
"현장 봐야겠어. 바쁠 테니 길잡이만 하나 붙여줘."
여기저기 무전을 때린 에므웨가 앞장선다.
"같이 가보세. 혼자 보내려니 불안해서."
전사 여섯 태운 전투용 픽업트럭이 시동을 건다. 제2대대장 우레 중령이 길을 잡아나간다. 장마철로 접어든 산악엔 장대비가 오락가락, 엉망진창 산길 따라 섬뜩한 곡예 운전, 돌부리에 치인 자동차는 쉼 없이 튕겨 오르고.
도누꾸 마을 1km 전방, 진흙탕에 빠진 자동차가 헛바퀴 굴리며 비명을 질러댄다. 전사들이 달려들어 밀고 당기기를 20여 분, 우레 중령이 낄낄대며 비옷을 건넨다. 걸어가자는 뜻이다. 12년 전 전사들을 따라나선 죽음의 행군이 벼락처럼 떠오른다. 나무 전선 5km, 그 열네 시간의 끔찍한 기억!

오르락내리락 5분 만에 온몸이 땀투성이로. 김 서린 안경 너머 세상은 닦아도 닦아도 흐릿하고, 카메라에 노트 한 권뿐인 등짐은 왜 이리도 무거운지! 나무를 드나든 유일한 기자의 자부심은 온데간데없다. 오직 이 길이 끝나길 바라는 간절함만 저만치 앞서간다.

40분 만에 도누꾸가 눈앞에. 마냥 드러눕고 싶다. 한데, 마지막 남은 자존심이 허락하질 않는다. 나무 그늘에 앉아 담배 한 대를 꼬나문다. 태연한 척!

정부군 공격을 받아 폐허가 된 도누꾸는 집도 절도 없이 이름만 남았다. 그동안 전방관측소 노릇을 했던 휑한 도누꾸엔 급히 지은 피난민 수용소 두 채가 들어섰고, 마을 언저리 밀림엔 군데군데 움막들이.

"오늘까지 아이 105명에다 모두 317명이 여기로. 당장 피난민들 잠자리와 먹을거리가 문제다. 항생제, 말라리아약, 생리대, 화장지도 급하고…" 정신없이 바쁜 까레니 임시정부 보건부 차관 쿠뽀Khu Po를 따라 총총걸음 기웃기웃. 텅 빈 움막 하나를 병원이라고 한다. 드러누운 여성 셋은 환자라고 한다. 의사도 간호사도 약도 없다.

"코로나도 큰일이야. 검사도 치료도 못 하니. 그저 피난민을 도누꾸 진입 전에 14일 동안 밀림에 머물도록 하는 게 다고." 쿠뽀가 내보이는 빈손 그대로다. "우리 힘만으론 할 수 있는 게 없다. 여긴 유엔도 국제단체도 얼씬 못하니…" 맥빠진 쿠뽀 얼굴에서

절망을 본다. 어이할까나? 전선이 펼쳐진 데다 타이 정부가 국경
마저 막아버렸으니.

피난민들 곁에 퍼질러 앉기를 두어 시간, 두려움에 질린 얼굴
들은 저마다 몸을 사린다. 좀체 말문들을 안 연다. 낯선 이방인에
울음부터 터트리는 아이들 달래기 바쁘고.

피난민 취재, 늘 부딪쳐온 일이지만 늘 스스럽고 아득하기만!
남들 아픔을 들춰내 먹고사는 내 직업이란 게…. 목격자, 기록자,
보도자, 뭐든 다 허울인가 싶고.

대나무와 바나나 잎을 얼기설기 엮은 움막 앞에 쪼그린 한 가
족 여섯 틈을 비집고 앉는다.

"일주일 전 우리 마을 샤도Shadaw를 정부군이 공습해 다들 떠
났어요. 샤도는 텅텅 비었고…." 표정 잃은 쁘레이메(23)가 들릴
듯 말 듯 나직이 증언한다. 응예(26)는 전화기로 찍은 현장 사진
들을 보여준다. 소문만 나돌던 정부군 공습이 사실로 드러난다.
샤도 피난민과 기자의 첫 대면을 통해서.

으레, 도누꾸의 피난민들은 몫몫이 다른 사연을 들고 왔다.
"두어 달 전 체포령 피해 여기 닿고 보니 거의 모든 피난민이 내
지역구 유권자라 봉사하며 투쟁 계획 세운다." 피난지에서도 표
심 쫓는 샤도 상원의원 로버트 응에레(까레니민주당KSDP) 같은 정
치인이 있는가 하면, "까레니로 피신한 경찰 200여 명을 조직하

는 비밀 임무 수행 중이고" 랭군 출신 마웅지(45) 같은 경찰관도 있다. 쿠데타 뒤 입으로만 전해지던 정치인, 경찰관, 공무원의 탈출을 내 눈으로 확인한 셈인데, 꺼림칙한 구석이 없잖다. 도망와서 '투쟁 계획'이니 '비밀 임무'니 추상적인 소리를 늘어놓은 이들이 그렇다는 말이다.

"잘 가려가며 봐야 해! 피난민이라고 다 같은 피난민이 아냐. 여긴 전쟁터다. 우리도 정보라인 돌려가며 몇몇은 눈여겨보고 있다. 모사꾼, 사기꾼, 간첩, 별별 사람이 다 몰려드니까." 먼발치에서 인터뷰를 바라보던 우레 중령의 귀띔마따나.

피난민 사이를 한참 헤집고 다니다 꼭 만나고 싶었던 시민불복종운동CDM 참여자를 찾았다.

"5월 30일 집 떠나 밤낮 꼬박 일주일 걸었어요. 뽄강Pawn river, 살윈강 건너고 산을 쉰 개쯤 넘고." 쁘루소Hpruso의 께이꼬중학교 교사 베모(38) 얼굴에 고달팠던 피난길이 고스란히 묻어난다. 쁘루소-냐무, 직선거리로도 70km. 어림쳐 하루 10km 산악 행군인 셈인데, 이건 훈련받은 전사들 속도다. 그만큼 절박했다는 뜻.

"우리 께이꼬중학교에선 열다섯 교사 가운데 열셋이, 까레니주를 통틀어 80% 교사가 시민불복종운동에 뛰어들었어요. 참여한 교사들은 잡혀갔거나, 저처럼 피신했거나…." 낯가림이 심한 베모는 애달픈 심정을 허공에다 쏟아낸다. 까레니의 교육이 무너졌다는 뜻이다.

"교육은 그 전부터 이미 말이 아니었어요. 로이꼬대학에서 생물학을 전공한 제가 정부 명령으로 역사와 언어를 가르쳤으니. 그것도 오직 버마 역사와 버마말만. 까레니 역사를 입에 올린다는 건 상상도 못해요. 저도 배운 적 없으니 까레니 역사를 모르고. 까레니말은 집에서만 쓰죠."

역사와 말을 빼앗긴 까레니, 이게 버마 정부가 저질러온 소수민족 말살정책의 증거다. 공식적으로 135개 소수민족이 총인구의 40%를 웃도는 나라 버마에서 벌어져온 일이다. 이게 바로 소수민족들의 해방투쟁 밑절미였고.

"이젠 죽어도 버마 공무원 안 할 거예요. 우리 까레니 사람 돕고 버마와 싸울 수 있는 길이라면 뭐든. 총을 들 수도 있어요." 도누꾸에서 피난민 아이들을 가르쳐온 베모는 입술을 깨문다.

이렇게 군인 독재자는 교사를 투사로 만들어버렸다. 그리고, 오늘 냐무 산악엔 까레니 민족해방투쟁사를 두텁게 채워나갈 새로운 동력이 꿈틀대고 있다.

"이제 떠날까?" 에므웨 대령이 팔뚝 시계를 가리킨다.

까레니군 사령관 비투 장군을 찾아간다.

"먼 길 오느라 고생했어." 두어 달 만에 다시 만난 비투가 반갑게 맞는다. "지난번 국경에서 만났을 때 이빨이 탈 나 애먹더니?"

"아팠다 말았다 그래."

올해 예순여섯, 전선에서 쉰 해를 채운 비투의 꾸밈없고 무뚝 뚝한 모습은 한결같다. 한데, 몇 해 전부터 잔병치레가 잦다. 세월 이길 장사 없다고.

이런저런 사사로운 이야기 끝에 현실로. "까레니군과 시민무 장조직 까레니민족방위군KNDF 관계는?" "우리가 시민군 도와 야지. 훈련도 보급도." "그럼 작전과 전투도?" "그건 아냐. 그쪽은 시민군이니 우린 조언만." "까레니군이 시민군을 편입한 것 같던 데?" "천만에. 앞으로 원하는 이들이야 그럴 수도 있겠지만 지금 은 아냐." 비투는 고개 저으며 손사래 친다.

"그럼 까레니민족방위군과 지하 민족통합정부의 민중방위군 PDF 관계는?" "그쪽은 버마인인데 까레니 사람이 같이 갈 수 있겠 어? 시민군이라는 이름과 반군부 투쟁이란 목적만 같을 뿐 바탕 이 서로 다르잖아. 정치도, 역사도, 현실도, 경험도."

까레니에서도 드러난다. '버마 전역 시민 무장투쟁을 민중방 위군으로 통합한다.' 지하 민족통합정부가 겨냥한 과녁은 현실 과 거리가 멀다. 벌써 소수민족 지역에서는 독자적인 시민군이 떴다. 까레니민족방위군에 이어 친주의 친랜드방위군CDF이 태 어났고, 곧 까렌주와 몬주에서도 소수민족 시민군이 태어날 낌 새다.

"민족통합정부가 자신들이 조직한 민중방위군마저 단일 명 령체계로 못 끌고 가는 판에 독자적으로 태어난 소수민족 시민군을 어떻게 통합하겠다는 거야. 전쟁 경험도 없는 민족통합정부가 시민군을 통합한다는 건 환상이야." 비투 말에 찬바람이 휙 돈다.

틀린 말도 아니다. 반군부 무장투쟁을 선언한 민족통합정부의 운명은 시민군 통합과 단일명령체계 건설에 달렸으나 여태 시민 무장조직은 뿔뿔이 갈려 공동체 단위로 싸우는 실정이니.

버마중심주의를 오롯이 못 벗은 민족통합정부, 버마인에 깊은 불신감을 지녀온 소수민족해방군, 시민사회는 이 둘이 심장을 맞대라고 아우성쳐왔다. 한데, 현실은 '불 꺼진 화로 딸 죽은 사위' 꼴이다. 둘은 마냥 맹숭맹숭, 어영부영. '서리를 기다리는 마가을 초목' 신세인데도.

냐무에 땅거미가 드리운다. 여긴 전쟁보다 무섭다는 세계최악 말라리아 지대. 모기란 놈들이 날뛰기 전 부랴부랴 멱을 감는다. 보건부 요원 예스터가 지은 저녁으로 출출한 배를 채운다. 산나물에 말린 피라미에 호박국까지 반찬이 셋이나! 진수성찬이 따로 없다. 전선에서 흔치 않은.

"멀리서 벗이 찾아왔으니…."

에므웨가 손바닥만 한 술병 하나를 들고 온다.

그렇지, 테이예(쌀로 빚은 까레니 전통 술)가 빠질쏘냐!

"덕분에 우리도 한 잔." 우레 중령이 박수를.

예닐곱 전사들이 둘러앉는다.

"딱 한 잔씩만!" 에므웨가 눈금 재듯 테이예를 따른다.

감질난 술잔 너머 전선의 밤이 깊어간다. 정치도 전쟁도 우정도 독한 테이예에 묻어 온몸 구석구석 퍼져나간다.

아, 여기가 바로 내가 있어야 할 곳. 2월 1일 쿠데타 뒤, 넉 달 만에 비로소 나를 찾았다.

'소수민족해방군', '시민불복종운동 참여자', '연방의회대표위원회 정치인', '탈영 경찰관', '피난민'…. 이들 모두는 세상 언론이 눈길 꽂았던 주인공이다. 그러나 여태 아무도 만날 수 없는 소문 속 존재들이었다. 오늘 내 발이 이 현장에 닿기 전까진.

전선기자 자존심을 세워준 까레니 벗들이 고맙기만!

자정이 지났다. 발전기 소리도 멈췄다. 이제 세상엔 오직, 다가오는 전투를 예감한 풀벌레들 비명만 남았다. 손전등 아래 엎드려 하루를 접는다. 전쟁 없는 세상, 오늘 밤 이 전선일기가 마지막이기를 바라며.

까레니, 몽골리안의 후예?

전통적으로 붉은색을 좋아해 흔히들 '레드 까렌Red Karen'이라 불러온 까레니Karenni는 이웃 까렌Karen과 한 핏줄이며, 언어학적 인종 구분으로론 중국-티벳계Sino-Tibetan에 속한다고들 한다.

"우리 고향은 몽골이야. 기원전 2000년 중국 윈난Yunnan으로 내려왔고, 기원전 1000년 버마의 샨주Shan State 거쳐 오늘날 까레니주로 흘러들었대. 또렷한 뿌리나 역사는 아무도 모르지만." 까레니민족진보당 의장 에이벌 트윗 말마따나 까레니는 19세기 전까지만 해도 바깥세상에 안 알려진 깊은 산악 공동체였다.

까레니는 버마를 삼킨 영국 식민정부와 버마의 민돈민 왕King Mindon Min이 까레니 독립을 보장한 이른바 '1875년 협정'을 통해 비로소 역사에 등장했다. 그러나 1948년 독립한 버마 정부가 그 협정을 무시한 채 무력으로 까레니를 합병해서 오늘에 이른다. 이 대목이 바로 지난한 까레니 민족해방투쟁의 역사적, 법적 동력이다. 버마 분쟁에서 '민족'을 내건 여느 소수민족들과 달리 까레니가 '영토'를 앞세워온 까닭도 여기에 있다. 이러니 1989년 버마 군사정부가 까레니주를 까야주Kayah state로 바꿔버렸지만 여태 까레니 사람들은 '까레니주'를 고집할 수밖에.

경기도보다 조금 큰 11만732km² 영토에 인구 35만을 지닌 까레니는 소수민족 가운데도 그야말로 소수민족이다. 1957년 깃발 올린 까레니민족진보당KNPP과 그 무장조직인 까레니군KA이 바로 이 소수민족 까레니의 해방투쟁을 이끌어온 줏대다. 까레니민족진보당은 그동안 외쳐온 '독립투쟁'의 비현실성을 인정하며 2002년 버마연방을 향한 '자치투쟁' 노선으로 갈아탔다.

4년마다 대의원대회를 열어 의장, 부의장, 중앙상임의원 11명, 중앙위원 37명을 뽑는 민주적 전통을 지닌 까레니민족진보당은 의장이 까레니 임시정부 총리를 맡고 그 아래 국방부와 외교부를 비롯한 여덟 개 부처로 해방구를 꾸려왔다. 소수민족해방전선에서 이런 민주제도가 제대로 작동하는 진영은 오직 까레니민족진보당과 까렌민족연합KNU 뿐이다.

현재 까레니군은 3개 대대와 특수부대 그리고 게릴라부대로 나눠 전선을 가고 있다. 비록 병력은 2000 남짓이지만 게릴라전에 이골난 까레니군의 전투력만큼은 64년 해방투쟁사가 보증한다. 중무장 정규군을 동원한 버마 군부가 여태 까레니를 오롯이 못 삼킨 현실이 그 증거고.

까레니민족진보당은 2021년 12월 27일 제14차 대의원대회를 통해 우레Oo Reh를 새 의장으로 뽑았다. 2013년부터 의장을 연임했던 에이벌 트윗은 부의장으로 경험 전수자 노릇을 맡았다. 이어 2023년 6월 6일, 까레니 정치 조직들이 임시행정위원회IEC를 창설했다. 우레가 이끄는 이 임시행정위원회는 국방, 내무, 외무를 비롯한 12개 부처로 나눠 까레니주를 꾸려나갈 새 임시정부인 셈이다. 우레는 "버마 군부를 물리친 뒤 이 위원회를 자치독립 정부로 바꾼다"고 선언했다. 에이벌 트윗이 2021년 6월 나와의 인터뷰에서 밝혔던 '까레니 독립선언'의 실질적인 전 단계로 볼 만하다.

까렌 해방구에서 이레

2021년 11월 21일~11월 28일
레이와Lay Wah 까렌민족연합KNU 본부
까렌민족해방군KNLA 제7여단
까렌주 | 버마

.
.
.

"기다려 보게. 첫 배는 꼭 자네한테 띄울 테니."
까렌민족연합 부의장 끄웨뚜윈을 믿고 기다렸다
애태운 지 아홉 달, 마침내
타이와 버마를 가르는 모에이강Moei river 둑에 선다

장마가 끝나나 싶더니,
달포 만에 모에이강이 몰라보게 여위었다
거센 황토물도 사나운 소용돌이도 사라졌다
폭은 줄어 기껏 70m, 곳곳엔 벌써 휑한 바닥이

스멀스멀 기어 나오는 국경의 긴장,
그 날카로운 쾌감 속에 나를 집어넣는다

늘 그랬듯, 강물에 손을 담근다. 의식처럼
나긋한 물살이 손바닥을 휘감는다. 반기듯

땡볕 쪼인 모래밭에 피어오르는 아지랑이,
가물가물 곡두 따라 물살이 거꾸로 흐른다
병아리 전선기자로 이 강과 맺은 인연,
그땐 미처 몰랐다. 30년 넘게 이어질 줄!

버마-타이 국경을 가르는 모에이강.
사진 왼쪽 산악이 까렌민족연합 본부 레이와, 오른쪽이 타이. ⓒ정문태

강 건너 전사가 배를 몰고 온다
11월 21일 정오, 국경을 넘는다

타이와 버마의 까렌주를 가르는 모에이강은 예부터 소수민
족 까렌의 삶터였고, 때마다 버마 현대사의 위기를 받아낸 피난
지였다. 1970년 우누U Nu 총리의 반독재 저항군도, 1988년 민주
항쟁 뒤 군부에 쫓긴 청년·학생들도 저마다 이 강기슭으로 몰려
들었다.

세월이 흘러 2021년, 최고사령관 민아웅흘라잉의 2월 1일 쿠
데타로 모에이강은 다시 버마의 고빗사위를 떠안았다. 정부군한
테 공격받은 시민의 피난지로, 쿠데타에 쫓겨난 망명 지하 민족
통합정부의 발판으로.

통통통 3분, 모에이강을 질러 풀쩍 뭍으로 뛰어오른다. 쿠데
타 뒤 첫 기자로 까렌 땅을 밟는다. 첫 배를 띄워 준 까렌 벗들이
고맙고, 첫 현장취재 기회를 잡아 뿌듯하고, 첫 현장발 보도의 책
임감이 무겁고…. 내 집처럼 드나든 까렌 해방구, 오늘 같은 두근
거림은 처음이다.

꼭 2년 만에 찾은 제7여단 해방구는 달라진 게 없다. 곳곳에
세운 코로나 경고판이 낯설 뿐, 강둑 마을도 산 자락 병영도 다 그
대로. 10km 앞까지 쳐들어온 정부군 야포 사정거리에 들었지
만 별 긴장감도 없다.

까렌민족해방군 본부부터 찾아간다. 사령관 조니 장군Gen. Jonny이 해쓱한 얼굴로 맞는다. 목 수술에다 코로나에다 애먹은 티가 한눈에 든다.

"뭐 하러 또 이 먼 길 왔어?"

퉁명스럽긴 30년을 만나왔지만 늘 그대로.

"6월에 조피우 장군Brig.Gen.Jaw Phyu 돌아가셨다고?"

"별거 있나. 때 되면 다 떠나는 거지."

전선 57년, 조니 장군한텐 대수롭잖은 일인지도.

제7여단장이었던 동생의 죽음마저 '소 굿 소리 듣듯.'

쿠데타 뒤 까렌 쪽 전황을 물으며 찻잔을 받는다.

"정부군이 해방구 전역 때린다고 보면 돼. 이번 11월에만도 제5여단 138회, 제1여단 30회, 제2여단 9회, 제3여단 5회 치고받았어." "정부군 파상공세 견뎌낼 순 있으려나?" "쯧쯧, 그 새삼스레! 우린 전쟁 74년째야." 조니 장군이 생뚱맞은 듯 혀를 찬다.

이런저런 이야기 한 시간 끝에 자리를 턴다. "편하게 일 다 보고 저녁에 집으로 와." 무뚝뚝한 조니 장군이 잔정을 살짝 내비친다.

11월 22일 아침 7시, 모에이강이 사라졌다

까렌도 저 너머 타이도 안개가 지워버렸다

이 백색 화판에 만물을 새로 그릴 수만 있다면…

까렌민족해방군 사령관 조니 장군. 레이와 본부. ©정문태

국경선도 분쟁도 난민도 없는 본디 그 강으로

　감상을 접고 까렌민족연합 본부 레이와로 간다. 제7여단 본부
에서 산길 따라 자동차로 10분, 중앙상임위원회를 앞둔 레이와
는 아침부터 북새통. 총총걸음을 멈춘 부사무총장 홀라뚠Hla Tun
은 신신당부한다. "문태, 내년 1월로 잡은 대의원대회 준비 포함
해서 이번 회의 내용을 공식 발표 전엔 절대 흘리면 안 돼!"
　그동안 까렌민족연합이 대물림해온 '중앙위원회 비공개' 철
칙은 2018년 중앙상임위원회 비상총회에 나를 초대하면서 깨졌
다. 그날에 이어 오늘이 두 번째 초대인 셈이다. 나는 까렌민족연
합 중앙위원회를 취재한 유일한 기자로 또 행운을!

　이레짜리 회의에 각 해방구를 대표한 중앙상임위원 55명이
모였다. 안건과 절차를 다룬 오전 회의를 마칠 무렵, 부의장 끄웨
뚜윈이 마이크를 잡는다.
　"다들 아시겠지만, 오랜 벗인 문태를 초대했습니다. 오후부터
회의를 취재한다니 편하게 여기시길…"
　한꺼번에 쏟아지는 눈길 향해 멋쩍은 인사를 하고 보니 괜스
레 콧등이 찡해진다. 해묵은 인연들이 믿음으로 되돌아오는가 싶
고, 영화에나 나올 법한 이 반군 소굴이 아늑하기만. 내 팔자에 반
군이 낀 게 틀림없다!
　비밀과 보안을 목숨처럼 여기는 해방혁명조직의 깊은 속살,

그것도 중앙상임위원회를 취재한다는 건 기자로서 더 할 수 없는 영광이다. 남몰래 내 가슴에 명예대훈장을 달아준다.

회의 끝난 저녁나절, 오래 못 본 반가운 얼굴들과 둘러앉는다. 두런두런 저마다 쟁여둔 얘기를 풀어내며. 아무갠 떠났고, 아무갠 병들었고…, 내남없이 흐르는 시간의 무게를 실감한다. 전정이 구만리 같던 게 어제런가 했더니, 속절없이 흘러버린 세월 따라 이젠 다들 '가난한 상주 방갓 대가리' 타령을. 우린 정치도 혁명도 접고 인연을 나눈다. 전선 우정, 밤이 이슥토록.

11월 24일 새벽녘, 날카로운 전화 소리에 깬다.

"체포령 피해 온 버마 사람들 만나고 싶다 했지? 7시에 통역 보낼 테니 이쪽으로 넘어오시게." 제7여단 사령관 포도Paw Doh 준장이 전화를 끊자마자 이내 통역이 나타난다. 고양이 세수 끝에 부랴부랴 현장으로 달려간다.

제7여단 한 귀퉁이, 잔뜩 경계심을 품은 버마인 다섯이 기다린다. 이런저런 우스개로 서로 탐색전이 끝나자 수다쟁이 페구Pegu 상원의원 이따익(민족민주동맹NLD)이 나선다.

"우린 1년 안에 군부 무너트리고 고향으로 되돌아갈 수 있다." "1년이라고, 어떻게?" "나도 총 들고 싸우면 되지 뭐." "그건 아웅산수찌의 민족민주동맹 노선이 아닌데? 당신들은 죽으라고 비폭력 평화만 외쳐왔잖아?" "그러잖아도 지금 우리 당에선 노선 문제

놓고 상의 중이다." "상의는 무슨 상의? 이미 온 시민이 총 들고 나선 판에. 당신들 민족민주동맹이 줏대인 망명 민족통합정부도 민중방위군 창설해서 무장투쟁 뛰어들었고. 지난 33년 동안 학살자, 군인 독재에 맞서 시민이 싸울 때는 뭐 하다 이제?" 정치인의 철딱서니 없는 현실 인식에 좀 모진 말이 튀어나가고 만다. 대구 없는 이따익, 심사가 뒤틀렸나 보다. 머쓱하니 인터뷰가 겉돈다.

정치가 시민을 못 따라가는 불쾌한 현실, 산악 밀림으로 몸을 피한 정치인, 개나 소나 '1년짜리 환상'을 입에 올린다. '쇠불알 보고 화롯불 마련한다'고, 딱 그 짝이다.

'1년 뒤 귀향', 이건 국경전선에 떠도는 해묵은 유령이다. 1988년 민주항쟁 뒤부터 그랬다. 군인 독재자한테 쫓겨 국경으로 빠져나온 이들이 유행처럼 입에 달고 다녔다. 그 '1년'이 오늘 33년째다. 숱한 시민이 죽어 나갔고, 숱한 시민이 반군부 민주화 투쟁을 하는 동안 아웅산수찌와 민족민주동맹은 그 흔한 시위 한 번 조직 못 한 채 '비폭력 평화'만 신줏단지처럼 안고 살았다. 버마 현대사는 정치적 낭만이나 고상한 철학 따위로 풀 수 있을 만큼 호락호락하지 않다.

"국경살이가 만만찮을 테니 투쟁보다 몸이나 잘 챙기시고…" 그래도 내 '고객'인데, 이따익 어깨를 토닥이며 미안한 맘을 갚는다. 토라졌나 싶었더니 이내 수다 떨며 낯빛이 돌아온다. 과연, 정치인인가보다.

쓸쓸한 자리, 그렇다고 희망이 아주 사라진 건 아니다. 뗏아웅뚜(25) 같은 멋쟁이 무면허 의사도 있으니. "랭군의과대학에서 수련까지 다 마치고 2월 말에 나온다는 의사 면허증 기다리다 쿠데타가 터졌고, 저는 시민불복종운동 참여 뒤 체포령 피해 여기 까렌으로 넘어왔어요." 놈은 또랑또랑 말문을 연다. "저는 고향으로 안 돌아가요. 여기서 소수민족과 함께 살기로 맘먹었어요." "도시에서 떵떵거리며 편히 살 수 있을 텐데 왜 굳이 험한 길을. 정치적 결정인가?" "아뇨. 여기 와서 코로나 사태 겪으며 의사로서 제 자리를 찾았어요." 이렇게 뗏아웅뚜는 외진 산악 의료현장, 제7여단 요양병원에서 새 삶을 시작했다.

쿠데타 뒤 버마에서 뗏아웅뚜를 비롯한 열두 의사가 넘어온 까렌 해방구는 뜻밖에 횡재를 한 셈이다. "하루에 200 확진자 돌보느라 애먹었는데 이젠 좀 숙지는 듯." 뗏아웅뚜 말마따나 코로나가 덮친 산악 까렌 해방구는 이 의사들 덕에 그나마 한숨 돌렸으니.

반짝이는 뗏아웅뚜 눈동자가 이 거친 국경 의료 사각지대의 등불이 되기를 바라며 길었던 한나절 이야기판을 접는다. 까렌으로 넘어온 경찰관과 해군 부사관 이야기는 신변 안전과 보안 문제로 취재 노트에만 남기기로. 풀어놓을 때를 기다리며.

절망도 보았고 희망도 보았다. 오늘, 버마는 딱 그 한복판 어디쯤엔가.

11월 26일, 타이에서 아침 햇살이 국경을 건너온다. 모에이강 기슭 제7여단 해방구에 더부살이해온 버마학생민주전선ABSDF의 다웅따만Daung Taman기지로 간다.

"동지들이여, 우리 모두 하나 되자
우리는 피로 역사를 써왔다
나는 피로 맹세했다
조국 앞에 우리를 바치자
자유와 평화를 위해 최후의 전투를 준비하자"

학생군 노래 <아예찌삐>[3]가 까렌의 아침을 죄어친다. 여성 열하나를 낀 마흔다섯 훈련병, 반군부 무장투쟁에 뛰어든 버마 시민 눈동자엔 몫몫이 독기가 서렸다.

"오늘 당신들은 역사의 명령을 좇아 반독재 민주항쟁에 뛰어들었다. 우리 버마 현대사는 시민의 의무를 짊어진 당신들을 기억할 것이고…" 버마학생민주전선 의장 탄케Than Khe의 결연한 연설 앞에 시민 훈련병들은 앙다문 입술로 의지를 다진다.

"지난 4월부터 400명이 여기서 군사훈련 거쳐 갔어. 민족통

---

3 노래 제목 '아예찌삐'는 전선에서 '중요하다' '피의 충성', '때가 왔다'처럼 다양한 뜻으로 입에 오르내렸다.

합정부의 민중방위군과 시민 포함해서…." 한참 설명하던 탄케가 갑자기 생각난 듯 "형, 기사에 이 장소는 비밀로 해줘! 민족통합정부도 까렌민족연합도 우리도 공개 안 한 극비야. 여태 바깥으로 새나간 적 없어."[4] "응. 그냥 까렌민족해방군 제7여단 해방구라고만 하세."

2년 만에 다시 찾은 다웅따만, 그동안 풀 죽었던 학생군 기지는 오랜만에 생기가 돈다.

"훈련병 가운데 107명이 우리 버마학생민주전선에 남겠다고! 이번이 제8차 군사훈련인데 늘어나는 자원병 다 받기 힘들어 심사하는 중이고." 학생군이 세대교체에 어려움 겪어온 터라 기지 부사령관 쪼탄Zaw Than 입이 귀에 걸렸다.

훈련병들과 마주 앉아보니 요즘 인기 치솟는 버마학생민주전선을 실감할 만도.

"온 나라에 반군부 무장항쟁 번지면서 우리 신세대 사이에 8888 민주항쟁[5]의 전설적인 선배들 이야기가 부쩍 늘었어요." 이

---

4   그 무렵 버마 정부군은 까렌민족해방군 거점을 공습하고 있었다. 《한겨레》 2021
     년 12월 20일치 기사에서는 시민 군사훈련장 지명을 안 밝힌 채 까렌민족해방
     군 제7여단으로 보도했다. 그 뒤 버마학생민주전선은 시민 군사훈련장을 다른
     장소로 옮겼다. 하여 이 책에서는 다웅따만으로 지명을 또렷이 밝힐 수 있다.
5   1988년 8월 8일에 군부 독재정권에 반대하며 일어난 버마의 민주항쟁.

라와디Irrawaddy에서 온 교사 메이쭌쪼(30)도, "엄마, 아빠한테 반군부 투쟁해온 학생군 역사 배웠어요." 랭군에서 미용사로 일해온 킨닌웨이(20)도, "인종, 계급, 종교 차별 없는 학생군 익히 알았고 존경해왔어요." 만달레이Mandalay 출신 미장이 아웅뚠(27)도 모두 다웅따만에 온 걸 자부심으로 여기듯이.

버마 전역에서 온 별별 사람들, 사연도 가지가지.

"훈련 마치면 고향 마궤Magway에 돌아가 시민군으로 싸우려고요. 군인한테 총 맞아 죽은 내 친구 원한도 갚고." 체 게바라를 닮은 대학생 람뗏(21)의 눈은 적개심으로 이글거린다.

"시위 땐 무서웠는데 여기서 훈련받으며 두려움이 사라졌어요. 저는 랭군으로 돌아가 민중방위군에서 싸울 거예요." 앳된 킨닌웨이는 다부지게 입술을 깨문다.

"아이들과 다시 만날 때 부끄럽지 않은 선생이 되고 싶어요. 해서 저는 버마학생민주전선에서 전사의 길을 가려고 해요." 메이쭌쪼는 학생군 본부의 승인을 기다린다며 밝게 웃는다.

그러고 보니 이 신세대와 학생군 88세대는 영 딴판이다. 88세대가 체포령 피해 국경으로 몰려온 피난민이었다면, 신세대는 제 발로 국경 찾은 준비된 전사다. 30년 시차를 둔 이 두 세대는 생김새도 생각도 다르다. 어수룩했던 88세대, 똘똘하고 속이 꽉 찬 신세대라고 할까.

"다들 똑 부러지는 게 우리 88세대완 너무 달라. 지식이니 의

지니 제대로 무장한 멋쟁이들이야. 놈들한테서 버마의 희망을 엿볼 수 있고…" 탄케가 입 닳도록 신세대를 추켜세우듯.

옳다. 인류사에서 구세대보다 못한 신세대는 없었으니!

다만, 신세대의 펄떡이는 전의가 좀 아슬아슬하게 다가온다. 스마트폰, 컴퓨터 게임, 영화로 본 가상세계와 현실세계의 전쟁을 과연 이들이 잘 구분해낼까 못내 걱정스러운 게. 람보 같은 할리우드식 상상력의 불편한 낌새를 엿본 까닭이다.

"게릴라전으로 1년 안에 적을 무찌를 수 있다." 람펫처럼 여기도 '1년짜리 환상'이 도도히 흘러 다닌다. "1년이라고? 나하고 내기할까?" "좋아요. 자신 있어요!" 예닐곱이 곧장 합창으로 대든다.

판박이처럼 되살아난 국경 환상이 섬뜩하다. 꼭 33년 전, 88세대도 그랬다. "1년 안에 적을 깨트리고 고향으로 되돌아간다." 그이들은 흰머리 날리는 오늘도 전선을 가고 있다. 바로 1988년 태어난 버마학생민주전선이다. 그사이 1천 웃도는 학생군이 전사했다. 되풀이하는 1년짜리 환상이 그래서 참 아프다!

중무장 정규군 35만을 거느린 자들, 60년째 시민 학살을 대물림해온 자들, 세계 최장기 독재 기록을 세워온 자들, 이게 시민이 적으로 규정한 버마 군부다. 여긴, 단기전 승부를 겨루는 무대가 아니다. 장담컨대, 1년짜리 혁명과 해방은 없다. 모진 국경 전선, 버마 현대사를 33년 동안 좇아온 내가 그 증인이다.

신세대 훈련병들과 기약 없는 작별을. "다들 몸조심하고, 너무

용감하지도 말고!" 전선 인사치고는 좀 희한한 말이 저절로 튀어나온다. 어리둥절한 훈련병들 얼굴에서 내 이중성을 본다.

고백 하나, 나는 버마 현대사에서만큼은 무장투쟁 신봉자다. 학살 군부에 맞선 민주혁명과 민족해방 동력은 오직 무장투쟁뿐이라 믿어왔다. 그럼에도 희생 없는 시민 승리를 간절히 바라는 모순에 빠져 살았다. '환상적 주전론자', '얼치기 평화주의자'로.

'혁명은 피를 먹고 자란다.' 역사책에서 봐온 가슴 뛰는 구절을 쓰고 싶었으나 여태 속으로만 주절거려온 까닭이다. 겁쟁이 기자의 넋두리로.

11월 27일 점심나절, 레이와에서 까렌민족연합 지도부와 둘러앉는다. 오랜만에 얻은 망중한도 잠깐, 화두는 이내 버마 정국으로 옮겨간다. 애초 민족통합정부의 버마중심주의와 소수민족들의 버마에 대한 불신감이 부딪친 국경전선은 엇박자를 냈다. 그러다 서너 달 전부터 불협화음이 잦아들었다. 적어도 겉보기엔 별 탈 없다. 지하 민족통합정부가 버마 안팎에서 끌어모은 돈줄을 소수민족해방군한테 흘리면서부터다. 말하자면, 그 군비로 소수민족해방군이 군사훈련에서부터 무기, 보급, 정보, 작전에 이르기까지 지하 정부의 민중방위군 뒤를 받쳤다는 뜻이다.

"지하 정부가 까렌 쪽에도 이미 수백만 달러 풀었다던데?" "누가 그래? 수백만 달러는 무슨. 쪼들리는 판에 공공의 적과 싸우려니 서로 돕는 정도지." 까렌민족연합 부의장 끄웨뚜윈은 에둘러 소문을 인정한다.

좋든 싫든 반군부 무장투쟁 열쇠를 쥔 두 몸통은 돈줄로 혁명
선을 엮어낸 셈이다. 이게 2021년 버마 국경 전선의 야멸찬 현실
이다. 뭐 그렇다고 헐뜯거나 타박할 일도 아니다. 전비 없는 전쟁
없다. 이 발악하는 자본의 시대에 전쟁을 자선사업처럼 할 순 없
으므로!

"전비가 다는 아냐. 버마인은 급하면 찾고 지나면 그만이잖아.
한두 번 당했어야지. 해서 긴가민가해. 그쪽이 여태 못 벗은 버마
중심주의론 연방도 뜬구름이고." 시큰둥한 끄웨뚜윈 말 속엔 여
전히 해묵은 불신감이 서렸다. 긴 버마 정국 이야기는 또 처음으
로 되돌아가고 만다.

12월 28일, 땅거미 지는 모에이강
떨어지지 않는 발길, 마냥 허우룩하기만
30년 넘게 들락거린 이 강의 끝자락은 늘 똑같다
남겨진 이들을 향한 연민, 그리고 다시 오리란 다짐

어둑해지는 타이를 바라보며 배에 오른다
배웅하는 전사들 모습이 서서히 멀어진다
배꼬리 물결에 헐떡이는 버마가 따라붙고

멈춰버린 모에이강 해방·혁명 시계

흐르지 않는 역사가 참 아리다!

나는 오늘도

강 하나로 갈라버린 세상,

인류 최악의 발명품인 국경선을 넘는다

까렌, '모래가 흐르는 강'에서
온 사람들

"까렌Karen은 영국 식민 시절 붙여진 이름이야. 예부터 우리 스스론 '쁘와 깐요Pwar Kanyaw'라 불렀어. '깐요 사람'이란 뜻이지. 본디 우리 고향은 고비사막인데 양쯔강 따라 티벳 거쳐 중국 윈난으로 내려왔고, 기원전 1150년 여기 버마 남동부에 자리 잡았대." 까렌민족연합 중앙상임위원이자 역사가인 타마인뚠Tha Main Tun(80)이 대물림해온 '모래가 흐르는 강' 전설을 풀어낸다.

스스로 몽골리안이라 믿는 까렌은 현재 버마에 500만~700만, 타이에 100만 그리고 유럽과 아시아에 150만이 삶터를 다졌다고들 한다. 까렌은 19세기 버마를 삼킨 영국이 소수민족을 무장시켜 다수 버마인을 지배한 이른바 '분할통치'를 통해 현대사에 등장했다. 이어 제2차 세계대전이 터지자 영국은 전후 독립 보장 미끼로 까렌을 비롯한 소수민족들을 끌어들여 일본군에 맞섰다. 그러나 종전 뒤인 1948년 버마 독립과 함께 영국은 약속을 깬 채 사라졌다. 그로부터 까렌은 버마 정부에 맞서 독립·해방투쟁 깃발을 올렸다. 오늘까지 이어지는 버마 소수민족 분쟁은 바로 영국 식민주의의 잔인한 유산이었다.

까렌 해방을 외치며 1947년 창설한 까렌민족연합은 그동안 소수민족해방·민주혁명전선의 줏대 노릇을 하며 세계 최장기 무장투쟁 기록

을 이어왔다. 까렌민족연합은 2023년 5월 2일 제17차 대의원대회를
통해 무뚜세이뿌Mutu Say Poe 의장이 물러나고 끄웨뚜윈 전 부의장을 제
10대 의장으로 뽑아 새 지도부를 띄웠다.

까렌민족연합의 무장조직인 까렌민족해방군은 한때 2만 병력을 거
느렸으나 꼬리 문 분리주의자들 이탈로 현재 조니 사령관 아래 7개 여
단 1만 병력이 버마 정부군에 맞서 싸우고 있다.

폭염, 전쟁 그리고 잔인한 오월

2023년 5월 5일
매솟 | 타이
까렌민족해방군 제7여단 | 버마

•
•
•

숨이 컥컥 막힌다. 땀이 줄줄줄 흐른다
온몸이 축 처진다. 뇌는 작동을 멈췄다
'오뉴월 쇠불알'이라 했던가?
다잡아도 다잡아도 맥이 빠지는 게

44.6도, 그야말로 죽을 맛이다. 달포째 이어지는 폭염에 타이-
버마 국경이 아우성친다. 이 동네를 들락거린 세월이 35년. 더위
쯤이야 했더니 웬걸, 해마다 겪어온 놈과 달라도 한참 다르다. 타
이 기상청 생기고 최고 기록이란다.

'하품에 딸꾹질', 딱 그 짝이다
끝 모를 전쟁에다 살인적 폭염에다

모에이강 건너 버마는 숨이 넘어간다
제기랄, 이럴 땐 싸움도 좀 멈췄으면 좋으련만!

2년 넘도록 꽉 막힌 버마 정국, 평화니 인권이니 정의니 민주니 떠들어대던 국제사회도 슬그머니 입 닫고 귀 막았다. 기껏 들려오는 소리란 건 모조리 헛발질뿐, 차라리 나대지나 말든지. 더위 먹은 신경질이 아니다.

지난 4월 24일을 보라. 유엔 전 사무총장 반기문이 난데없이 버마를 찾아갔다. 2021년 쿠데타로 권력을 낚아채고 버마를 온통 전쟁터로 만든 학살자 민아웅흘라잉 최고사령관, 이른바 국가통치평의회SAC 의장 초대랍시고.

"위기 돌파 위해 모든 정파의 건설적인 대화를 바란다. 나는 버마 국민의 평화, 번영, 자유를 위해 최선을 다하겠다." 학살자 코빼기 앞에서 찍소리도 못한 반기문은 이 하나 마나 한 말마저 버마를 벗어난 뒤에 성명서로 날렸다. 반기문이 학살자를 만나 '최선'을 다한 결과는 곧장 '쓸데없는 짓'으로 드러났다. 4월 25일, 반기문이 버마를 떠나던 날 정부군은 샨주의 병원과 시민 공습으로 화답했다.

"반기문이 시민 학살한 군사정권에 말려들었다. 반기문은 국제사회에 독재자를 홍보해준 꼴이다. 아주 비윤리적인 짓이다." 민족통합정부 대통령 권한대행 두와라시라가 발끈했듯, 곧장 버마 민주진영이 거세게 대들었다.

"반기문은 2009년 유엔사무총장 때도 군부에 구걸하다시피 버마를 방문했다. 버마 시민 누구도 반기문한테 중재 따위를 부탁한 적 없다. 아무 직책도 영향력도 없는 자가 왜 또 나서나?" 버마학생민주전선 의장 탄케처럼.

노회한 발길, 아무도 몰라주는 감투의 추억이 질기게도 따라붙었던 모양이다. 이젠 떠날 때도 됐건만!

헛짓은 반기문만도 아니었다. 4월 25일, 인디아 뉴델리에서 버마 해법 찾는답시고 연 비밀회담이란 것도 마찬가지였다. 앞선 3월 13일 방콕 비밀회담의 제2편인 이른바 '트랙 1.5 다이얼로그Track 1.5 dialogue'라고, 아세안Asean 정부와 두뇌집단들 모임이란다. 한데, 이 '정체불명' 회담에 정작 버마 정국 열쇠를 쥔 시민대표인 민족통합정부도, 소수민족해방군도 초대받지 못했다. 버마 민주진영이 싸늘했던 까닭이다.

"우린 국제사회 개입과 도움 마다하지 않는다. 단, 학살 군부가 아닌 시민을 중심에 놓는다면. 뉴델리 비밀회담은 시민이 빠진 그들만의 잔치다." 민족통합정부 총리실 대변인 나이폰랏은 불쾌감을 드러냈다.

"아세안도 국제사회도 버마 군부 눈치만 본다. 거긴 버마 시민도 소수민족도 없다. 오직 군부한테 승리를 안겨주겠다는 속셈일 뿐." 까렌민족연합 새 의장 끄웨뚜윈은 "관심도 없다"며 단박에 손사래 쳤고.

말마따나 국제사회 눈에 민족통합정부와 소수민족해방군은 괄호 밖이다. 그동안 버마 시민사회가 받아온 배신감의 정체다. 온 세상이 다 아는 버마 정국을 놓고 왜 굳이 비밀회담이 필요한지? 음모가 아니라면!

2021년 2월 1일 쿠데타로 버마가 뒤집혔으니 벌써 이년하고 석 달 스무날이 지났다. 그사이 독재자는 시민을 무차별 살해했고 버마는 전쟁터가 됐다. 죽임당한 시민이 3447명, 감방에 갇힌 시민이 2만1631명, 집 잃은 피난민이 149만9900명. 이게 2023년 4월 30일까지 군부가 저지른 짓이다.[6]

그럼에도 지난 2년 동안 버마 시민은 망명 지하 민족통합정부와 함께 그 학살 군부에 맞서 줄기차게 싸워왔다. 반군부 투쟁 2년을 되짚어보는 오늘, 다시 민족통합정부를 찾아 나선다. 마침 버마-타이 국경 지하에서 움직이는 기획·재무·투자부 장관 띤뚠 나잉Tin Tun Naing한테서 만나자는 전갈도 왔다. 이이와 선을 달고 기다린 지 꼭 한 달 만이다. 보안과 신변안전 문제 탓에 그동안 장소와 시간을 세 번이나 바꾼 끝에 국경 언저리 한 안가에서 얼굴을 맞댄다.

---

6 2024년 6월 26일 현재, 2021년 쿠데타 뒤 군부는 시민 5453명을 살해했고 2만7112명을 체포·구금했다. 그 사이 230만 시민이 집 잃은 피난민이 되었다.(버마정치범지원회AAPP 통계)

국방장관 이몬Yee Mon, 내무장관 르윈꼬랏Lwin Ko Latt과 함께 민족통합정부를 이끌어온 세 줏대 가운데 하나인 띤뚠나잉은 "기자를 처음 만난다"며 꽤 긴장한 투로 손을 내민다.

　"2년 넘었는데 왜 여태 지도부는 지상에 안 나오나? 언론과도 담쌓은 채." "버마, 타이 두 쪽 군부한테 쫓기는 우리 신세를 잘 알면서. 언론도 기자도 믿을 수 없고." 여기서도 또 '쓰레기 기자'가 나온다. 가는 곳마다 하도 많이 들은 말이라 낯은 화끈거리지만 이젠 제법 면역이 생겨 너털웃음으로 받아넘긴다.

　"버마 안쪽 무장투쟁 상황은 어떤가?" "그건 국방장관 이몬한테 듣는 게 좋을 텐데. 참, 여태 이몬 인터뷰한 유일한 기자라며?" "그렇긴 한데 이몬이 지금 북부 까친주에 있어 만날 수 없으니 당신한테라도." 이몬 이야기 끝에 긴장 풀린 띤뚠나잉이 스르르 말문을 연다.

　"민중방위군은 남부, 북부, 중부, 3개 사령부 편제로 꾸려왔어. 2백~3백 전사 지닌 221개 대대 총 6만5천 병력 가운데 25%쯤인 1만5천은 M-16 같은 정규군 무기로, 나머지 40%는 70개 무기제조창에서 만든 사제무기로 무장…."

　2년이란 단기간에 자력으로 이만한 무장조직을 꾸린 건 세계혁명사를 훑어봐도 흔치 않은 일이다. 버마 정부군에 맞선 소수민족해방군 가운데 최대 화력, 최대 재원을 지닌 까친독립군이 62년 투쟁 끝에 일군 병력 2만과 견줘볼 만하다.

흔히들 무장조직 덩치를 총값으로 가늠한다. 쿠데타 뒤 버마-타이 국경 암시장에서 M-16 소총 한 자루가 4000~5000달러로 치솟았다. 병력 1만을 무장하는데만도 어림잡아 600억 원이 드는 셈이다. 총값이 다도 아니다. 탄약, 군장, 보급까지 보태면 1인당 곱하기 3이다. 이걸 지하 정부가 해냈다는 뜻이다. 그것도 외국 정부나 조직들 도움 없이. 입에 쩍 벌어질 수밖에!

"오로지 버마 시민 기부금에다 우리 민족통합정부가 벌여온 수익사업들, 예컨대 '혁명특별기금채권', '혁명복권', '가상화폐 거래' 같은 걸 굴려 만든 거야. '독재 족벌 부동산 가상경매'도 대성공이었지. 최고사령관 민아웅흘라잉의 랭군 집도 우리가 이미 팔아먹었고." 띤뚠나잉이 어깨를 으쓱일 만도. 한마디로 대동강물 팔아먹은 봉이 김선달 뺨친다.

무엇보다 혁명채권과 부동산 가상경매는 군부를 몰아낸 뒤 되돌려주기로 약정한 불확실 미래형 투자임에도 버마 시민이 받아들였다는 뜻이다. 다른 말로 시민사회가 민족통합정부를 인정했다는 뜻이고.

"얼마 전부터 해방구에서 징세도 한다며?" "징세라기보다 지역 시민의 자발적 납세지. 330개 군구 가운데 우리 민중방위군이 점령한 48개 지역민이 군사정부 대신 민족통합정부에 세금을 내겠다고 해서 지금까지 250억 짯(130억 원)쯤. 이게 다 우리 시민의 민주화 열망이고 반군부 투쟁 밑천으로…." 북받친 듯 한동안 말을 멈춘 띤뚠나잉을 통해 바깥세상엔 안 알려진 지하정부의 동력을 본다.

5월 현재, 지하 민족통합정부는 모금, 사업, 징세로 1억 달러를 굴렸다. 혁명자금 1300억 원, 이건 지하에서 거둔 시민 승리다. 긴가민가했던 민족통합정부의 속살을 들여다보니 절망적이진 않다. 적어도, 버마 시민의 지지만큼은 확인한 셈이니.

그러나 아직 민족통합정부는 지뢰밭을 걷고 있다. '지도부의 전략 부재', '혁명자금의 투명성 부재', '민중방위군의 통합 명령체계 부재', '지역 단위 시민군과 연대투쟁 부재', 이 모두는 지하정부가 급히 걷어내야 할 지뢰다.

게다가 더 본질적 과제는 따로 있다. 소수민족해방군들과 정치적·군사적 통일전선 결성이다. 여기 지하정부의 반군부 무장투쟁 승패가 걸렸다. 여기 지하정부의 꿈인 버마민주연방 건설의 운명이 달렸다.

두어 시간이 훌쩍 지난다. 이제 지상으로 되돌아가야 할 때.

"오늘 만난 곳은 절대 비밀!" 사뭇 걱정스러운 듯 다잡던 띤뚠나잉이 마당까지 따라 나와 배웅한다.

"아, 그리고 한국 시민사회의 폭발적 지원 잊지 않겠다. 고마운 마음 전해달라." 띤뚠나잉의 말은 부풀린 인사치레가 아니다. 2021년 버마 쿠데타 뒤, 어딜 가나 듣는 말이다. 한국 시민사회는 이번 버마 정국을 통해 '세계시민'으로 거듭나면서 '국제연대'의

새 지평을 열었다. 이게 진정, 세상을 향한 K-문화의 알짜였다!

"왜 한국 시민사회는 침묵하나?" 그동안 시민항쟁 취재 때마다 들어온 말이다. 타이, 버마, 인도네시아, 팔레스타인…, 어디를 가나. 아무 대꾸도 할 수 없었던 내겐 아픔이었다. 이젠 움츠렸던 어깨를 좀 펴고 현장을 다닌다.

현재 버마엔 딱 둘 뿐이다. 학살 독재 군사정부와 반군부 지하 민족통합정부. 달리 택할 길도 대안도 없다. 버마 시민사회의 열망은 또렷하다. 우리가 좇아야 할 길도 오로지 하나, 시민의 역사다.

버마식 자물통과 두 개의 열쇠

의회 개원날인 2021년 2월 1일 새벽, 민아웅흘라잉 최고사령관이 쿠데타로 정국을 뒤엎었다. 2020년 11월 총선에서 뽑힌 상원과 하원은 개원도 못한 채 쫓겨났다. 2월 4일, 아웅산수찌가 이끈 민족민주동맹 NLD을 굴대 삼아 각 정당 출신 의원들은 연방의회대표위원회CNRH를 결성한 데 이어 3월 31일 군사정부가 만든 2008년 헌법을 폐기하고 버마연방민주헌법을 선포했다.

4월 16일 연방대표위원회는 민주진영과 소수민족을 아우르는 지하 망명 민족통합정부NUG를 창설했다. 그사이 시민이 사제무기를 들고 군부의 유혈 진압에 맞서자 민족통합정부는 5월 5일 민중방위군PDF을 조직해 반군부 무장투쟁에 뛰어들었다.

어느덧 3년이 흘렀다.

"1년 안에 독재 군부 무너뜨리고 고향으로 되돌아간다."

민족통합정부도 시민도 다들 외쳤던 이 말은 곡두였음이 드러났다. 이제 누구도 섣불리 말하지 않는다. 난폭한 독재자의 군대와 맞서면서 현실에 눈뜬 셈이다.

그사이 지하 민족통합정부는 시민사회의 전폭 지지를 받으며 싸워 왔다. 그러나 지하 정부는 여전히 버마 안팎에 난제를 안고 있다. 애초 기대와 달리 국제사회로부터 합법 정부로 추인받지 못한 데다, 버마민주연방 건설의 한 축이자 반군부 투쟁의 실질적 동력을 지닌 소수민족해방군들과 연대에 한계를 드러냈다.

무엇보다 독자적 해방구 없이 소수민족 진영에 더부살이해온 지하정부는 버마 내부의 정치·군사적 통합과 조정에 큰 어려움을 겪어왔다. 현재 아웅산수찌 국가고문(가택연금)과 윈민 대통령(감금)을 뺀 나머지 부통령, 장관, 차관을 비롯한 민족통합정부 지도부는 모두 소수민족해방군 지역에 뿔뿔이 흩어져 몸을 숨긴 상태다. 게다가 지하 정부의 민중방위군도 훈련과 무기에서부터 보급과 정보에 이르기까지 모조리 소수민족해방군 도움을 받아온 처지다. 다른 말로 지하정부는 소수민족해방군들 눈치를 봐야 하는 환경에서 독자적으로 움직이기 힘든 실정이다.

이런 현실 속에서 민족통합정부와 소수민족해방군이 버마 정국을 풀어갈 열쇠를 하나씩 손에 쥔 것만큼은 틀림없다. 문제는 그 열쇠 둘을 함께 꽂지 않으면 결코 열 수 없는 '버마식 자물통'이다. 그러나 아직 그 열쇠를 꽂을 자물통이 또렷이 보이지 않는다. 민족통합정부의 '버마중심주의'와 소수민족해방군의 버마인에 대한 '불신감'이 깔린 어두운 밤인지라.

1962년 네윈 장군이 쿠데타로 권력을 쥐고부터 오늘까지 대물림해온 군인 독재자들이 잠가버린 버마식 자물통은 이미 녹이 슬대로 슬었다. 그 자물통 안에 버마 사회의 두 기본 모순인 민주화 문제와 민족문제가 갇혔다. 두 열쇠가 함께 작동해야 하는 까닭이다. 이게 버마 현대사의 교훈이자 명령이다.

6

제2전선

전쟁은 국가로 위장한 정부의 가장 극단적인 정치 행위다.
그 전쟁의 주범은 언제나 도시에 있다.
내게 전쟁터와 도시가 모두 전선인 까닭이다.

—2003년 6월 1일. 아째제임군사작전 취재를 마치며

대소비에트 항쟁의 전설적인 게릴라 지도자 아흐맛 샤 마수드는 전쟁으로 얼룩진
아프가니스탄 현대사의 상징이었다.
—1997년 판지시르 전선으로 향하는 헬리콥터에서. ⓒ정문태

9월 9일, 2001년

.
.
.

"문태, 이제 일어나 뭘 좀 먹어야지?"
방문 두드리는 코니[1]를 따라 뜰로 나선다
지난 두어 주 동티모르 취재가 꽤 힘들었던가 보다
아침나절 밤부Bamboo에 짐 풀고는 하룻내 뻗었으니

저녁상에 떡하니 케이크가
"생일 축하해요!"

---

1 코니 초이Cornie Choi는 한국인(할아버지), 중국인(할머니), 하와이계 일본인(어머니) 핏
 줄을 받은 미국인으로 1970~1980년대 서울에서 일한 뒤 1987년 발리의 우붓
 에 밤부 갤러리Bamboo Gallery를 만들어 삶터를 다졌다. 나는 1990년 처음 코니
 를 만나고부터 여태 가족처럼 인연을 이어왔다.

밤부 패밀리가 시끌벅적 난리라도 난 듯
우물쭈물 떠밀려 촛불을 끈다
생일 따윌 안 찾는 내겐 멋쩍기만

이슥한 밤, 인연의 소중함을 안고 방으로 돌아온다
잠자긴 글렀고 노트북을 연다
이내 한 잔 걸친 나른함이 확 깬다
'아흐맛 샤 마수드 암살설'
《에이피AP》 파키스탄 지국이 보내온 급전!

곧장, 마수드 진영으로 전화를 때린다
"형이 얼굴과 다리에 중상 입었지만 괜찮다"
마수드 동생 아흐맛 왈리 마수드Ahmad Walli Massoud
"사령관(마수드)을 타지키스탄으로 옮겼는데 중상은 아니다"
아프간 북부연합전선 대변인 하흐맛 잠시드Ahmad Jamsid…

"마수드 사망 확인"
자정 무렵,《이란뉴스에이전시IRNA》가 제1보를 띄운다
밤새 마수드 중상설과 사망설이 어지럽게 나돈다

이건 음모다! 아프간을 노려온 미국의 그림자를 떨칠 수 없다.
다가올, 끔찍한 세상이 스친다. 어쩌면, 여태 겪어보지 못한 일이

벌어질 수도.

마수드 없는 아프간 어디로 갈 것인지? 마수드 없는 아프간 누구 손아귀로? 마수드 없는 아프간 누가 이문을?…. 꼬리 무는 의문으로 잠 못 이룬다.

오늘은 영영 지우지 못할 날이 되리라. 하필 내 생일에 마수드가!

취재 노트　　　　　# 누가 마수드를 죽였는가?

2001년 9월 9일 마수드가 암살당했다. 10일부터 외신들이 마수드 사망설을 흘린 데 이어 11일 러시아, 프랑스. 미국, 파키스탄 정보기관이 사망 사실을 확인했다. 그러나 같은 날 뉴욕 월드트레이드센터 폭파사건, 이른바 9/11이 터지면서 마수드 암살은 뒷전으로 밀려났다.

그로부터 23년이 지났다. 여태 아무도 들춰보지 못한 마수드 암살 사건은 역사의 미제로 넘어가고 있다. 하지만 언젠가 진실이 밝혀지길 바라며 여기 물음표를 남긴다. 증거가 없다면 의문이라도 남겨야 하는 기자로서 구실을 다하고 싶은 까닭이다.

애초, 내가 이 사건을 괴이쩍게 여긴 건 마수드가 이끈 북부연합전선, 미국의 아프간 괴뢰정부, 파키스탄을 비롯한 관련국들, 국제법정이 밝힌 '사실'과 내 '경험'이 어긋났던 탓이다.

"훔친 벨기에 위조 여권을 지닌 튀니지 출신 카림 토우자니(34)와 카셈 바칼리(26)가 저널리스트로 위장해 카메라에 숨긴 폭탄으로 아프가니스탄 북부 홋자바하우딘에서 마수드를 공격했다. 마수드는 헬리콥터로 타지키스탄 남부 파르호르의 인디아군 야전병원으로 옮기던 중 사망했다. 두 범인 가운데 카셈은 현장에서 사망했고, 카림은 체포당한 뒤 도망치다 사살당했다. 두 범인은 알카에다 지도자 오사마 빈 라덴과 가까운 튀니지 테러 조직원이며 범행 전 알카에다와 공모했다."

이게 벨기에 국제법정이 내놓은 마수드 암살사건 전모다. 그리고 세상은 입을 닫았다.

이 국제법정이 판결에 밑감 삼은 북부연합전선(이하 연합전선)을 비롯해 관련 조직과 정부가 밝힌 성명서들을 하나씩 따져보자.

"범인은 1년짜리 파키스탄 저널리스트 비자가 찍힌 벨기에 여권을 지녔다."

사건이 터지자마자 연합전선이 날린 성명서는 첫 문장부터 꼬였다. 파키스탄 정부는 이슬라마바드에 지국을 둔 공식 특파원이 아니면 1년짜리 저널리스트 비자를 안 준다. 그 비자가 진짜라면 파키스탄 정부에서 누군가 범인을 도운 셈이다. 1970년대부터 파키스탄 정부가 눈엣가시로 여긴 마수드를 죽이려고 숱한 암살작전을 벌여왔으니 그럴 수도 있다. 한데, 국제법정은 이 중대한 비자 문제에 의문조차 안 달았다. 기본적인 조사도 안 했고, 수사할 맘도 없었다는 증거다.

"방송용 카메라에 폭탄을 숨긴 범인은 타지키스탄 수도 두샨베를 거쳐 연합전선 군용비행기를 타고 아프가니스탄 타하르주 홋자바하우딘Khodja Bahauddin으로 가서 마수드를 암살했다."

연합전선은 이 첫 발표 며칠 뒤 말을 뒤집었다.

"두 범인이 카불에서 육로로 홋자바하우딘까지 들어갔다."

연합전선은 사건을 읽는 가장 중요한 단서인 범인의 잠입 경로부터 오락가락하며 일찌감치 불신감을 키웠다. 비행기를 탔든 자동차를 탔든, 다 말장난이었다. 내 경험이 그 증거다.

폭탄 숨겨 두샨베국제공항과 남부 군용비행장을 거쳤다고? 전선기자라면 다 안다. 그 시절 방송용 카메라는 엑스레이를 거치고도 렌즈와 배터리를 뽑아 육안 검색까지 당했다. 게다가 그 국경은 아프가니스탄 탈리반과 손잡은 반군(타지키 탈리반) 등쌀에 시달린 타지키스탄 정부 요청으로 러시아군이 주둔하며 까다로운 검문·검색으로 악명 떨쳤다. 으레, 마수드 진영의 사활이 걸린 보급창인 그 타지키스탄 남부 군용비행장도 러시아군이 쥐고 있었다. 암살자가 폭탄을 숨긴 채 그 군용비행장을 빠져나갔다는 건 한 마디로 만화다. 연합전선이 첫 발표를 부랴부랴 접었던 까닭이다.

암살자가 카불에서 육로로 홋자바하우딘까지 갔다는 건 또 소설이다. 그땐 탈리반이 아프간 영토 94%를 점령한 채 마수드의 최후 거점인 판지시르계곡Panjshir valley마저 에워싼 상태였다. 마수드 진영은 타지키스탄과 국경 맞댄 홋자바하우딘 통해 겨우 숨통을 달았고.

범인이 육로를 거쳤다는 건 '외국인'이 폭탄 숨긴 자동차 타고 전선을 돌파했다는 말인데, 탈리반이 범인한테 길을 열어줬더라도 마수드 쪽에서 보면 적진에서 들어오는 자동차. 그걸 검문·검색도 없이 흘려 넘겼다고? 더구나 범인은 마수드 진영이 가장 경계해온 아랍인인데도! 농담이 지나쳤다.

그 시절 홋자바하우딘 접근로는 오직 그 둘 뿐이었으니 연합전선이 끼워 맞추고자 애는 썼다. 한데 아무 증거를 못 내놨다.

"두 범인이 죽어버려 조사도 수사도 할 수 없다."

이렇게 우긴 연합전선이 범인의 접근로는 어떻게 마수드 사망 발표와 동시에 밝혔을까? 음모거나 상상력이거나!

날아갔든 기어갔든 범인이 홋자바하우딘까지 검문·검색 피해 폭탄

을 안고 들어갔다 치고 미리 현장을 잠깐 살펴보자. 그 손바닥만 한 홋
자바하우딘은 마수드가 병영을 차린 곳이다. 두 범인이 묵었다는 숙소
는 마수드 진영이 꾸려온 게스트하우스다. '외부인'이라면 일상이든 동
선이든 아무것도 숨길 수 없다.

"두 아랍 저널리스트가 문밖에도 안 나오고 취재도 안 해 다들 수상
하게 여겼다."

그즈음 홋자바하우딘을 취재했던 외신기자들 증언이다. 근데 게스
트하우스 일꾼들과 정보요원이 몰랐다고?

"우린 아랍인과 파키스탄인을 가장 경계한다."

이건 1997년 마수드가 내게 했던 말이다. 그런데도 마수드 정보요
원이 게스트하우스에 묵던 두 아랍인 '저널리스트'를 노려보지 않았다
고?

여기서 아랍인은 아프가니스탄을 발판 삼아 마수드 진영을 공격한
오사마 빈 라덴Osama Bin Laden의 알카에다Al-Qaeda를 가리킨다. 파키스탄
인은 탈리반을 돕고자 위장 투입한 파키스탄 정규군이다. 파키스탄 정
부는 발뺌했지만, 그해 2월 판지시르계곡에서 전쟁포로로 잡힌 파키
스탄 군인들을 처음 인터뷰해서 세상에 알렸던 내가 증인이다.

'정보원들이 쥐도 새도 모르게 먼지 한 톨까지 후벼판다.' 마수드 진
영을 취재한 기자들은 다 안다. 참고로 그동안 마수드를 취재한 기자
는 기껏 손가락으로 꼽을 만한데 모두 마수드가 믿고 초대한 이들이
다. 그 특별한 손님들 짐까지 뒤질 만큼 보안과 경호가 철저했다는 뜻
이다.

한마디로 마수드의 정보조직은 그렇게 호락호락하지 않다. 마수드
는 온갖 음모와 배반으로 얼룩진 26년 전쟁판에서 CIA(미국 중앙정보국),

ISI(파키스탄 군정보국), MI5(영국 군사정보국 제5과), DGSE(프랑스 대외안보총국), GRU(러시아 군정보총국), MIB(중국 군사정보국)처럼 날고 긴다는 국제 정보기관들 틈에서 아프가니스탄 현대사를 주물러온 주인공이다. 장담컨대 '외부인'이 얼렁뚱땅 마수드 정보망을 피해갈 길은 없다.

접근로 못잖게 중요한 대목이 하나 있다. 최고 지도부의 허가 없인 접근 못 하는 현장에 범인이 어떤 선을 달고 들어갔을까? 반드시 따져봐야 한다.

"이테하드 알이슬라미Ittehad-al-Islami 지도자 압둘 라술 사얍Abdul Rasul Sayyaf이 두 아랍 저널리스트를 마수드한테 소개했다."

연합전선이 밝힌 라술 사얍은 모하멧 자히르 샤Mohammed Zahir Shah 국왕 시절 이슬람운동 창시자 가운데 하나로 이름께나 날렸으나, 한편으론 늘 파키스탄과 미국 정보기관 끄나풀이란 소문을 달고 다닌 인물이다. 게다가 이 자는 마수드 암살을 기도했던 헤즈비 이슬라미 지도자 굴부딘 헤크마티아르와 오사마 빈 라덴과 가까이 지냈다. 하여 마수드가 라술 사얍을 달갑잖게 여긴 걸 모르는 이가 없다. 한데, 범인이 라술 사얍을 통해 마수드한테 접근했다는 건 애초 아귀가 안 맞다. 취재원이 적대감 지닌 인물 통해 선을 달 기자는 죽었다 깨나도 없으므로!

연합전선이 마수드 정적을 사건에 끼워 맞춘 냄새가 나지만 조사도 수사도 없이 넘어갔다.

이제 9월 9일 마수드 암살 현장을 하나씩 뜯어보자. 참고로 그 무렵 연합전선은 마수드 제거를 공개 선언한 탈리반에 맞서 경호 수준을 최대로 높인 상태였다.

"아랍 저널리스트가 인터뷰를 시작하자마자 폭탄이 터졌다. 마수드는 괴로워하며 내 무릎에 쓰러졌다. 나도 중상 입고 정신 잃어 그다음 기억은 없다."

현장에서 통역했다는 인디아 주재 아프가니스탄 대사 마수드 할릴리Masoud Khalili 말이다.

연합전선은 "마수드 통역자는 현장에서 사망했다"며 할릴리와 입조차 못 맞춘 채 갈팡질팡했다. 여기서 내 의문은 의사이자 마수드의 24시간 수행 비서로 그동안 늘 통역을 맡았던 압둘라 압둘라Abdullah Abdullah의 행적이다. '왜 압둘라는 현장에 없었을까?' 내가 이 사건을 음모로 보는 첫 번째 밑감이었다.

"마수드의 언론담당 비서 아심 소헤일Asim Soheil도 현장에서 사망."

연합전선은 뒤늦게 아심 사망을 덧붙였다. 이렇게 해서 공식적으로 할릴리 대사를 빼고 암살 현장에 있었던 모든 입이 사라졌다. 그러나 연합전선이 감춘 사실이 하나 더 있다. 압둘라의 조카이자 언론인인 모하맛 파힘 다슈티Mohamad Fahim Dashty가 현장에 있었다. 중상 입고 굳게 입 닫았던 다슈티는 2021년 아프간을 다시 점령한 탈리반에 맞선 아프가니스탄국민저항전선NRFA 대변인을 하다 판지시르계곡에서 전사했다. 이제 그 사건 현장은 오로지 할릴리의 입을 따라 흐르는 '전설'로 넘어갔다.

이렇듯 연합전선은 초동단계부터 사건 현장을 얼버무렸다. 사망자와 부상자조차 제대로 안 밝혔다. 한마디로 '입막음'에 급급했다. 그 연장선에서 범인 처리를 볼 만하다.

"범인 가운데 한 명은 현장에서 폭사했고, 다른 한 명은 체포했으나 도망치려고 해 사살해버렸다."

이건 연합전선 발표 가운데 가장 황당한 대목이다. 마수드의 경호대가 우글거리는 현장에서 범인이 어디로 어떻게 도망친다고? 마수드 경호대란 건 26년 전쟁에 이골난 정예 가운데도 최정예 전사들이다. 게다가 범인이 현장을 벗어난들 홋자바하우딘엔 마수드 전사들이 깔렸다. 사건 열쇠를 쥔 비무장 범인을 현장에서 사살했다고? 당치도 않는 말이다. 오죽했으면 이 발표가 나오자마자 마수드의 전사들마저 믿을 수 없다며 난리 쳤겠는가!

체포한 범인을 죽여버렸다는 게 이 사건의 본질을 읽는 가장 중요한 단서다. 입막음이 필요했다는 뜻이다. 정체가 드러나면 안 되는 제3세력이 있었다는 말이다. 마수드 암살을 덮어버리겠다는 음모의 출발지가 바로 여기다. 왜 증거를 없애버렸을까? 누가 한 짓일까? 기억해두자. 입막음은 비밀작전에 투입한 요원을 없애버리는 정보기관들의 해묵은 전통임을.

암살에 쓴 폭탄도 그 입막음의 증거다.
"폭탄이 카메라에서 터졌다."
이건 할릴리 대사 말이다.
"사무실에 설치한 폭탄을 누군가 원격조종으로 터트렸다."
이건 마수드 경호원의 증언이다.

"우린 폭탄을 비롯해 사건을 수사할 만한 기술이 없다."
연합전선은 폭탄 암살사건에서 그 폭탄조차 수수께끼로 넘겨버렸다. 마수드 진영에 널린 게 폭탄 전문가다. 맘만 먹으면 폭탄 수사쯤이야 일도 아니다. 독자적 수사가 정 힘들다면 연합전선은 기댈 구석까지 있었다. 마수드 암살 전부터 연합전선엔 CIA 요원들이 뻔질나게 드나들었고, 암살사건 뒤에는 곧장 미군의 아프가니스탄 침공 선발대인 특수전 요원이 현장에 득실댔다. 현장이 고스란히 남아 있는 터에 대인 살상용 폭탄 수사쯤이야 식은 죽 먹기다. 수사를 못 한 게 아니라 안 했다는 뜻이다. 그 폭탄은 아무도 건드리면 안 되는 성역이었다! 그 말고 달리 설명할 길이 없다.

진짜 중요한 건 카메라 폭탄이니 원격조종 폭탄이니 따위가 아니다. 이 사건 고갱이는 그 폭탄의 출처다. 애초, 나는 그 폭탄 출처를 훗자바하우딘이라 믿었다. 범인이 카메라에 폭탄 숨긴 채 한 나라 수도의 국제공항과 군용공항을 거쳐 국경을 넘었든, 적진에서 자동차로 전선을 넘었든 모조리 007 영화에서나 나올 법한 일이니까.

범인이 폭탄을 밖에서 들고 오지 않았다면 모든 의문이 저절로 풀린다. 암살 기획에서부터 마수드 진영의 누군가가 개입했거나, 아니면 내부자가 범인을 도왔거나 어쨌든. 두 경우 모두 마수드의 최측근이 아니면 절대 불가능한 일이고.

이처럼 연합전선은 범인의 잠입로에서부터 사건 현장과 수사에 이르기까지 희한한 말만 늘어놓았다. 연합전선 발표는 줄곧 '느림보' '뒤집기' '입막음'으로 드러났다. 연합전선은 왜 자신들의 지도자가 암살당한 사건을 놓고 이처럼 흐리마리한 모습을 보였을까? 누군가한테 조종당했거나 명령받지 않았다면 상상하기 힘든 일이다.

한데, 아프가니스탄 안에 마수드가 이끈 연합전선을 휘두를 만한 세력은 결코 없다. 그렇다면 그 연합전선을 주무른 제3세력은 누굴까? 내가 처음부터 연합전선 내부와 손잡은 바깥 세력을 의심해온 까닭이다.

"마수드만 해치우면 아프가니스탄을 삼킬 수 있다."

이게 지난 26년 동안 아프가니스탄을 노린 안팎 세력들의 전략이자 지침서였다. 하여 마수드 암살 기도는 어제오늘 일이 아니었다. 현대사를 통틀어 마수드만큼 많은 정파로부터 암살 과녁이 되었던 인물도 흔치 않다.

그 첫 번째 암살 기도는 1975년 정적 헤크마티아르와 파키스탄 정보국ISI의 공모였다. 친소비에트 아프간 정부에 맞서 무장봉기한 마수드가 기껏 스물두 살 때였다. 이어 아프가니스탄 국가정보원KHAD, 소비에트 국가보안위원회KGB, 소비에트군이 18번이나 마수드 암살작전을 벌였다. 그 전통이 탈리반과 알카에다로 이어져 마수드는 한평생 암살 기도에 시달렸다.

"마수드가 살아 있는 한 아프가니스탄 점령은 불가능하다."

아프가니스탄을 침략한 소비에트군 사령관이 남긴 이 유명한 말은 마수드 암살사건을 읽는 밑감으로 삼을만하다.

그러니 대소항쟁 시절부터 자미아티 이슬라미Jamiat-e Islami 진영에선 마수드 경호를 전략, 전술처럼 다뤘다. 그 마수드 경호란 걸 내 경험으로 잠깐 소개한다. 1996년 9월 탈리반한테 카불을 내주고 판지시르계곡으로 후퇴한 마수드를 다시 만난 게 이듬해 2월이었고, 그게 패장 마수드의 첫 국제언론 인터뷰였다.

위성전화로 어렵사리 마수드와 선을 단 나는 북부 탈로칸Taloqan의 마수드 진영 안가에 묵으며 판지시르 전선 취재 준비를 했다. 1990년대 초 카불과 마이단샤르Maidan Shar 전선에서 마수드를 만났던 나는 그 진영 지도부와도 터놓고 지내는 사이였다. 그럼에도 정보요원들이 안가를 들락거리며 알게 모르게 카메라 장비와 짐을 훑었다.

닷새째 아침 8시, 전사가 찾아와 한 민가로 안내했다. 영문도 모른 채 두어 시간 흘린 뒤 장소를 옮기자는 전사를 따라 나섰다. 500m쯤 떨어진 골목길을 전사들이 차단한 걸 보면서 그제야 마수드를 만나러 가는 길임을 눈치챘다. 본디 마수드와 만남이란 건 미리 시간과 장소가 나오는 법이 없었으니! 안가에 닿자 경호원 예닐곱이 짐을 풀어헤치고 카메라와 배터리를 뽑아 살핀 뒤 작동까지 확인했다.

"아이들(경호원) 일이니까 이해하게."
안가로 들어서던 마수드는 껄껄 웃었고.

두어 시간 인터뷰 끝에 마수드가 "오늘 판지시르로 같이 가자"며 뜻밖의 '선물'을 내놨다. 본디 나는 마수드를 만나려고 판지시르행 보급물자 수송용 헬리콥터를 기다리던 터였다.

오후 2시, 탈로칸 공설운동장에서 마수드의 전용 전투용 헬리콥터 Mi-17이 시동을 거는 사이 수행 경호원들이 또 카메라와 짐을 낱낱이 풀어헤쳤다. 마수드와 함께 헬리콥터를 타고 판지시르계곡을 날아다닌 유일한 기자란 기록을 얻기까진 그런 까탈스런 검색을 넘어야 했다.

이런 게 마수드 경호다. 나를 초대한 마수드 코앞에서 경호원들이 유독 나를 못 믿어 트집 잡은 게 아니다. 한데, 저널리스트로 위장한 낯선 아랍인이 카메라에 폭탄을 숨겨 마수드를 만났다고? 어림없는 소리다! 내가 연합전선 말장난을 안 믿었던 까닭이다.

이제 마수드 암살사건을 낀 아프가니스탄 안팎을 들여다보자.
"탈리반, 오사마 빈 라덴, 파키스탄정보국 공모다."
연합전선 대변인 압둘라 압둘라는 곧장 범인을 찍었다.
"마수드가 죽었다면 기쁘지만 우린 그 암살과 관련 없다."
첫날부터 탈리반 외무부는 사건과 무관함을 밝혔다.

"암살자는 알제리인이며 오사마 빈 라덴과 관련 있다."

미국 정부는 조사도 없이 서둘러 성명서를 날렸다.

"아프간 민족 화해를 바라며 폭력과 테러에 반대한다."

파키스탄 정부는 훈계하듯 성명서를 내놨다.

"우리가 마수드를 죽였다."

정체불명 알카에다 성명서가 나돌았다.

이게 마수드가 암살당하자 아프가니스탄에 개입한 안팎 세력들이 뿌린 성명서였다. 틀림없는 사실 하나, 이들 가운데 범인이 있다!

'누가 마수드를 죽였는가?' 그 답은 마수드 암살로 이문 챙긴 자를 쫓는 일과 같다. 이 추적엔 조작과 왜곡이 판치는 국제 정보전에 휘둘리지 말아야 한다는 까다로운 조건이 붙는다.

"우리가 마수드를 죽였다." 알카에다 성명서부터 보자.

"마수드 암살 같은 중대 사안을 발표자 이름도 없이 날린 성명서는 가짜다. 마수드 암살을 공개 선언한 오사마 빈 라덴이 안 나설 까닭이 없다." 빈 라덴과 탈리반 최고 지도자 물라 오마르Mullah Omar를 인터뷰한 유일한 기자였던 파키스탄 언론인 라히물라 유숩자이Rahimullah Yusufzai 말을 새겨볼 만하다. 실제로 알카에다는 주요 사안을 밝힐 때면 반드시 빈 라덴이나 제2인자 아이만 알자와히리Ayman al-Zawahiri 이름을 달고 성명서를 날렸다.

하여, 그 성명서 진위를 놓고 정보기관들과 국제언론 사이에 말들이 많았지만, 정작 알카에다는 후속 성명서조차 안 내놨다. 알카에다가 공식적으로 마수드 암살을 인정한 적도 없다. 그럼에도 미국에 휘둘린 국제사회는 그 정체불명 성명서 하나를 증거 삼아 알카에다를 범인으로 확정했다.

"탈리반, 오사마 빈 라덴, 파키스탄 정보국 공모다." 조사도 수사도 증거도 없이 날린 연합전선의 성명처럼 미국 정부도 "알카에다가 마수드를 암살했고, 탈리반이 그 배후다"고 밝혔다. 얼핏 그럴듯해 보이지만 사실은 동네 아이들 상상력 수준이다. 그즈음 탈리반과 알카에다 관계를 놓고 보면 소가 웃을 일이다.

탈리반이란 건 1989년 소비에트군을 몰아낸 무자히딘 정파들이 내전에 빠지자 1994년 미국 정부가 아프가니스탄의 대안 세력으로 낳은 '아이'다. CIA가 사우디아라비아의 뒷돈을 끌어와 파키스탄을 병참기지 삼아 그 탈리반을 키운 '보모'다. 미국 정부가 대소비에트 항쟁 기간 내내 지원했던 마수드를 폐기한 지점이 바로 여기다. 마수드의 옹골찬 민족주의가 대아프가니스탄 지배전략에 장애물이란 사실을 미국이 깨달은 시점이다.

그러나 1996년 카불을 점령한 탈리반은 급진적 이슬람 원리주의를 퍼트리며 미국 정부의 눈 밖에 났고, 1997년 알카에다한테 군사기지를 내주면서 미국의 적이 되었다.

아프가니스탄에 더부살이한 알카에다는 애초 탈리반과 경쟁적 협력 관계였다. 그러다 1998년 8월 7일 케냐와 탄자니아의 미국 대사관을 공격한 알카에다에 대한 보복으로 미군이 8월 20일 토마호크 미사일로 아프가니스탄의 알카에다 군사훈련장 호스트Khost를 폭격하고부터 상황이 달라졌다.

그 일로 아프가니스탄의 고립 독자노선을 좇는 탈리반 지도자 물라 오마르와 국제테러리즘을 전략 삼은 빈 라덴이 크게 틀어졌다. 아프가니스탄에서 알카에다가 숙지는 전환점이었다. 그로부터 알카에다가 아프가니스탄 안에서만큼은 탈리반의 허락 아래 군사를 움직였다. 하니, 만약 알카에다가 마수드를 죽였다면 탈리반이 승인한 작전임이 틀림없다.

한데, 탈리반은 줄곧 "우린 마수드 암살과 무관하다"고 외쳤다. 상식적으로 탈리반이 배후라면 곧장 승전보를 울려야 마땅했다. 적장 마수드의 죽음은 곧 아프간 지배를 뜻하는데 숨길 까닭이 없다. 더구나 공개적으로 마수드 제거를 선언한 탈리반이 경쟁 관계인 알카에다한테 그 큰 전과를 넘길 까닭도 없다.

"호스트 폭격을 경험한 탈리반은 미국의 아프가니스탄 개입을 두려워했고, 한편으로는 알카에다의 세력확장을 경계했다. 탈리반이 알카에다를 끼고 마수드를 암살해 국제사회를 자극할 일은 없다." 당대 최고 아프가니스탄통으로 불린 라히물라 유수프자이 말마따나 마수드 암살 탈리반 배후설은 미군이 아프가니스탄을 점령한 뒤 슬그머니 사라졌다.

이제 마수드가 이끈 연합전선을 들여다볼 차례다. 미국이 아프가니스탄을 침공한 뒤 흔히 북부동맹군이라 불러온 이 아프가니스탄구원연합이슬람전선UIFSA(약칭 연합전선)은 대소비에트 항쟁을 이끌었던 무자히딘 정파들이 1996년 카불을 점령한 탈리반에 맞서 결성한 군사동맹체다. 연합전선의 세 줏대인 타지키족 자미아티 이슬라미의 부르하누딘 라바니Burhanuddin Rabbani 전 대통령과 마수드 전 국방장관, 시아파 하자라족 헤즈비 아흐닷Hezbe Wahdat의 지도자 카림 할릴리Karim Khalili 그리고 우즈벡족 준비시 밀리Junbish-e Milli의 지도자 압둘 라쉬드 도스텀Abdul Rashid Dostum은 음모와 배반으로 얼룩진 아프가니스탄 현대사를 주물러온 주인공들이다.

이들은 반탈리반 깃발 아래 뭉쳤으나 서로 치고받은 카불 내전

(1992~1996년)에서 비롯된 불신감을 지닌 적대적 공생 관계였다. 하여 연합전선은 상징성과 대중성을 지닌 마수드를 사령관에 추대했지만 각 정파가 독자적으로 반탈리반 전선을 갔다.

"어떤 세력이 개입했던, 연합전선들의 힘겨루기에다 자미아티 이슬라미의 내분이 마수드 암살사건 밑절미였던 것만큼은 틀림없다." 라히물라 말처럼 자미아티 이슬라미는 대소비에트 항쟁 시절부터 늘 내분에 시달렸다. 정치와 거리를 둔 마수드가 카불대학 스승이자 자미아티 이슬라미 창설자인 라바니 전 대통령의 뒤를 받쳐 위기를 넘겨왔을 뿐.

그러다 1996년 탈리반한테 쫓겨나 탈로칸으로 옮긴 라바니는 정치적 상징성을 잃었고, 사람들 눈길은 자연스레 반탈리반 전선을 이끈 마수드 쪽으로 쏠렸다.

"나는 여전히 아프간 시민과 유엔이 인정하는 합법 대통령이고, 머잖아 자리를 찾아갈 것이다." 탈로칸에서 만난 라바니는 내게 강한 권력 의지를 드러냈다. 그러나 길바닥 시민은 저마다 비아냥댔다. "당나귀 몇 마리뿐인 라바니는 마수드한테 기댄 허수아비다."

현실과 동떨어진 야망, 라바니가 대통령 복귀를 꿈꾸며 탈리반과 몰래 권력분점을 놓고 협상한 사실이 드러나면서 자미아티 이슬라미 안팎에선 이내 라바니와 마수드의 권력 투쟁설이 불거졌다.

그런 소용돌이 속에서 마수드가 암살당했고, 라술 사얍과 가까운 라바니가 아랍 범인한테 마수드 소개장을 써줬다는 소문이 돌자 전사들은 라바니를 사건 배후라며 거세게 몰아쳤다.

9월 16일 마수드 장례식이 끝나자마자 라바니는 마수드의 정보 책임자였던 모하맛 파힘Mohammad Fahim을 후임 사령관으로 임명했다. 전사들은 라바니도 파힘도 인정할 수 없다며 난리 쳤다. 실제로 파힘은 '거물들' 틈에서 연합전선을 이끌만 한 인물감이 아닌 데다, 마수드의 카리스마에 길들어진 전사들한테는 더욱 받아들여지기 힘든 자였다.

라바니는 최대 후원자이자 동시에 불편한 경쟁자였던 마수드가 사라진 뒤 부리기 편한 인물을 사령관에 앉힘으로써 정치적 야망과 운신 폭을 넓힌 셈이다. 파힘은 2001년 아프가니스탄을 점령한 미군이 심은 대통령 하미드 카르자이Hamid Karzai 괴뢰정부에서 국방장관을 거쳐 2009년부터 2014년 사망할 때까지 부통령을 했다.

자미아티 이슬라미 내분에서 눈여겨볼 인물이 하나 더 있다. 내가 처음부터 마수드 암살사건의 열쇠를 쥔 인물이라 여겨온 자다. 포스트-마수드를 꿈꾼 압둘라 압둘라다. 사람들은 마수드의 주치의이자 비서였던 압둘라를 마수드의 대리인쯤으로 여겼다. 마수드가 사라진 뒤 압둘라가 정치적으로 홀로 설 수 있었던 뒷심이다. 압둘라는 미국이 아프가니스탄을 침공하자 북부동맹군 대변인으로 미군의 손발 노릇을 한 뒤, 카르자이 정부에서 외무장관 자리를 꿰찼다. 이어 압둘라는 2010년과 2014년 대통령 후보로 나섰다. 2014년 대통령 선거에서는 압둘라와 아슈라프 가니 아흐맛자이Ashraf Ghani Ahmadzai가 서로 부정선거를 탓하며 실랑이 벌인 끝에 희한한 권력분점을 했다. 가니는 대통령, 압둘라는 국가 최고경영자란 자리로.

이제 바깥으로 눈을 돌려 미국을 보자. 1997년 빌 클린턴 대통령 때부터 CIA를 동원해 비밀스레 아프가니스탄 침공 계획을 세운 미국은 1998년 알카에다 훈련장인 호스트 공격으로 예행연습을 했다. 그리고 2001년 1월 미국은 유엔을 윽박질러 아프가니스탄을 봉쇄했다. 9월 9

일 마수드가 암살당했고, 이틀 뒤 9/11 사건이 터졌다.

"마수드 암살과 9/11의 범인은 알카에다다."

이게 9/11 이틀 만에 미국 정부가 날린 성명서다. 조사도 수사도 안한 시점에 곧장 범인을 밝힐 수 있는 경우란 건 딱 셋뿐이다. 사건을 스스로 기획했거나, 미리 전모를 알고 있었거나, 이도 저도 아니면 아무 말이나 닥치는 대로 쏟아냈거나!

"오사마 빈 라덴과 그를 숨겨준 탈리반 단죄."

10월 7일, 미국 정부는 이 한마디 말을 던지며 아프가니스탄을 침공했다. 9/11 사건 조사도 안 끝난 때였다. 으레, 아프가니스탄에 선전포고도 한 적 없다. 유엔도 미국의 아프가니스탄 무력 침공을 승인한 바 없다. 미국은 오직 '테러리스트'란 추상적 단어에 대고 선전포고를 했을 뿐이다. 원천적 불법 침략이었고 불법 전쟁이었다.

미국이 마수드 암살 이틀 뒤인 9/11로부터 단 26일 만에 아프가니스탄을 침공했다는 건 이미 시나리오를 갖고 있었다고 보면 된다. 그런 대규모 전면전을 준비하는데 기껏 26일밖에 안 걸렸다는 건 공상소설에나 나올 법한 이야기이므로! 그즈음 국제전략연구소CSIS를 비롯한 모든 군사전문가가 "적어도 석 달에서 여섯 달은 준비해야 가능한 전쟁이다"며 의문 달았다. 다른 말로 미국의 아프가니스탄 침공은 일찌감치 기획하고 준비해온 전쟁이었다는 뜻이다.

그리고 미국은 아홉 달 뒤 하미드 카르자이를 대통령에 앉혔다. 카르자이는 1990년대부터 파키스탄을 발판 삼아 CIA와 협력하며, 한편으론 아프가니스탄 유전사업에 눈독 들인 미국 석유회사 유노칼 자문 노릇을 해온 자다. 카르자이가 미군 침공 석 달 전부터 아프가니스탄-

파키스탄 국경에서 CIA 비밀공작을 거들 무렵, 시카고의 식당에서 일하며 CIA 정보원 노릇 해온 동생 아흐멧 왈리 카르자이Ahmed Wali Karzai도 함께 등장했다. 그 둘의 비밀공작을 알 순 없지만, 미국 정부로부터 형은 대통령, 동생은 파슈툰족 최대 지분을 지닌 칸다하르Kandahar 주의회 의장 자리를 얻은 걸 보면 '치명적' 역할을 한 것만큼은 틀림없다.

미국의 아프가니스탄 침공과 괴뢰정부 수립 과정을 보면서 1997년 마수드가 내게 했던 말을 되짚어볼 만하다.

"이 땅에서 외세 몰아낼 수 있다면 한때 적이었던 러시아든 누구든 손잡을 수 있다. 단, 미국은 아니다. 우리 대소항쟁을 반공 방파제로 써먹은 미국은 소비에트군이 철수하자 모든 약속을 저버린 채 발을 뺐다. 이어 1994년 미국은 탈리반을 창조해 다시 이 땅을 전쟁터로 만들었다. 머잖아 미국은 아프간을 세번째로 죽일 것이다."

그즈음 마수드는 유럽연합EU, 프랑스, 러시아, 중국 지원을 받아 탈리반에 맞서고 있었다. 아프가니스탄을 발판 삼아 러시아의 남하와 중국의 서진을 막겠다는 미국의 대중앙아시아 정책에 마수드는 큰 걸림돌이었다. 미국이 마수드를 원치 않았던 까닭이다. 이건 다른 말로 많은 이들의 예상과 달리 미국의 아프가니스탄 침공 시나리오엔 애초 연합전선을 이끈 마수드가 없었다는 뜻이다.

마수드가 있는 한 누구도 괴뢰정부를 내세워 아프가니스탄을 삼킬 수 없다는 사실, 바로 마수드 암살사건을 쫓는 정치적 배경이다.

'누가 마수드를 죽였는가?' 다시 이 의문을 쫓아 9월 9일 사건 현장으로 가보자. 마수드 암살 앞뒤로 CIA와 마수드 진영의 정보라인이 바삐 돌아갔다.

"9월 초 마수드 정보요원이 두 아랍 저널리스트가 카불에서 연합전선 쪽으로 넘어온 사실을 CIA의 카운터테러리즘센터CTC에 알렸고, 곧장 빈 라덴 담당 부서는 두 아랍인 동선을 추적했다." 2004년 2월 23일 《워싱턴 포스트》 보도처럼 이미 마수드 정보라인과 CIA는 수상한 두 아랍인을 노려보고 있었다. 그런데도 정작 마수드 진영은 손 놓고 있었던 꼴이다.

이건 마수드 정보라인 안에 CIA와 선을 단 또 다른 유령조직이 있었다는 뜻이다. 범인이 홋자바하후딘까지 들어갈 수 있었던 것도, 홋자바하후딘에서 3주 동안 탈 없이 머물렀던 것도, 폭탄을 숨긴 것도 모두 그 유령조직, 다른 말로 '내부 조력자'를 통했다면 저절로 풀린다.

그리고 9월 9일 마수드가 암살당하자 CIA의 빈 라덴 담당자한테 곧장 상황을 보고한 자는 마수드의 정보 책임자 암룰라 살레Amrullah Saleh로 밝혀졌다. 이자는 카르자이 정부에서 국가안보국NDS 국장을 거쳐 내무장관과 제1부통령 자리를 꿰찼다.

9월 10일 아침 백악관, CIA는 조지 부시 대통령한테 마수드 사망 소식을 전하며 연합전선 지원을 요청했다. 그동안 CIA의 마수드 지원 요청을 거부해온 백악관은 마수드 사망을 확인하자 곧장 연합전선에 막대한 돈줄과 무기를 흘리며 아프가니스탄 침공 발판을 깔았다.

한편 파키스탄 정보국ISI 국장 마흐뭇 아흐멧Mahmud Ahmed이 9월 4일부터 13일까지 워싱턴에서 국빈 대접을 받으며 국무장관 콜린 파월과 CIA 국장 조지 테넷을 만났다. 그 사이 마수드 암살과 9/11이 터졌다. 우연일까? CIA와 ISI는 대소비에트 항쟁 때부터 온갖 음모의 원천이었고, 탈리반을 낳고 기른 동업자였으며, 미군의 아프가니스탄 침공에 길잡이 노릇을 했다. 그동안 파키스탄은 한 핏줄인 파슈툰족Pashtuns

을 통해 아프가니스탄을 손에 쥐고 이웃 인디아와 이란을 견제해왔다. 파키스탄이 파슈툰족 탈리반을 지원했던 까닭이다.

전통적으로 미국은 어떤 종류의 '불편함'도 국제전략으로 택한 적이 없다. 미국은 그 불편함을 제거하는 일로 국제사회를 주물러왔다. 과연, '황소 뒷걸음에 잡힌 개구리'일까? 미국은 지독한 반미 민족주의자 마수드가 암살당하고 28일 만에 아프가니스탄을 침공했다. 그리고 미국은 마수드 없는 아프가니스탄에서 어떤 불편함도 없이 꼭두각시 괴뢰정부를 세웠다.

미군한테 간까지 다 내준 연합전선은 카르자이 대통령 아래 사령관 모하맛 파힘이 국방장관, 대변인 압둘라 압둘라가 외무장관, 준비시밀리 지도자 압둘 라시드 도스텀이 군참모총장, 헤즈비 와흐닷 지도자 카림 할릴리가 부통령으로 한 자리씩 꿰찼다. 이자들은 미국의 침공으로 시민 1만6000명이 살해당하는 동안에도 찍소리 없이 아프가니스탄을 갖다 바쳤다.

"마수드가 살아 있었더라면!" 사람들은 영웅 부재를 한탄했고.

그렇게 예부터 러시아, 파키스탄, 미국을 비롯한 모든 침략자들이 원했던 '마수드 없는 아프가니스탄'이 실현되었고, 그 '마수드 없는 아프가니스탄'은 하염없이 허물어졌다.

그리고 입막음의 시간이 다가왔다. 마수드 암살사건 열쇠를 쥔 자들은 하나 같이 의문스레 살해당했거나 암살 표적이 되었다. 2011년 왈리 카르자이가 자신의 경호원 총에 맞아 죽은 데 이어 부르하누딘 라바니 전 대통령이 폭탄으로 암살당했다. 이테하드 알이슬라미 지도자 압둘 라술 사얍은 2009년, 하미드 카르자이 대통령은 2002~2012

년 사이 여섯 번, 국가 최고경영자 압둘라 압둘라는 2014년, 국가안보
국 국장 암눌라 살레는 2019년과 2020년 몫몫이 폭탄 공격을 받았다.
으레, 마수드 암살사건처럼 이 사건들도 다 '정체불명'으로 끝났다.

2001년부터 아프가니스탄을 맘껏 짓밟으며 전쟁터로 만들었던 미
국은 꼭 20년 만인 2021년 8월 30일 아프가니스탄에서 발을 뺐다. 그
리고 자신들이 창조하고, 자신들이 적으로 삼았던 탈리반한테 다시 아
프가니스탄을 넘겨주었다.

탈리반은 곧장 국민 영웅 마수드를 오롯이 지워버렸다. 이제 아프
가니스탄에서 마수드의 자취는 찾을 길이 없다. 오로지 시민 가슴에만
새겨져 있을 뿐.

'누가 마수드를 죽였는가?' 23년이 지났지만 여태 풀지 못한 수수께
끼다. 마수드 암살사건을 쫓을 만한 정보나 단서마저 흘러나온 게 없
다. 현대사에서 이토록 꽉 막힌 사건은 흔치 않다. 연구자도 없고 언론
도 입 닿았다.

'역사에 비밀은 없다.' 회의적이지만, 언젠가 진실이 밝혀지기를 바
라며 여기 물음표나마 남긴다.

가슴에 묻은 사진 한 장

2003년 7월 16일
자까르따Jakarta | 인도네시아

∙
∙
∙

"선배, 아직 자까르따죠? 사진 땜에 골치 아파요! 표지 사진
에다 난민 아이 사진까지…. 상업적이고 선정적이라며 지랄들."

《한겨레21》이 국제 언론을 통틀어 처음 인도네시아 정부의
전시언론통제를 뚫고 「아쩨의 눈물」이란 제목을 달아 14쪽짜리
현장발 보도를 날린 지 엿새째, 편집 맡았던 고경태 기자가 아침
부터 전화를 붙들고 투덜투덜.

하룻내 보도 사진의 역할과 책임 따위, 제법 묵직한 화두를 달
고 다녔다. 밤 10시, 지친 몸을 끌고 호텔로 돌아와 텅 빈 로비 커
피숍에 주저앉는다. 목구멍으로 역류하는 쓴 커피 따라 꾸역꾸
역 기억이 올라온다.

꼭 한 달 전인 6월 17일, 아쩨계엄군사적전 취재 현장. 오후 4

시, 바뚤레숭Vatulesung 마을 언저리를 지날 즈음 취재 차량을 가로막고 울부짖는 아낙을 따라 300m쯤 떨어진 한갓진 숲속으로 달렸다.

이윽고 나무둥치에 묶인 한 젊은이의 주검이 눈에 차올랐다. 팬티만 걸친 온몸은 피투성이였고, 칼에 베인 목 둘레엔 날벌레들이 수북했고, 빠져나온 혓바닥은 개미들이 핥아댔다. 숱한 죽음과 마주쳐온 직업 탓에 주검쯤엔 면역되었다고 믿어온 나였지만 흔들렸다. 5월 19일부터 벌인 아쩨계엄군사작전에서 가장 잔인한 죽음으로 기록할 만했다.

"어젯밤 8시 15분께, 검정 군복에 복면 쓴 괴한 넷이 내 동생 무자끼르 압디 알라Muzakir Abd Allah(20)를 끌고 갔어요." 주검을 붙들고 울던 누이 파레다Fareda(25)가 피 토하듯 쏟아냈다.

"그놈들이 자바Java 말을 썼어. 우리 아쩨 사람이 아냐." 아버지 압둘라 아담Abdullah Adam(52)은 에둘러 정부군을 가리켰다.

"무자끼르는 꾸란Quran 가르치는 선생이야." "자유아쩨운동 GAM 게릴라도 아니고." "정부군 짓이야." 성난 이웃 사람들은 아우성쳤고.

가족들이 무자끼르를 나무에서 풀어 바닥에 눕히기 전, 나는 동의를 구하고 주검 목을 올려 찬찬히 살펴보았다. 턱 바로 밑을 길이 20cm, 깊이 2cm로 단칼에 벤 자국이 드러났다. 오직 훈련

받은 '프로페셔널 킬러'만 할 수 있는 짓이었다.

기자들은 곧장 바뚤레숭 마을에 진 친 해병 제202대대로 달려갔다. 대대장 림보 대령Col.Rimbo은 "모른다. 들은 바 없다. 강도들 짓인지 알아보겠다"며 뚱하니 받아쳤다. 마을 사람들이 다 아는 일을 대대장이 몰랐다고? 손바닥만 한 마을을 해병 400명이 24시간 휘젓고 다니는 판에 '군복 입은 복면 괴한 넷'이 무자끼르를 끌고 갔다고? 단언컨대, 전쟁 중인 해병대 작전지역으로 복면 쓰고 들어갈 만큼 간 큰 강도는 이 세상에 없다.

달리, 자유아쩨운동 게릴라가 적군도 아닌 주민 하나 죽이겠다며 군복 입고 해병대 점령지역을 돌아다닐 만큼 어리석지도 않다. 인도네시아 정부가 아쩨를 군사작전지역DOM으로 선포했던 1990년부터 자유아쩨운동 게릴라 기지를 드나든 유일한 외신기자인 내가 그 증인이다.

"여긴 해병 작전지역이다. 민간인은 허락 없이 아무도 이 마을에 못 들어온다." 대대장 림보가 얼떨결에 범인을 찍은 셈이다. 그즈음 인도네시아 정부는 해병대뿐 아니라 악명높은 특전사와 기동여단을 비롯한 특수전 병력 4만6675명을 아쩨계엄군사작전에 투입했다. 얼굴만 모를 뿐 범인은 뻔했다!

이슬람 관습에 맞춰 그날 무자끼르는 땅속에 묻히고 말았다. 조사는 누가 할 것이며, 수사는 어떻게 할 것인지? 1976년부터 그렇게 죽어 나간 아쩨 시민이 1만도 넘는다. 무자끼르 누이와 가족이 뿌린 눈물은 아쩨 통곡의 역사에 또 한 방울을 더했다.

해거름을 따라 록스마웨로 되돌아가던 길, 기자들은 내남없이 말을 잃었다. 호텔이 눈에 들 즈음 앞자리에 앉은 《자까르따 뽀스뜨》 기자 베르니 무스따파가 긴 침묵을 깼다.

"이 사건 보도는 형이 맡아줘. 우린 증거 없인 힘들어."

"증거 없으면 의문이라도 다는 게 우리 일이야."

"어차피 우린 검열 탓에 올릴 수도 없어."

죽음마저 보도할 수 없는 전시언론통제에 무력감을 느낀 기자들은 저마다 서푼짜리 직업에 침을 뱉었다.

7월 10일치 《한겨레21》이 그 나무에 묶인 무자끼르 주검을 부둥켜안고 울부짖는 파레다 사진을 표지에 걸었다. 비록 칼에 베인 무자끼르의 목과 피투성이 몸통은 제목으로 가렸지만 끔찍한 사진이었던 건 틀림없다. 주검이나 핏자국 사진을 쓰지 않는 원칙을 깨고 무자끼르를 표지에 올리기까지 《한겨레21》 편집국이 머리를 싸맸고, 마감 앞둔 고경태 기자는 내 뜻을 거듭 캐물었다.

"선배, 편집국에서도 말들이 많은데 괜찮겠지요?"

"희생자 가족이 왜 기자를 주검 앞에 데려갔겠어?"

"다들 주검 사진이 너무 끔찍하고 선정적이라고."

"언론이 막혔던 1980년 광주를 되새겨보세."

"알겠어요. 표지로 갑시다!"

위 첫 번째 사진은 현장에서
찍은 원판이며, 아래 두 번째
사진은 《한겨레21》이
제목으로 주검과 핏자국을 일부
가리고 표지에 올린 사진이다.
—2003년 인도네시아 정부군의
아쩨계엄군사작전 ©정문태

애초 내가 무자끼르 주검 사진을 택했던 건 23년 전 사진이 떠올랐던 까닭이다. 1980년, 한 선배가 몰래 복사해서 돌린《타임Time》을 비롯한 외신에 실린 광주 사진들이었다. 뇌가 쏟아지고 내장이 빠져나온 숱한 희생자 사진을 보며 나는 처음 광주 학살 실상을 알게 되었다. 그날 광주는 전두환 패거리의 보도금지에 짓눌린 우리 언론 대신 외신을 통해 세상에 알려졌다.

바로 그 23년 전 광주와 똑같은 일이 인도네시아 정부의 전시 언론통제 아래 아쩨에서 벌어지고 있다. 그나마 1980년 광주엔 적잖은 외신기자가 현장을 뛰었지만, 오늘 아쩨엔 외신마저 공백 상태다. 아쩨계엄군사작전을 취재한 외신기자가 오직 나 하나뿐이었을 만큼. 하여 나는 아쩨를 취재하는 내내 23년 전 광주를 품고 다니며 자못 중압감에 시달렸다.

느낌이란 게 있다. 기자들이 현장 사진을 찍다 보면 '잡았다' 싶은 게 있고, 일찌감치 맘속에 표지 사진이 정해진다. 아쩨전쟁 취재에서 그 무자끼르 주검 사진이 내게 그랬다. 나는 그 사진이 몰고 올 말썽도 미리 내다봤다.

애초 내 걱정은 서울에서 벌어질 선정성 시비 따위가 아니라 그 사진에 등장하는 누이 파레다와 기사에 밑감을 댄 증언자들 신변안전 문제였다. 해서, 죽은 이의 초상권에서부터 보도에 따른 위험성에 이르기까지 무자끼르 가족과 낱낱이 상의하며 동의를 얻었다.

"우린 인도네시아 언론 안 믿어요. 우리 걱정 말고 아쩨 현실을 세상에 꼭 알려 주세요." 누이 파레다는 눈물로 호소했다.

"우리 아이 사진으로 아쩨전쟁 고발할 수만 있다면 오히려 내가 고마워할 일이다." 아버지 압둘라 아담은 내 손을 꼭 잡았다.

내가 무자끼르 주검 사진을 거리낌 없이 《한겨레21》 편집국에 내세울 수 있었던 까닭이다.

그렇게 해서 《한겨레21》이 가판대에 오르자마자 곧장 거센 논란이 일었다. 말로 먹고사는 이들이 입방아를 찍어댔고, 언론 비평 매체까지 달려들었다. 어떤 이는 '선정성'을 욕했고, 어떤 이는 '상업성'을 타박했다. 호사가들은 '윤리'를 따지며 근엄하게 나무라기도.

결국 고경태 기자가 공식 입장을 내놨다.

"전쟁 참상 고발하고자 어렵게 결정했다. '주검 사진을 절대 싣지 말라'는 주장에 동의할 수 없다. 사진이 지닌 상황과 메시지를 무시한 채 윤리만 따지는 건 또 다른 도그마다. 사진 속 유족들은 망자의 초상권에 앞서 아쩨 실상을 국제사회에 알리고 싶어 도움을 호소했다."

서울에서 난리 치는 동안 인도네시아에서는 언론자유 투쟁 상징인 《뗌뽀Tempo》가 검열을 뚫고 내가 찍은 무자끼르 주검 사진을 올렸다. 그사이 국제 언론사들도 나와 현장을 함께 뛴 인도네시아 사진기자 따르미지 하르파Tarmizy Harva가 《로이터》를 통해 날린 무자끼르 주검 사진을 받아 썼다.

세상 어디에서도, 누구도 그 보도 사진을 삿대질하지 않았다. 1980년 광주 학살을 사진으로 폭로한 《타임》을 향해 아무도 선정적이라거나 상업적이라며 나무라지 않았듯이.

왜 서울에서만 유독 빈정대고 투덜댈까? 고백건대, 나는 시민 희생을 재물 삼은 전쟁의 야만적 본질을 무시한 채 틀에 박힌 교조적 윤리관을 신줏단지처럼 떠받드는 대한민국 도덕군자들한테 침을 뱉었다.

"보도 사진은 눈으로 기록하는 현장의 역사다. 시민사회가 파견한 현장 기자는 말질에 휘둘리며 몸 사릴 '권리'가 없다. 현장 기자는 조건 없이 기록하고 보도할 '의무'만 지녔다."

나는 현장 기자로 아쩨에 있었고, 그 현장에서 살해당한 무자끼르를 보았다. 그 현장을 있는 그대로 사진에 담았다. 그리고 내 원칙을 좇아 그 현장을 보도했다.

이게 2003년 아쩨의 현실이고, 1976년부터 죽임당해온 아쩨 시민의 역사이므로!

나는 내 발에 차인 사실을 보도하도록 명령받은 직업인이다.
내 사진의 옳고 그름은 오로지 아쩨 시민이 판단할 몫일 뿐.

전쟁은 도시의 눈으로
가늠할 수 없다!

2003년 8월, 아쩨 망명정부 총리 말릭 마흐뭇Malik Mahmud은 말레이시
아에서 열린 아쩨평화국제회의에 무자끼르 주검 사진이 실린《한겨레
21》을 증거로 내밀며 현실을 고발했다.

그리고 인도네시아 사진기자 따르미지 하르파는《로이터》로 날린
무자끼르 주검 사진으로 2004년 국제보도사진상World Press Photo Award
을 받았다.

서울에서는 선정적이니 상업적이니 비윤리적이니 떠들어댄 무자끼
르 주검 사진을 놓고 국제사회는 오히려 경의를 표했다. 달라도 너무
달랐다!

이해를 돕고자《한겨레21》과《로이터》사진을 견줘본다.《한겨레
21》표지 사진은 나무에 묶인 무자끼르 주검을 부둥켜안고 통곡하는
누이 파레다를 정면에서 함께 잡았다. 한편《로이터》는 무자끼르 뒤쪽
옆구리에서 주검 가릴 천을 들고 온 가족 쪽으로 시선을 잡았다.

두 사진을 보는 느낌이야 저마다 다르겠지만 전쟁의 참상만큼은 오
롯이 고발하지 않았나 싶다. 다만, 나는 대상의 표정에 초점 맞춰 감성
에 호소했다면, 따르미지는 넓은 앵글로 사건을 보여주었던 셈이다.
그리고 보도 방법에서도 차이가 있었다.《로이터》는 전쟁 고발용 사진

의 본질을 존중해 피투성이 주검 사진을 손대지 않은 날것으로 실어날 랐으나, 간이 작은 《한겨레21》은 제목으로 주검과 핏자국을 가리려고 애썼으니.

그즈음 서울 쪽 말질꾼들이 트집 잡은 건 무자끼르 주검 사진만도 아니었다. 인도네시아 정부군 총부리 아래 멱 감는 두서너 살짜리 피난민 아이 사진에서 성기가 보인다며 난리 쳤다. 그 사진을 찍고 스캔받아 전송까지 내 손으로 했지만 꼬투리 잡기 전까진 성기가 있는지조차 몰랐다. 편집국에서도 마찬가지였다. 누구도 그 아이의 성기에 눈길이 닿지 않았다고.

대한민국에 관음증 환자가 그토록 많을 줄이야! 총부리 아래 멱 감는 피난민 아이들, 그것도 전쟁 보도 사진에서 선정성을 느낄 수 있다니…. 이 근엄한 도덕군자들은 그 사진을 나무랄 게 아니라 전쟁질로 아쩨 시민을 학살해온 인도네시아 정부와 군대를 타박해야 옳았다.

전쟁은 도시의 눈으로 가늠할 수 없다. 전쟁을 도시의 윤리로 꿰맞춰선 안 된다. 아쩨전쟁은 서울에서 일어난 살인사건이나 물놀이 사고가 아니다. 무자끼르와 난민 아이들은 전쟁 학살의 희생자들이다. 주검과 성기 사진을 싣지 않는 상식적인 윤리를 전쟁이라는 비상식적인 현실에 들이댈 수 없다. 상식과 비상식을 가리는 게 윤리학의 첫걸음이다. 틀에 박힌 상식만 죽으라고 외치는 걸 우리는 교조주의라 부른다. 바로 불길한 전체주의의 밑감이다.

'산 범의 눈썹 뽑기'로 전선에 오른 기자들은 선정성이니 상업성이니 따질 겨를조차 없다. 전선은 그렇게 한가하지도 낭만적이지도 않다. 전선이란 곳은 도시에 앉아 말질이라 해대는 자들이 가름할 만한 영역이 아니다.

누가 뭐라든, 나는 《한겨레21》 표지에 올린 무자끼르 주검 사진 한 장이 14쪽짜리 기사보다 더 오롯이 아쩨전쟁 실상을 고발했다고 믿는다. 이게 아쩨전쟁을 보도한 내 직업적 자존심이었다. 그 끔찍한 사진 한 장을 여태 내 가슴에 담고 살아온 까닭이다.

게릴라의 어머니

2005년 9월 6일
마네까완Mane Kawan | 아쩨

⦁
⦁
⦁

"형, 9시 약속이야. 빨리 일어나!"

닷새 사이 자까르따-아쩨 2367km를 두 번이나 오간 살인적인 취재 일정에 몸도 맘도 녹초. 좀 더 잤으면 좋으련만, 이른 아침부터 《메트로티브이Metro TV》 아쩨 주재기자 자이날 바끄리Zainal Bakri가 헐레벌떡 방문을 두드린다.

"약속 오후로 잡으면 안 돼? 굳이 이른 아침에⋯." 투덜대며 호텔을 나선다. 인도네시아 정부군이 아쩨작전사령부를 차린 록스마웨에서 동쪽으로 56km 떨어진 마네까완로. 집들이 듬성듬성 떨어진 벼농사 지대라 어디가 어딘지 당최. 마을 이름 하나만 달랑 들고 나선 터라 이 지역 토박이인 자이날도 애먹는다. 물어물어 겨우 집을 찾아낸다.

병아리 쫓는 아이를 물끄러미 바라보던 여인이 고개 돌리며 손짓으로 마루를 가리킨다.

"1991년 집 떠난 뒤론 연락도 없고 본적도 없어." 여인은 가족을 산으로 보낸 이들한테 몸에 밴 '아쩨식 인사'로 낯선 이방인을 맞는다. 동네 아이들도 다 입에 올리는 자유아쩨운동 사령관 무자끼르 마나프Muzakir Manaf 소식을 "얼마 전 뉴스 보고 알았다"는 이 여인이 바로 내가 만나고 싶어 애태웠던 주바이다 빈띠 모하맛 하산Zubaidah Binti Mohamad Hasan이다. 인도네시아 정부에 맞서 아쩨 독립투쟁을 이끌어온 그 무자끼르의 어머니다.

스스러워하는 주바이다 얼굴에 무자끼르가 겹친다. 5년 전, 북부 니삼Nisam 산악기지에서 그이를 처음 만났을 때였다.

"어머니가 늘 맘에 걸린다. 곁에서 못 모시니. 연락이야 할 순 있지만, 정부군한테 늘 시달려온 어머니가 위험해서. 어머니는 내 모든…." 목이 멘 무자끼르는 끝내 말을 잇지 못했다. 거친 산 사나이도 어머니 앞에선 한 줌 눈물로 녹아내렸다.

몸 사리는 주바이다 곁에서 자이날이 바빠진다.

"어머니 걱정 마세요. 이 형은 무자끼르 친구예요. 자유아쩨운동 산악기지 드나든 유일한 기자로 무자끼르를 언론 통해 세상에 처음 알린 것도 이 형이고, 스웨덴 쪽 우리 망명정부와도 잘 아는 사이고…."

고개 숙인 채 듣기만 하던 주바이다가 비로소 눈길을 준다.

"난 늘 감시당하며 살아왔어. 기자도 무섭고 언론도 못 믿어!"

주바이다는 마치 마음을 단단히 다잡겠다는 듯 질밥jilbab**2**을 매무시한다. 그리곤 좀 전까지 자식을 걱정하던 어머니에서 투사로 변해간다.

"외국놈들이 지배하는 한 우리 아쩨에 평화는 없어. 그게 네덜란드건 일본이건 인도네시아건. 해서 우리 가문도 다들 싸웠던 거야." 뜻밖에 주바이다 입에서 130년 아쩨 항쟁사가 흘러나온다.

"우리 할아버지는 네덜란드에 맞선(1873년 전쟁 선포) 영웅으로 잘 알려진 떵구 우낫Tengku Unat이며, 할아버지 형제들도 모두 항쟁 주역이었어. 아버지 떵꾸 주바이다 모하맛 하산Tengku Zubaidah Mohamad Hasan은 일본군 침략(1942년)에 맞서 싸웠고. 시가 쪽도 마찬가지야. 시아버지 떵꾸 빈띠Tengku Binti는 대네덜란드 항쟁을 이끌었고, 남편 떵꾸 마나프 빈 빈띠Tengku Manaf Bin Binti는 대일항쟁 영웅인 마이또 대위Cap. Maito와 함께 싸웠지. 예부터 아쩨 사람들은 외적과 싸우는 걸 자연스러운 일로 여겼고 그걸 우리 애가 물려받아 인도네시아 침략자와 싸우는 거야."

자부심 묻어나는 주바이다 얼굴에서 아쩨 항쟁 130년, 그 힘찬 밑절미를 본다. 할아비로부터 대물림해온 항쟁을 가문의 영광으로 여기는 어머니한테서 무자끼르의 동력을 찾은 셈이다. 바로

---

2   인도네시아와 아쩨의 무슬림 여성들이 머리카락과 목을 가리는 스카프.

핏줄의 부름이었다.

이쯤 되면 가문의 영광을 자랑할 만도 한데 무자끼르는 집안 내력을 입에 올린 적이 없다. 오늘 그 어머니를 통해 비로소 드러났다. 통역 맡은 현지 기자 자이날도 입이 쩍 벌어진다. "그 역사 속 항쟁 영웅들이 무자끼르 가문인지 미처 몰랐다!"

이윽고, 주바이다는 찻잔 내밀며 열리는 마음을 전한다.

"우린 외국놈한테 시달리며 한평생 전쟁만 겪었으니 평화가 뭔지도 몰라. 아쩨 사람끼리만 살았으면 좋겠어."

항쟁으로 해가 뜨고 지는 땅에서 살아온 원통함을 한숨에 담아내는 주바이다한테 태어난 때를 물으니 멋쩍게 웃는다.

"생일 같은 건 몰라. 일본놈이 침략하기 보름쯤 전에 태어났다는데, 전쟁통에 그런 걸 챙길 정신은 어딨었겠어. 그 시절엔 기록이란 것도 변변찮았으니."

1942년 일본군이 아쩨를 침략했으니 올해 예순셋이란 뜻이다. 농사로 다진 몸은 아주 단단해 보이지만 얼굴엔 딱 그 세월만큼 주름이 잡혔다. 마네까완 토박이인 주바이다는 초등학교 4학년 무렵인 열넷에 스물다섯 먹은 마나프 빈 빈띠를 만나 딸 다섯과 아들 셋을 낳아 길렀다. 그런대로 먹고살 만했던 주바이다는 운전기사인 남편이 1981년 교통사고로 세상을 뜨고부터 막막한 홀어미의 길로 접어들었다고.

"여덟 아이 키우자니 목돈 들 때마다 논 팔아 때웠지. 남은 손바닥만 한 땅에 벼 심고 이웃에 품팔아 겨우, 겨우…” 투박한 농사꾼 손이 주바이다의 일생을 말해준다.

이야기가 무자끼르로 넘어가자 이내 낯빛이 변한 주바이다는 칼 위를 걷듯 한마디 한마디 조심스레 풀어낸다. “어릴 땐 샤하릴Syahril로 불렀어. 입도 무겁고 좀 쌀쌀맞았지만 투정 없어 키우긴 편했지.” 주바이다의 회상은 내가 무자끼르한테 받았던 첫인상 그대로다.

“고등학교 마치곤 인도네시아군에 지원하겠다더군. 한데, 부사관 하려면 징병관한테 뒷돈을 줘야 했어. 우리한테 그런 돈이 없었으니 막판에 접었지.” 주바이다한테서 충격적인 말이 튀어나온다.

“자유아쩨운동과 선을 단 놈들이 정부군에 파고든다.” 한동안 인도네시아군 언저리에서 나돈 소문이 영 빈말은 아니었던가 보다. 그게 무자끼르 이야기일 줄이야!

흔히들 ‘역사의 아이러니’를 입에 올린다. 딱 그 짝이다. 징병비리가 한 젊은이와 아쩨의 운명까지 흔들어버렸으니! 뒷돈 못 댄 가난이 아쩨 독립운동 지도자를 낳았다면, 샐닢을 노렸던 인도네시아군은 반군 지도자를 키운 꼴이다. 반전도 이런 반전이 없다. 역사는 이렇듯 기껏 뒷돈 몇 푼에 휘둘려온 어이없는 무대인지도 모르겠다. 그 대가로 어머니는 아들을 그리워하며 고문 같은 세월을 견뎌야 했고.

위 주바이다 빈띠 모하맛 하산. ⓒ정문태
아래 자유아쩨운동 사령관 무자끼르 마나프. ⓒ정문태

"그러곤 우리 애가 1980년대 중반쯤 말레이시아로 돈 벌러 갔다 왔고, 몇 해 뒤인 1991년 다시 말레이시아로 떠난 뒤론 여태 못봤어. 소식도 없고. 내 속을 말로 다 어이…" 이 대목에서 주바이다의 말이 좀 빗나간다. 옛일이라 기억이 가물거렸거나, 아들 위해 기억을 살짝 비틀었거나, 어쨌든.

무자끼르가 내게 털어놓았던 사실은 이렇다. 1964년 마네까완에서 태어난 무자끼르는 고등학교를 마치고 1986년 리비아로 떠났다. 그즈음 리비아 정부는 아쩨 젊은이들을 캠프 마타바 타줄Camp Mattabah Tajur에서 군사훈련시켜 비밀스레 아쩨 독립투쟁을 지원했다. 무자끼르와 함께 떠난 아쩨 젊은이 45명이 그 첫 그룹이었다. 이어 1987~1988년 400여 명, 1989년 150명이 리비아에서 훈련받고 아쩨로 돌아왔다.

훈련을 마친 무자끼르는 무아마르 카다피Muammar al-Gaddafi 리비아 대통령 경호대에서 일하다 1989년 아쩨로 되돌아왔다. 그리고 2년 뒤 자유아쩨운동 게릴라 전선에 뛰어들었다. 그게 주바이다가 "다시 말레이시아로 갔다"는 1991년이었다. 아마도, 무자끼르가 1986년 리비아에 갈 때도 어머니한테는 말레이시아로 둘러댔던 게 아닌가 싶고.

그리고 무자끼르는 2002년 자유아쩨운동 사령관 압둘라 사피이Abdullah Safi'i가 인도네시아 정부군한테 살해당한 뒤 후임 사령관으로 전선을 이끌어왔다.

"그나저나 우리 애도 돌아올 수 있으려나?"

주바이다가 요즘 아쩨를 달구는 평화협정으로 말을 돌린다. 스무날쯤 전인 8월 15일 자유아쩨운동과 인도네시아 정부가 평화협정에 서명한 데 이어, 9월 1일 자유아쩨운동 게릴라와 조직원 1400여 명이 감옥에서 풀려났다. 인도네시아 정부가 구금해 큰 말썽났던 2003년 평화협상 대표단 떠우꾸 까마루자만Teuku Kamaruzaman, 암니 빈 마르주끼Amni Bin Marzuki, 떵꾸 우스만 람뽀 하웨Tengku Usman Lampoh Awe도 아쩨로 돌아왔다.

"우리 애 별일 없겠지? 다들 산에서 내려온다는데 여태 소식도 없이…. 모진 놈!" 주바이다의 눈이 살짝 붉어진다. 독립투쟁도, 가문의 영광도 다 자식 향한 그리움 앞에서 허물어지는 듯.

"두어 주 전 무자끼르와 통화했는데 잘 지낸대요. 평화협정으로 안전 보장받았으니 걱정 마세요. 아직 풀어야 할 정치적, 군사적 문제가 남아 하산이 좀 늦어질 테니."

주바이다를 달래려고 뱉은 말과 달리, 사실은 아직 아쩨도 무자끼르의 앞날도 흐릿하기만. 자유아쩨운동 지도부가 인도네시아 정부를 오롯이 못 믿는 까닭이다.

"2003년 휴전협정 때도 인도네시아 정부가 아쩨 대표단을 감금했고, 정부군과 민병대가 우릴 공격했잖아. 이번 휴전협정은 자유아쩨운동 '무장해제'와 '아쩨 특별자치주 설치'를 맞바꾸는 건데 저쪽을 선뜻 믿을 수가 없으니. 해서 앞날 대비해놓고 산에서 내려가려고." 휴전협정 서명 뒤 무자끼르가 내게 했던 말인데, 그 '앞날 대비'란 건 호락호락 무기를 다 내놓지 않겠다는 뜻이다. 으레, 인도네시아 정부한테 짓밟히고 죽임당한 아쩨의 해묵은 불신감 탓이다. 현재 이 무장해제가 평화협정 로드맵에서 고갱이이자 가장 골치 아픈 대목임은 말할 나위도 없고.

"요즘은 대문만 쳐다봐."

아들 기다리는 어머니의 설렘이 이 한마디에 오롯이 담겼다. 그럼에도 주바이다는 현실에 물음표를 단다. "일본놈들 때나 이제나 다를 바 없어. 평화라고 우겨놓고는 늘 전쟁질만 했으니 이번 평화협정인들 어이 믿겠어?"

전쟁터에서 나고 자란 아쩨 어머니들한테 평화란 건 단 한 번도 대지를 적셔준 적 없는 애달픈 구름이었을 뿐이니!

"우리 애도 돌아와야 오는 거지. 내 손으로 만져보기 전엔 못 믿어." 주바이다 얼굴이 파르르 떨린다. 이내, 맺힌 한이 눈물을 타고 흘러내린다.

"난 한평생 속내 감추며 살아야 했어. 늘 숨죽이며…. 아버지와 남편 때문에, 또 아이 때문에."

짓밟힌 아쩨의 어머니는 내게도 어머니다! 아픈 역사가 서린 주바이다의 두 손을 꼭 잡아준다. 우린 아무 말 없이 한참 동안 손으로 마음을 나눈다.

"내 바람은 오직 하나야. 애가 탈 없이 집으로 돌아와 푹 쉬었다가 메카로 순례를 떠났으면 해."

한나절 이야기는 이렇게 끝났다. 문 밖까지 따라나선 주바이다는 아쉬운 듯 발길을 붙든다.

"평화협정 뒤에도 군인과 경찰이 찾아와 무자끼르 어딨냐고 캐묻곤 했어. 달라진 게 없어. 정부군 끄나풀인 민병대도 집 앞에 어른대고. 그렇다고 어디 얘기할 데도 없으니 무섭기만…."

맘 편히 털어놓을 수도 없는 두려움, 귀담아 들어주는 이도 없는 외로움, 이게 자식을 산으로 보낸 아쩨 어머니들 삶이다.

안타까운 작별 끝에 무거운 맘으로 동네 어귀를 돌아 나올 즈음, 오토바이 두 대에 나눠 탄 해병대원 넷과 마주친다. 정신이 번쩍 든다. 참, 아직 아쩨는 오롯이 평화가 내린 땅이 아니었지! 아쩨의 평화란 건 언제든 찢어버릴 수 있는 협정서에 담긴 파리한 글자로만 존재할 뿐.

무자끼르 집으로 급히 자동차를 돌린다. 다행스레, 해병대원은 저만치 무자끼르 집을 스쳐 간다.

꺼림칙이 록스마웨로 되돌아오는 길엔 가물가물 아지랑이가 피어오른다. 스르르 눈이 감긴다. 아쩨전쟁이 곡두처럼 스멀스멀 기어 나온다. 아쩨 평화를 꿈꾸기엔 아직 너무 이른가 보다.

'자유아쩨운동 차기 사령관',
2년 앞선 도박 기사

한마디로 아쩨는 언론 사각지대였다. 인도네시아 정부가 1990년부터 1998년까지 아쩨 전역을 군사작전지역DOM으로 선포해 취재 금지령을 내린 데다, 자유아쩨운동마저 인도네시아 안팎 언론에 강한 불신감을 지녔던 탓이다.

그렇게 아무도 자유아쩨운동 산악기지에 발 못 들이던 25년 전, 아쩨 망명정부를 통해 어렵사리 선을 단 나는 니삼에서 약속한 전사를 만났다. 한데 그자는 어디론가 무전을 때리더니 시무룩하니 말했다. "오늘은 사정이 어려우니 돌아가시오."

영문도 모른 채 헛걸음치고 록스마웨로 되돌아온 저녁나절, 밀선 통해 전갈을 받았다. "내일 아침 7시에 호텔로 사람 보낼대요. 단, 미스터 정 혼자만 오라고 해요. 우린 인도네시아 사람 못 믿으니까."

아차! 오늘 내가 데리고 간 자까르따 출신 카메라맨이 문제였다는 뜻.

이튿날 아침, 두 젊은이가 호텔로 차를 몰고 온 것까진 좋았는데 엉뚱한 쪽으로 달리며 길을 꼬았다. "니삼 쪽이라며? 왜 질러가는 길을 두고?" 둘은 아무 대꾸도 없이 못 들은 척. 기지를 감추겠다는 낌샌데, 아쩨에 이골난 나를 잘못 본 셈. 록스마웨-니삼, 뻔한 40분 길을 돌고 돌아 80분이나.

니삼 언저리 마을 뒷산을 타고 30분쯤 산을 올랐더니 처음 기자를 본 전사들이 신기한 듯 몰려들었고, 영화배우처럼 잘생긴 털보가 손을 내밀었다. "어제는 되돌아가게 해서 미안. 자까르따 사람 못 미더워서."

그렇게 1999년 12월 8일, 니삼 산악기지에서 북부 아쩨 게릴라를 이끌던 무자끼르 마나프를 처음 만났다.

무자끼르 첫인상은 수줍음 타는 소녀 같았다. 낯가림이 심한 그이가 말문을 열기까지 꽤 시간을 죽였다. 말끝마다 고개만 끄덕이던 무자끼르는 찻잔이 두어 바퀴 돌고서야 비로소 먼저 말을 꺼냈다. "여기 오는 길은 어땠는지?" "뺑뺑 돌린 거 말곤 괜찮았다." "아, 그건 정부군 눈길을 따돌려야 하니." "나를 못 믿은 건 아니고?" 무자끼르는 손사래로 대꾸했다.

한데, 이런저런 말로 탐색전을 하다 보니 무자끼르는 보통내기가 아니었다. 혁명적 순결함이 묻어나는 그이가 전략과 전술에다 국제 정세까지 줄줄 꿰는 모습이 예사롭잖았다. 진짜 놀란 건 처음 만난 기자 앞에서 자신이 몸담은 자유아쩨운동의 상위 정치조직인 스웨덴 망명정부를 조근조근 비판적으로 풀어내는 용기였다. 게릴라 전선에서 결코 흔찮은 일이었다. 게다가 무자끼르를 향한 전사들의 다부진 믿음을 통해 지도자로서 그이 됨됨이를 엿볼 수 있었고.

그 시절 느슨한 중앙 명령체계 아래 지역 단위로 흩어져 싸우던 자유아쩨운동은 조직통일이 과제였다. 다른 말로 강력한 지도부 건설이 필요했다. 나는 무자끼르와 첫 만남에서 확신했다. '자유아쩨운동을 곧 추세울 차기 지도자감이다.'

산에서 내려온 나는 곧장, 인도네시아 언론자유 투쟁 줏대인 《뗌뽀》를 찾았다. 편집장 밤방 하리무르띠Bambang Harymurti는 "아무도 모르는 무자끼르를 벌써 내세우긴 너무 이른 감이 드는데? 문태, 좀만 더 기다려보세. 때가 올 거야"며 에둘러 기사를 마다했다.

결국, 그 기사는 인도네시아가 아닌 서울로 넘어갔다. 「자유아쩨운동 차기 지도자 무자끼르를 주목하라!」《한겨레21》이 표지기사로 무자끼르를 세상에 알렸다.

그로부터 무자끼르와 인연은 숱한 이야깃거리를 낳았다. 2002년 1월 23일 새벽, 잠결에 전화를 받았다. "형, 급해! 무자끼르 사진 빨리 보내줘."《템뽀》기자 아하맛 따우픽Ahmad Taufik이 닦달했다. "그쪽 사진부에 맡겨뒀으니 잘 찾아봐." "못 찾겠대. 급해 지금 바로 올려야 해." "근데, 왜 갑자기?" "형 예언처럼 무자끼르가 자유아쩨운동 사령관이 됐어!" "언제?" "어제 압둘라 사피이 사령관이 전사하고 바로."

그날, 인도네시아 언론은 무자끼르 사진을 찾아 난리 친 끝에 다들 내가 《템뽀》에 보낸 사진을 받아 썼다. 그리고 늦은 오후, 《뗌뽀》를 통해 인도네시아 경찰청에서 연락이 왔다. "우리 경찰에 협조 부탁합니다. 무자끼르 사진이 필요해서." 나는 단박에 되받았다. "내 취재원 정보를 넘기라고? 미쳤구먼!" 헛물켠 경찰은 이튿날 《뗌뽀》에 실린 사진을 베껴 무자끼르를 수배했다.

이내 아쩨에선 내가 찍은 그 무자끼르 사진이 전단과 담벼락을 빼곡히 메웠다. '술 받아주고 뺨 맞는다'고, 나를 첫 기자로 받아준 무자끼르한테 나는 뜻밖에 지명수배 사진으로 보답한 셈이었으니. 인연치고는 참 얄궂게도!

이렇듯 내가 무자끼르를 차기 사령관으로 소개한 지 꼭 2년 만에 현실이 되었다. 그로부터 자유아쩨운동 총사령관 무자끼르는 곧장 시험대에 올랐다. 2003년 5월 19일, 자유아쩨운동과 인도네시아 정부가 휴전협상 테이블을 차린 도쿄회담이 깨지자 메가와띠 수까르노뿌뜨리Megawati sukarnoputri 대통령은 자정 무렵 아쩨에 계엄령을 선포했다. 인도네시아군은 기다렸다는 듯 해병대, 특전사Kopassus, 기동여단Brimob을 비롯한 중무장 특수전 병력 4만6675명을 아쩨에 투입했다. 이른바 아쩨계엄군사작전이었다.

맞선 무자끼르는 모든 군사전문가의 '단기전' 예상을 깨고 5000 게릴라와 함께 보급마저 끊긴 산악에서 초인적 항쟁 기록을 세워나갔다. 이때부터 아쩨 사람들은 저마다 존경의 마음을 담아 무자끼르를 "무알럼Mualem(사령관)"이라 부르기 시작했다.

아쩨계엄군사작전이 열아홉 달을 넘어서던 2004년 12월 26일, 현대사에 최대 자연재해로 꼽는 인도양 쓰나미가 덮쳤다. 17만 웃도는 아쩨 사람이 목숨 잃은 대재앙 앞에서 결국 인도네시아 정부는 전쟁을 멈출 수밖에 없었다.

2005년 8월 15일, 인도네시아 정부와 자유아쩨운동이 헬싱키 평화협정Helsinki Agreement에 서명해 전쟁 종식과 아쩨 특별자치주 설치에 첫발을 디뎠다. 이어 8월 31일 인도네시아 정부가 자유아쩨운동 관련자 1424명을 석방하면서 게릴라들도 하나둘씩 산에서 내려왔다.

평화협정에 따른 '인도네시아군 철수'와 '자유아쩨운동 무장해제'가 현안으로 떠올랐던 바로 그 무렵 내가 무자끼르의 어머니를 만났다.

그 뒤 무자끼르는 아쩨당AP을 만들어 총선에서 압승을 거둔 데 이어 2012년부터 2017년까지 아쩨 특별자치주의 실질적 권력을 지닌 초대 부지사로 일했다.

블랙리스트

2012년 8월 30일

안롱웽Anlong Veng | 캄보디아

．
．
．

    못다한 혁명, 그 배반과 음모가 묻힌 옛 크메르루즈 본부에서 스산한 기운을 묻힌 채 호텔로 돌아온다. 뉘엿뉘엿 지는 해를 바라보며 커피 한 잔을 받아들자마자 전화가 울린다.

    "형, 어디야? 오늘 오전에 버마 군부가 블랙리스트 풀었는데 소식 들었어? 근데 형 이름은 없어. 버마 정부 웹사이트에 떴으니 훑어봐." 버마학생민주전선 의장 탄케가 시무룩하니.

    곧장 노트북을 연다.

버마 입국 금지 해제자 명단

2012년 8월 30일

해제 : 2082명(버마인 935명/외국인 1147명)

미해제 : 4083명

졸인 맘으로 하나하나 이름을 짚어간다. 탄케 말 그대로다.

제기랄! 내 이름은 어디에도 없다.

사실은 2011년 3월 떼인세인 장군Gen.Thein Sein을 대통령으로 내세운 군부가 소수민족해방군들과 휴전협상을 벌일 때부터 이 블랙리스트 해제 소문이 알음알음 나돌았지만 나는 별 기대를 안 했다.

"군부가 블랙리스트 풀 낌샌데, 자네처럼 오랫동안 소수민족해방군과 민주혁명전선 드나든 이는 어려울 것 같더군." 군부와 밀담 나눈 소수민족해방군 지도자들이 일찌감치 귀띔해준 터였으니.

그렇더라도 명단을 보는 심사는 뒤숭숭하니 맥이 빠진다. 버마를 맘껏 들락거리고 싶은 해묵은 바람이 족쇄를 찬 꼴, 이놈의 직업이란 게 참 녹록잖다.

'입국 금지', 그래 기자의 숙명이라면 명예로 여기마!

독한 술 한 잔이 당긴다. 오늘 같은 날엔.

버마 정부가 언제부터 블랙리스트를 만들었는지 또렷이 알 길은 없다. 외교판에선 1962년 네윈 장군Gen.Ne Win이 쿠데타로 권력을 쥐고부터란 말이 흘러 다녔을 뿐. 그러다 1990년대 중반 쯤 군사정부가 소수민족해방군 지도부, 망명 민주 운동가, 국제 단체 활동가, 언론인, 학자를 마구잡이 블랙리스트에 올렸다는 소문이 퍼졌다. 버마 취재 전진기지 노릇해온 방콕 외신판엔 그 이름들까지 공공연히 나돌았지만 군사정부는 가타부타 한마디 말이 없었다.

그러다 오늘 군사정부가 입국 금지자 해제 발표로 블랙리스트 존재 사실을 비로소 자백한 셈이다. 한데, 이 명단을 훑어보면 한심하기 짝이 없다. 이게 진짜 한 나라 정보기관이 만든 블랙리스트인지 의심스럽기만.

예컨대 명단에 오른 한국인 18명 가운데 한 명인 55번은 'Lee(Buyer)/Korea'가 다다. 700만도 넘는 이씨 성을 가진 한국인 가운데 구매자(buyer)를 어떻게 가려내 입국 금지했다는 건지. 마찬가지 239번 'David/Germany'와 540번 'Nick/Netherlands'처럼 성도 이름도 제대로 없거나 별명만 딴 것도 수두룩하다.

평생 버마 기사 한쪽 쓴 적 없는 기자 이름이 나오는가 하면, 버틸 린트너Bertil Lintner처럼 두세 번씩 이름이 뜨는 기자도 있다. 게다가 버마변호사회BLC 사무총장 아웅투Aung Htoo 같은 망명 운동가는 버마인과 외국인 명단에 겹치기로 올려 해제자 수를 크게 부풀려놓았다.

"국가 안보와 국익을 해치는 자들." 이게 버마 정부가 밝힌 블랙리스트 정체인데, 정작 이번 해제자 명단을 보면 어이가 없다. 버마인 가운데 망명 버마연방민족연립정부NCGUB 대통령 세인 윈Dr.Sein Win, 버마학생민주전선 전 의장 나잉아웅과 모티준 같은 이들을 포함한 1번부터 128번까지는 군사정부 눈에 그렇게 보였을 수도 있다. 한데, 이들은 거의 모두 이미 민주혁명전선을 떠났다. 군사정부가 이빨 빠진 호랑이들만 푼 선전이란 뜻이다.

그 나머지 129번부터 935번까지는 사회적으로 잘 알려진 바도 없고 정치와 상관도 없는 학자, 가수, 사업가, 의사, 노동자를 비롯한 해외 취업자다. 원칙도 잣대도 없다는 말이다.

해제한 외국인도 별 다를 바 없다. 몇몇 사회운동가, 학자, 언론인을 빼곤 이름마저 들어본 적 없는 이들이다. 이 생잡이 블랙리스트엔 이미 사망한 한국 전 대통령 김대중과 필리핀 전 대통령 코라손 아키노Corazon Aquino에다 미국 전 국무장관 매들린 올브라이트Madeleine Albright까지 올린 사실이 드러났다. 이건 전시 적국도 아닌 외국 대통령과 외교 파트너인 국무장관까지 그동안 입국 금지했다는 뜻이다. 가히 외교사에 남을 대기록이다. 미쳤다고 해야 할지 돌았다고 해야 할지, 아무튼.

진짜 답답한 건 이름 석 자가 어딨는지조차 모르는 내 신세다. 군사정부가 블랙리스트를 다 풀지 않는 다음에야 알 길이 없다. 또렷한 건 오직 하나, 그동안 군사정부한테 찍혔던 모든 외신기자가 아무 탈 없이 버마를 들락거리지만 나는 아직도 비자마저 못 받는 몸이란 사실.

본디 나는 1990년대 중반까지 관광 비자로 버마를 드나들며 눈치껏 취재를 했다. 그러다 1995년과 1996년 두 번 아웅산수찌

인터뷰 뒤론 아예 길이 막혔다. 그로부터 나는 버마에 큰일이 터질 때마다 관광 비자라도 얻어 보겠다고 매달렸지만 모조리 거부당했다. 2007년 승복혁명 때야 말할 것도 없고, 2008년 14만 목숨을 앗아간 사이클론 나르기스 때도 그랬다. 특히 나르기스 때는 함께 관광 비자를 신청한 방콕 주재 외신기자 열댓이 모두 탈 없이 현장으로 들어갔지만, 내 여권은 비자를 붙였다 뗀 더러운 얼룩만 남긴 채 튕겨 나왔다.

"당신 비자는 외교부 본부에 직접 물어보시오." 버마 대사관에서 돌아온 건 오직 이 한마디였다.

세월이 흘러 2011년, 떼인세인 대통령 정부가 '변화'와 '개혁'을 외치면서 블랙리스트에 올랐을 법한 기자들이 탈 없이 버마를 드나들었다. "이젠 되나 보다!" 나는 들뜬 마음으로 비자 신청을 했지만 또 빈 여권을 받아 들었다. 그리고 넉 달 전인 지난 4월, 국제사회 눈길이 보궐선거에 뛰어든 아웅산수찌한테 쏠리자 군사정부가 마침내 저널리스트 비자를 내놨다. 이내 숱한 외신기자가 버마로 몰려갔다. 잔뜩 희망을 품었더니 웬걸, 그날도 나는 버마 대사관에서 쓸쓸히 발길을 돌렸다. 내겐 아직 시간이 오지 않았다는 사실만 깨달으며.

족쇄, 어느덧 16년이 넘었다. 그사이 나는 국경 개구멍을 통해 버마 소수민족해방전선과 민주혁명전선을 '불법'으로 들락거리며 '합법'의 날을 기다려왔다.

1993년 1월, 까렌민족해방군 본부 마너플로를 기억한다.

버마 정부군 라디오가 나와 외신기자 둘을 향해 핏대 올렸다.

"짖는 외국 개들을 결코 내버려두지 않겠다."

그래, 나는 그날도 짖는 개였고 오늘도 짖는 개다.

까짓 블랙리스트, 기꺼이 훈장으로 받아들이마!

버마, 16년을 기다린 여행

2011년 3월 출범한 떼인세인 대통령 정부는 내전 종식을 내걸고 이듬해까지 까렌민족연합을 비롯한 9개 소수민족해방군과 휴전협정을 맺었다. 그 과정에서 군사정부는 그동안 '테러리스트'로 찍은 무장 민주혁명 조직인 버마학생민주전선을 휴전협정 상대로 인정했다.

2012년 3월 9일 저녁나절, 치앙마이 집으로 버마학생민주전선 의장 탄케가 찾아왔다.

"치앙마이에서 이틀째 군부와 밀담 중인데 우리가 내건 조건들을 다 받겠다고 하네. 버마 내부 현실점검여행까지도." "그럼, 내친김에 현실점검여행에 외신기자 동행 조건을 걸어봐?" "형이 같이 가게?" "그 두말하면 잔소리 아냐!"

우린 상상만으로도 즐거운 이야기를 나눴다.

5월 8일, 탄케가 군부와 밀담차 또 치앙마이에 왔다.

"형, 해냈어! 외신기자 한 명 동행을 저쪽이 받아들였어. 애초 우린 이 여행 건으로 군부의 진정성을 시험했고, 외신기자 동행은 그 최종 확인인 셈이야." 들뜬 놈이 자랑스레 늘어놓았다. 나는 놀라 까무러칠 뻔했다. 악마적 반언론관을 지닌 군부가 외신기자 동행을 받아들였다는 사실 앞에.

"랭군으로 돌아가는 날, 꼭 함께 가자!"

24년 묵은 놈들과 다짐이 가슴 벅찬 현실로 다가왔다. 비록, 승리의 깃발을 휘날리며 돌아가는 건 아니지만, 아무튼.

그로부터 나는 안달복달 현실점검여행을 손꼽아 기다렸다. 그러나 휴전협상은 밀고 당기며 더디기만 했다. 서서히 지쳐가던 8월 30일 군사정부가 내놓은 입국 금지 해제자 명단에 내 이름마저 없어 더 맥이 빠지고 말았다.

"비자도 못 받는 신세에 동행은 무슨 동행!"

맘을 반쯤 접은 11월 9일, 정부 휴전협상 대표인 아웅민Aung Min 대통령실 장관이 소수민족해방군들과 밀담차 치앙마이에 온다는 정보를 잡았다. 휴전협상 소문이 돌 때부터 '노 미디어No media, 노 뉴스No news'를 외친 정부 대표단은 그날 오전까지 소수민족해방군 대표단한테도 장소와 시간을 안 알릴 만큼 철저히 보안을 쳤다.

오후 3시, 탄케가 아웅민의 치앙마이공항 도착 소식과 함께 회담 장소를 귀띔해주었다. 치앙마이 언저리 끼리타라 부티크 리조트, 경호원들이 회담장 들머리부터 바깥사람 출입을 막았다.

로비에서 한참 시간을 죽이다 회담장을 드나드는 호텔 일꾼 손에 쪽지를 전했다.

"아웅민 장관께. 당신과 인터뷰 원합니다. 한국 기자 정문태."

이내 답이 왔다.

"미스터 정. 미안하지만 인터뷰 받을 수 없습니다."

뭐, 그럴 줄 알았지만 그냥 물러설 순 없었다. 아시아 사람들 정서란 게 있다. 얼굴 맞대면 마지못해 떡 하나 더 준다고! 다시 쪽지를 보냈다.

"여기까지 왔으니 인터뷰 힘들면 잠깐 인사라도."

"오케이."

딱 한 자 적힌 쪽지를 들고 온 일꾼 따라 회담장으로.

"미안하오. 정부 원칙이 비공개라서." 아웅민은 정중하게 인터뷰를 마다했다. 기껏 3분짜리 인사였지만 낌새가 괜찮았다. 기다려 볼만했다. 그렇게 뻗치기로 들어갔다.

만찬이 끝나가는 7시 무렵, 잠깐 얼굴을 내민 까레니민족진보당 의장 에이벌 트윗과 인사 나누며 어물쩍 밀담장으로 따라 들어갔다. 결과가 좋았던지 술잔이 돌았다. 불그레 달아오른 아웅민이 뜻밖에 다가와 내 손을 잡았다. 놓칠 수 없는 기회였다!

"버마 가면 인터뷰 받아줄 건가?"

"좋다. 네삐도로 와라."

"그럼, 비자 달라. 블랙리스트도 풀어주고."

아웅민이 놀란 낯빛으로 두리번거리자 휴전협상 창구인 미얀마평화센터MPC에서 일하는 아웅나잉우Aung Naing Oo(버마학생민주전선 출신)가 급히 거들고 나섰다.

"미스터 정은 블랙리스트 해제자 명단에도 없고 비자도 못 받는 경우라…"

아웅민은 곧장 미얀마평화센터 휴전협상 지원국장 민쪼우Min Zaw Oo를 불렀다.

"미스터 정 비자 문제 당장 해결하라. 내 명령이다."

아웅민은 내 어깨를 잡고 달래듯 소곤소곤.

"걱정마시오. 내 명령이고, 특별 비자 나올 테니."

꿈인지 생시인지! 술기운에 한 말이 아니기만을 바랄 뿐.

아웅민이 버마로 되돌아가고 사흘 뒤, 민쪼우의 이메일 왔다.

"방콕 미얀마 대사관에서 비자 받으시오."

이튿날, 부리나케 버마(미얀마) 대사관으로 달려갔다. 진자리에서 비자가 박혀 나왔다. 꽤 감동적이었다. 단 10분이면 될 일을 16년이나 애태웠으니!

눈 빠지게 기다리던 2012년 12월 18일, 24년 만에 귀향하는 버마학생민전선 대표단을 유일한 외신기자로 동행 취재하며 마침내 버마 땅을 다시 밟았다. 꼭 16년 만이었다. 내 삶에서 가장 벅차고 멋진 날이었다.

이듬해 8월, 나는 아웅민 장관이 두 번째 보낸 특별 비자를 들고 버마학생민주전선 휴전협정 대표단 34명과 함께 또 버마길에 올랐다. 그리고 버마학생민주전선과 버마 정부가 8월 5일 개별 휴전협정에 이어 8월 10일 전국휴전협정에 서명하는 역사적 현장을 내 발로 취재하는 행운을 누렸다.

그로부터 11년이 흘렀다. 그사이 나는 버마 정부로부터 블랙리스트 해제 소식을 들은 적도 없고, 버마로 다시 들어갈 기회도 없었다. 하여, 나는 아직도 내 신분을 모른다. 여전히 블랙리스트에 올라 있으리라 짐작만 할 뿐.

2021년 2월 1일 쿠데타 뒤, 나는 여전히 국경 개구멍을 통해 '불법'으로 버마 소수민족해방전선과 망명 지하 민족통합정부를 드나들고 있다. '합법'의 날을 기다리며!

'오월병'이 도지다

2016년 1월 20일
자까르따Jakarta | 인도네시아

·
·
·

괜스레, 기운이 없고 온몸이 으슬으슬
드러누워 멀뚱멀뚱 보꾹만 쳐다본다
또, 그날이 오는가 보다
해마다 이맘때면 어김없이 찾아드는 불청객,
한 사나흘 골골댈 게 뻔한데
도무지 정체를 알 수 없다
때맞춰 도지는 몸살인지 열병인지,
이도 저도 아니면 가슴앓이인지
내 몸이 보내는 오월의 신호, 그저 '오월병'이려니…

내게 피로 물든 아시아의 오월은 학교였고 스승이었다.
1992년 오월 방콕에서 나는 기자로서 가야 할 길을 익혔다.

1998년 오월 자까르따에서 나는 기자로서 설 자리를 배웠다.

그리고, 1980년 오월 광주를 저버리지 않겠노라 다짐했다.

어쩌면, 오월병은 내 망각에 퍼부은 앙갚음인지도 모르겠다.

어쩌면, 오월병은 빗나간 나를 타박하는 죽비인지도.

에넘느레한 몸과 맘에 하루 휴식을 주기로. 잡힌 약속도 일도
다 접고 점심나절 느지막이 일어나 커피 한 잔을 들이켠다. "뭘 할
까?" 가리산지리산, 뭉갠 하루가 정작 근심거리로. 어영부영 호텔
을 나서 거리를 기웃기웃. 몸은 흐물흐물 정신은 가물가물.

"형, 엠뻬엘MPR(국민협의회)³ 가는 길인데 커피 한 잔 어때?" 고
맙게도 《뗌뽀》 기자 아흐맛 따우픽Ahamad Taufik이 때맞춰 전화를.
곧장 택시를 잡아탄다.

텅 빈 국민협의회 마당, 아지랑이 타고 '1998년 5월 18일' 곡
두가 밀려온다.

비에 젖은 숱한 얼굴이 어른거리고, <인도네시아 라야Indonesia
Raya(위대한 인도네시아)>가 귀를 때린다.

....

3　인도네시아 공화국 국민협의회. 국민대표회의DPR 575석과 지역대표회의DPD
　　136석으로 구성한 입법부. 수하르또 독재 시절 국민협의회는 최고의사 결정기
　　구로 악명 떨쳤다.

인도네시아, 따나 아일꾸(인도네시아, 내 조국)

따나 뚬빠 다라하꾸(내 피로 세운 땅)

디 사나날라하 아꾸 버러디리(그곳에 내가 있네)

자디 빤두 이부꾸(조국의 길잡이가 되고자)

인도네시아, 꺼방사안꾸(인도네시아, 내 나라)

수하르또 독재 32년이 막다른 구석에 몰린 그 날은 아주 긴 하루였다. 아침 일찍 출정식을 마친 대학생들이 중무장 군인이 가로막은 자까르따 도심을 뚫고 독재의 상징인 국민협의회로 향했다.

1200시, 국기 벤데라 메라 뿌띠Bendera Merah Putih(적백기)를 앞세운 인도네시아대학UI 학생들이 군인과 실랑이 끝에 국민협의회 정문을 열어젖혔다. 이어 각 대학 상징 옷을 걸친 학생들이 떼지어 밀려들었다.

1400시, 국민협의회 마당을 빼곡히 메운 1만 학생이 외쳤다.

"수하르또 퇴진!" "족벌, 공모, 부패 척결!" "개혁, 개혁, 개혁!"

1500시, 학생들이 일어나 국민협의회 본관으로 향했다. 맞은편 담벼락에 진 친 해병대가 대검 꽂은 총부리를 앞세우고 학생들을 향해 한 발 한 발 다가갔다. 200m, 100m, 70m, 학생과 해병 사이 틈이 점점 줄어들었다.

50m, 다가오는 불길함, 어른거리는 핏빛 충돌, 기자들이 하나둘 그 틈새로 뛰어들었다. 이내 서른 남짓 기자가 해병대 앞에 나

란히 자리 잡았다.

"제자리걸음!" 해병대 지휘관 명령이 떨어졌고 대원들이 총부리를 내렸다. 마이크를 든 학생 지도자가 외쳤다. "기자 여러분 고맙습니다." 시위대에서 박수와 함성이 터져 나왔다. 이어, 열댓 학생이 해병대로 다가갔다. 긴장한 해병대가 총부리를 올리는 순간, 학생들이 해병대 가슴팍에 장미를 꽂았다. 머쓱하니 학생과 해병대가 손을 잡았다. 충돌 없는 대치선, 버티기에 들어갔다.

1700시, "국민협의회 본관으로!" 함성과 함께 학생들이 대치선을 밀어붙였다. 유혈 충돌을 떠올리는 찰나, 뜻밖에 해병대가 순순히 길을 터주었다. 학생들은 "시민의 군대 해병, 해병, 해병"을 외치며 아무 탈 없이 국민협의회 본관을 점령했다.

자유의 눈물, 해방의 물결이 뜨거운 포옹으로 이어졌고 지붕에 오른 수백 학생이 "시민 승리!"를 선언했다. 그렇게 수하르또 32년 독재가 무너져내렸다.

나는 벅찬 가슴으로 그 현장을 기록했다. 학생들과 <인도네시아 라야>를 함께 부르며 흐르는 눈물을 감추려 애쓰지 않았다. 쏟아진 빗줄기가 아니었더라도.

그리고 사흘 뒤, 5월 21일 수하르또가 물러났다. 여섯 달에 걸쳐 인도네시아 폭동과 정변을 쫓았던 내 취재의 제1막도 끝났다. 제2막은 하루도 쉴 틈 없이 그날부터 바하루딘 유숩 하비비 대통령 과도정부, 1999년 7월 총선, 10월 첫 민주 선거를 통해 압두라흐만 와히드 대통령 정부가 태어나기까지 열일곱 달 동안 이어졌다. 그사이 나토의 유고 침공(코소보전쟁) 취재로 두어 달 자리 비운 걸 빼면 꼬박 2년을 인도네시아 정치판에 매달렸다. 이어 동티모르 독립과 맞물린 인도네시아 정국을 거쳐 2001년 와히드 대통령 탄핵과 메가와띠 수까르노뿌뜨리 대통령 정부 출범까지 쫓고 제3막을 접었다. 거의 4년에 걸친 취재였다.

그렇게 인도네시아 민주화 길목을 시민과 함께 걸었던 나는 그 5월 18일 국민협의회를 늘 가슴 한쪽에 담고 살았다. 무엇보다, 그날 나는 대치선 경험을 통해 현장기자가 서야 할 자리를 깨달았다. 그 현장에서 나는 기자로서 평생 써먹어야 할 '비법'을 배운 셈이고, 행여 입을 열면 그 비법이 사라져버릴까 두려워 가슴에 묻었다.

가끔 인도네시아 신세대 기자들이 그 '대치선의 전설'을 물을 때도 나는 그냥 웃어넘기곤 했다. 기자를 주인공인 양 입에 올린다는 게 마뜩잖았던 탓이다.

한데, 그 대치선 경험을 무용담처럼 술판 안줏거리로 들먹인 자들이 없진 않았던 모양이다. 21년이 지난 오늘, 누군가 흑책질에 국민협의회 역사가 비틀리지 않기를 바라는 마음으로 여기 기록을 남긴다. 사실은 그 대치선의 경험도 "해병대가 왜 총부리를 거두고 국민협의회를 학생들한테 넘겼는가?"란 의문에서부터 출발한다.

그날, 국민협의회 마당을 점령한 학생들 농성이 길어지자 기자들은 본관 앞 계단에 둘러앉아 상황을 살폈다. 2시 30분쯤 나는 카메라맨을 데리고 본관 왼쪽 담벼락에 진 친 해병대를 취재하고 있었다. 3시쯤 학생들이 국민협의회 본관으로 향하자 해병대도 곧장 자리를 박찼다. 나는 카메라맨과 함께 해병대 제1진을 마주 보고 촬영하며 자연스레 대치선으로 들어섰다.

이윽고 대치선이 좁혀지자 기자들이 하나둘씩 달려 나와 해병대 앞에 줄지어 섰다. 그렇게 해서 마치 기자들이 해병대를 가로막는 듯한 그림이 나왔다. 으레, 충돌 직전 대치선으로 기자들이 뛰어든 게 흔찮은 일이었던 것만큼은 틀림없다. 더구나 발포 명령이 떨어진 군의 유혈 진압과 폭동으로 1천 웃도는 희생자가 난 험악한 자까르따고 보면 기자들이 제법 간 큰 짓을 한 셈이었고.

여기까진 본관 계단 바로 앞에 대치선이 펼쳐지면서 기자들 취재 동선이 자연스레 그 틈새로 쏠렸다고 볼만한데, 이내 분위기가 달라졌다. 느낌이란 게 있다. 서로를 쳐다보는 기자들 눈빛엔 물러서지 않겠다는 맘이 묻어났다. 말없이 통하는 현장, 콧등이 찡했다. 꿋꿋하면서도 신나는 현장기자들의 그 자부심은 참 멋지고 아름다웠다!

놀랄 일은 그다음에 벌어졌다. 기자들과 마주친 해병대가 뜻밖에 총부리를 내렸다. 의지를 시험당하지 않아도 된 기자들은 내남없이 가슴을 쓸어내렸다. 이어 기자들은 영문도 모른 채 학생들한테 박수를 받았다. 10m 남짓 대치선 한복판에서 담배를 꼬나문 기자들은 저마다 고개를 갸웃거렸다. "왜 해병이 총부리를 내렸을까?"

이게 그 대치선 전설의 전모다. "용맹한 기자"니 "해병을 굴복시킨 기자"니 "조직적으로 맞선 기자"니 따윈 누군가 부풀린 헛소리다. 터무니없는 전설일 뿐.

오히려, 나는 그 대치선의 경험에서 풀기 힘든 숙제를 떠안았다.

"해병대가 왜 국민협의회를 포기했을까?"

저만치 따우픽이 건들거리며 다가온다.

"형, 그날 기억해? 자까르따 오월은 아직 안 끝났어!"

국민협의회 마당에 이는 바람이 곡두를 쓸어간다.

정신이 번쩍 든다.

　　　　해병대, 왜 총부리를 거뒀는가?

1998년 3월 10일, 국민협의회가 32년째 권력 휘둘러온 수하르또 대통령의 임기를 2003년까지 보장하는 제7차 연임을 추인했다. 1997년부터 몰아친 경제위기에 가뜩이나 시달려온 시민사회가 들끓었다.

　기어이 5월 4일, 성난 메단Medan 시민이 길거리로 뛰쳐나왔다. '꺼루수한 메이Kerusuhan Mei(5월 폭동)', '뜨라게디 1998Tragedi 1998(1998년 비극)', '뻐리스띠와 1998Peristiwa 1998(1998년 사건)'로 불러온 인도네시아 오월의 신호탄이었다.

　수하르또는 메단 시위를 무력 진압한 하루 뒤인 5월 9일, G15(15개 개발국) 정상회의가 열린 이집트로 날아갔다. 곧장, 수하르또의 공백에 희망 품은 학생들이 시위 강도를 높였다. 5월 12일, 그동안 정치 무풍지대였던 뜨리삭띠대학 시위에서 학생 넷이 저격병 총에 맞아 숨졌다.

　이튿날부터 정체불명 폭도들이 중무장 진압군을 비웃듯 은행, 백화점, 상가를 불 지르고 약탈했다. 도시 기능이 마비된 자까르따는 무법천지로 변했다. 한 주 만에 1000여 명이 목숨을 잃었고 1억6000만 달러 웃도는 재산 피해를 낸 폭동은 15일 수하르또가 돌아오면서 잦아들었다.

　폭동이 숙지자 다시 일어난 학생들이 18일 국민협의회를 점령했고, 사흘 뒤인 21일 수하르또가 물러나 32년 독재의 막이 내렸다. 국민협의회를 점령했던 학생들은 23일 해병대의 안전보장 약속과 함께 평화롭게 떠났다.

줄곧 그 현장을 지켰던 나는 해병대에 꽂혔다.

'왜 해병대가 총부리를 거뒀을까?'

'왜 해병대가 국민협의회를 학생들한테 넘겼을까?'

'누가 해병대한테 그 명령을 내렸을까?'

'오월 정국에서 해병대의 자리는 어딜까?'

나는 해병대를 안고 씨름했다. 하지만 해병대는 "때 되면!"을 되뇔 뿐 당최 입을 안 열었다. 권력투쟁으로 정신 나간 군부도 독재 잔재가 여전히 날뛰는 정치판도 다들 몸 사리며 손사래 쳤고.

그러다 1999년 10월 인도네시아 첫 민주 선거로 대통령이 된 압둘라흐만 와히드가 새 정부를 꾸리고부터 그나마 귀동냥을 조금씩 얻을 수 있었다. 더 또렷이 말하자면, 2000년 2월 와히드 대통령이 나와 단독인터뷰를 통해 인도네시아 현대사의 금기였던 1960년대 반공학살 사건과 군부 개혁 사안을 공개적인 장에서 초들고부터였다. 그 인터뷰가 내게 '보증서' 노릇을 해준 셈이었다.

여기서 1998년 5월 정국의 밑절미를 잠깐 짚고 가자. 1966년, 초대 대통령 수까르노Sukarno를 감금한 채 권력을 쥔 수하르또 소장은 군부의 이중기능을 담은 이른바 '드위풍시Dwifungsi' 정책을 연장 삼아 장기집권 발판을 깔았다. 군부는 군대 기능과 더불어 입법부(의회 내 군부 지정석 20%), 사법부(군 지명 판사), 행정부(장관, 주지사, 시장, 외교관, 국영기업 사장 지명)까지 모조리 손에 쥔 대가로 수하르또한테 충성 경쟁을 벌였다.

그러나 영원할 것 같았던 수하르또는 결국 1998년 5월 시민항쟁 앞에 무너졌다. 그즈음 정가에선 수하르또 공백을 노린 군부의 권력 투쟁설이 나돌며 최고사령관 위란또 장군Gen.Wiranto과 수하르또의 사위이자 폭동 배후로 찍힌 전략예비사령부Kostrad 사령관 쁘라보워 수비안또 중장Lt.Gen Prabowo Subianto한테 눈길이 쏠렸다.

특히 야심과 조건을 두루 갖춘 쁘라보워의 쿠데타설은 오늘내일할 만큼 긴장감을 키웠다. 최대 병력을 지닌 전략예비사령관 쁘라보워는 그해 3월 자신이 물러난 특전사Kopassus 사령관에 오른팔인 무흐디 쁘르워쁘란조노 소장Maj.Gen Muchdi Purwopranjono을 박아둔 데다, 사관학교 동기인 자까르따관구사령부Kodam Jaya 사령관 사프리 삼수딘 소장Maj. Gen Sjafrie Samsoeddin을 왼팔로 끼고 있었으니.

5월 내내 흘러 다닌 그 쿠데타설은 수하르또 퇴진 하루 뒤인 5월 22일, 대통령 자리를 물려받은 전 부통령 하비비가 국방장관 겸 최고사령관 위란또의 연임을 추인하면서 싱겁게 끝났다. 그날 위란또는 쁘라보워를 반둥의 육군지휘참모대학Seskoad 교장으로 발령했고, 전략예비사령관 후임에는 자신의 최측근인 조니 루민땅 중장Lt.Gen Johny Lumintang을 심었다. 동시에 쁘라보워의 오른팔인 특전사령관 무흐디도 대기 발령으로 무장해제시켰다.

전광석화 같은 그 군 개편은 수하르또가 물러난 5월 21일 밤 사건이 빌미였다. 쁘라보워는 특전사령관 무흐디와 자까르따관구사령관 사프리를 거느리고 대통령실 허가도 없이 하비비를 찾아갔다. 무력시위에 놀란 하비비의 연락을 받고 뿔난 위란또는 다음날 바로 쁘라보워의 보직을 깼다. 22일 밤, 쁘라보워는 다시 둘을 데리고 하비비를 찾아가 인사에 대한 불만으로 계급장과 지휘봉을 내던지며 극단적 항명을 했다.

돌이켜보면 위란또는 일찌감치 쁘라보워 제거를 노리고 있었다.

"군 안팎 통틀어 누구든 내 군대를 만나고 싶지 않다면 불법행위를 멈춰야 한다. 폭동 배후도 곧 밝히고 책임을 물을 것이다." 5월 13일 나와 인터뷰에서 위란또가 에둘러 한 말인데, 내 귀엔 그 배후가 '쁘라보워'로 또렷이 들렸다.

이런 5월 정국과 맞물린 군부의 권력투쟁 속에서 해병대KORMAR를 볼만하다. 쁘라보워는 오래전부터 특전사에 유일하게 맞설 수 있는 해병대를 한패로 끌어들이고자 애썼다. 수하르또의 사위로 막대한 지원을 받아온 쁘라보워는 특전사령관 시절인 1995년부터 1998년 초까지 물자와 재원을 해병대에 기부하며 손길을 뻗었다.

그러던 1997년 정국이 혼란에 빠져들자 쁘라보워는 육군지휘참모학교에서 인연 맺은 해병사령관 수하르또 소장Maj.Gen.Suharto(대통령과 동명이인)한테 두 군대의 결속을 제의했다.

"해병대 각 단위 부대에 특전사를 파견해 두 군대가 (폭동 진압) 공동작전을 하자." 쁘라보워는 감춰온 꿍꿍이를 숨김없이 드러냈다.

"해병대와 특전사는 본질부터 다르다. 우린 국민 향해 총 든 적도 없고 원치도 않는다. 우린 오직 침략군과 싸울 때만 투입하는 전투부대다." 그동안 쁘라보워의 호의를 수상쩍게 여겨온 수하르또 사령관은 진자리에서 마다했다.

나는 이 둘의 대화를 이듬해 5월 벌어진 군부의 권력투쟁, 그 암투를 읽는 중대한 갈피로 삼았다. 그리고 해병대가 5월 정국의 한복판에 있었던 사실을 찾아냈다.

바깥세상엔 안 드러났지만, 해병대를 거느린 해군총장 아리프 꾸스하리아디Adm.Arief Koeshariadi 제독이 바로 그 심장이었다.

5월 13일, 헬리콥터로 출장길에 오른 아리프는 불타는 자까르따를 내려다보며 혀를 찼다.

"왜 진압군이 폭동 현장에 출동 안 했는가?"

"대통령궁과 전략지 방어가 왜 이리 허술한가?"

아리프는 부관을 시켜 자까르따 남부 찔란닥에 진 친 해병 제2보병여단장 사프젠 누르딘 대령Col.Safzen Nurdin한테 무전을 때렸다.

"우리 아이들 지금 출동할 수 있는가?"

총장 무전에 놀란 샤프젠은 떨리는 목소리로 대답했다.

"예. 이미 자까르따방위사령부에 지원했습니다."

"뭘 지원했나?"

"작전 가용 병력을 모두 투입했습니다."

"PT-76, BRT-50(수륙양용 탱크)은?"

"중화기는 여단 본부에 있습니다."

자까르따방위사령관을 겸한 자까르따관구사령관 사프리 삼수딘 소장의 지원 요청에 병력을 파견한 해병 제2보병여단은 자신도 모르는 사이에 권력투쟁에 말려들었다. 바로 이 대목에서 쁘라보워와 해병대 사령관 수하르또 대화를 되짚어볼 만하다. 원칙과 중립을 지키는 해병대를 자신의 손아귀에 넣을 수 없다고 판단한 쁘라보워는 해병대 병력을 분산시켜 결정적 순간에 힘쓸 수 없도록 만들겠다는 속셈이었다.

실제로 쁘라보워와 한패인 사프리는 해병대 지원 병력을 전략지가 아닌 한갓진 곳에 배치했다. 수륙양용탱크를 비롯한 해병대 중화기를 제2여단에 묶어놓은 것도 그 일환이었다.

제2보병 여단장 보고에 심상찮은 낌새챈 아리프 제독은 다시 수라바야Surabaya의 까랑삘랑에 진 친 해병 제1보병 여단장 아하맛 리파이 대령Col.Ahmad Rifai한테 무전을 때렸다.

"탱크, 장갑차, 완전무장 병력, 즉각 출동하라."

깜짝 놀란 아하맛 대령이 되물었다.

"작전지역은 어디입니까?"

"자까르따!"

"당장은 공수에 어려움이 있습니다."

아하맛 대령 고민에 아리프는 곧장 해군 항공대를 불렀다.

"'고속작전'으로 해병대를 자까르따까지 수송하라."

해군 항공대는 단박에 해병 보병대대와 장비를 654km 떨어진 자까르따의 할림 삐르다나꾸수마 공군기지로 실어날랐다.

아리프는 해병 제1여단 보병대대가 자까르따에 닿자마자 대통령궁과 국민협의회를 비롯한 핵심 전략지에 투입했다. 제1여단 기갑 요원들은 제2여단 본부에 묶여 있던 탱크와 장갑차까지 모두 끌고 나와 전략지를 장악한 보병대대 뒤를 받쳤다. 자까르따관구사령관 샤리프의 지휘를 받던 해병 제2여단 소속 3개 대대 병력도 수라바야에서 온 제1여단 형제와 합류했다.

"어떤 경우에도 시민 희생 막아라!"

아리프는 해병대에 시민 보호를 명령했고 돌발 상황을 대비해 자까르따 앞바다 딴중 쁘리옥Tanjung Priok에 배치한 해군 함정을 배치했다.

"함포는 모든 군사 거점과 전략 요충지를 겨냥해 상황 발생 시 해병대를 지원하라!"

그렇게 폭동 진압을 핑계로 자까르따 곳곳에 군대를 박아 포스트-

수하르또를 노려온 위란또와 쁘라보워는 뜻밖에 해병대라는 복병을 만났다. 결국, 자까르따에 주둔한 두 진영의 육군과 달리 최신 중무장 탱크와 장갑차에다 고도로 훈련받은 2개 여단 병력 4000 해병대 앞에서 위란또와 쁘라보워는 꿈을 접을 수밖에 없었다.

자까르따 5월 정국에 해병대 투입 명령을 내린 아리프 제독의 판단은 쿠데타설을 잠재우며 인도네시아 현대사의 흐름을 돌려놓았다. 그러나 아리프는 현실에서도 역사에서도 환영받지 못했다. 한 달 뒤인 6월, 국방장관 겸 최고사령관 위란또는 아리프 해군총장을 해임했다.

"만약 1998년 5월 해병대(해군)가 권력투쟁에 끼어들었다면, 그리하여 쿠데타에 휩쓸렸더라면 인도네시아 현대사는 어디로 흘렀을까?"

이 중대한 의문을 던지게 한 해병대는 기억에서도 기록에서도 사라졌다. 인도네시아 현대사는 5월의 해병대에 눈길 한번 준 적 없다. 해군총장 아리프 제독이나 해병대를 영웅으로 만들자는 뜻이 아니다. 원칙을 지킨 해군총장, 중립을 지킨 해병대는 주어진 몫을 했을 뿐이다. 그러나 이들을 빼고는 자까르따의 5월을 오롯이 말할 수 없다.

해병대가 왜 국민협의회에 투입되었나?
해병대가 왜 학생 앞에서 총부리를 거뒀나?
해병대가 왜 학생들한테 국민협의회를 넘겼나?
누가 해병대한테 명령을 내렸나?
내겐 이 5월의 의문을 풀기까지 제법 많은 시간이 걸렸다. 그리고 기억한다. 5월 항쟁에서 해병대는 시민을 건드리지 않았다. 사람들은 그 해병대를 "시민의 군대"라 불렀다. 비록 해병대의 속내를 아는 이는 아무도 없었지만.

7

전선 사람들

나는 해방과 자유를 꿈꾸며 역사를 굴려온 숱한 벗들과
한 시대를 고민할 수 있었다.
내 직업이 내린 무거운 명령이자 값진 선물이었다.
내겐 더할 수 없는 명예였다.
내 직업을 배신할 수 없는 까닭이었다.

—2021년 12월 8일. 사타반깐리엔루프아뿌양촌(모두를 위한 배움 연구소) 강연에서

테러리스트의 눈물

2021년 5월 25일
모에이강 | 타이-버마 국경

．
．
．

오랜만에 맞은 한갓진 아침,

먹구름 드리운 모에이강 기슭에 앉는다

우린, 말없이 꼬무라Kawmoora 물돌이만 바라본다

잔잔히 이는 기억을 건지며 옴나위없는 시간을 붙들어 맨 채

까렌민족해방군KNLA 난공불락 요새, 버마 정부군 파상공세를 견뎌낸 10년, 세계게릴라전사에 기록된 최대 격전지…. 이 꼬무라 기지 최후의 날[1]은 내게도 아픔으로 남았다.

1995년 2월 21일 동틀 무렵, 꼬무라는 불길에 휩싸여 가쁜 숨을 헐떡였다. 두 달 동안 1만 병력으로 밀어붙인 정부군에 맞선 까렌민족해방군 1천 전사들에게 최후의 시간이 다가오고 있었다. 나는 타이 국경수비대에 막혀 발만 동동 굴렸을 뿐, 꼬무라의

마지막을 함께 할 수 없었다. 꼬무라를 드나든 유일한 기자였던 내 자부심도 까렌의 상징과 함께 한없이 무너져내렸다.

"형, 또 그날 생각하지?" 탄케Than Khe가 넌지시.
"아, 저긴 자네들 고향이기도." 속내 들킨 나는 어물쩍.
1988년 11월 1일 꼬무라 기지에서 깃발 올린 버마학생민주전선ABSDF, 반독재 민주화를 외치며 무장투쟁에 뛰어든 애송이 혁명 전사였던 탄케와 병아리 전선기자였던 나의 세월도 어느덧 33년. 우리는 인연이란 끈에 묶여 여기까지 왔다.

"그나저나 시민이 총 들었는데 자네들은 어떻게 할 건가?"
어색한 침묵을 깬다는 게 괜스레 거북한 분위기를.
"다, 우리 탓. 못난, 우리, 88세대가, 시민을, 또⋯."
뜸 들이던 놈의 말이 끊겼다 이어지길.

---

1 꼬무라전투Battle of Kawmoora. 1994년 12월 19일, 버마 정부군이 까렌민족해방군KNLA의 상징이자 최대 전략 요충지인 꼬무라 기지를 공격해 두 달 동안 이어진 치열한 전투였다. 결국 꼬무라 기지는 1995년 2월 21일 정부군한테 함락당했다. 이 전투에서 까렌민족해방군은 221명 전사했고 220명이 중상을 입었다. 버마 정부군은 전사자 131명과 전상자 302명을 기록했다. 그렇게 해서 정부군은 1980년대 중반부터 2천 전사자를 내면서 집요하게 공격했던 꼬무라를 손에 넣었다. 그로부터 정부군은 꼬무라를 까렌민족연합KNU에서 떨어져나온 까렌민주불교도군DKBA한테 넘겨 대리 점령해왔다.

"젊은이들 길바닥으로 내몰았으니, 미안하고 또 미안하고."

목이 멘 놈은 끝내 말을 못 잇는다.

감성적인 반군 지도자, 버마학생민주전선 의장 탄케는 예나 이제나 눈물이 잦다. '조국', '어머니' 같은 말만 나오면 곧장 눈시울이 붉어지는 게.

한 맺힌 게릴라의 눈물을 나는 투쟁 동력으로 보았다. 내가 만나온 이들은 다 그랬다. 아쩨 독립투쟁을 이끈 자유아쩨운동GAM 사령관 무자끼르 마나프도, 동티모르 독립투쟁 지도자 샤나나 구사망Xanana Gusmão도, 아프가니스탄 대소항쟁 영웅 아흐맛 샤 마수드도 툭하면 눈물이 고이곤 했다. 해방·혁명전선은 차가운 이성보다 어쩌면, 뜨거운 감성을 지닌 이들 몫인지도 모르겠다.

"참, 매달렸던 소설은?"

놈의 어깨를 두드리며 화제를 돌린다.

"원고 넘기자마자 쿠데타 터져 출판사가 지하로."

"세상에 나오려면 한참 걸리겠군. 책 제목은?"

"『소설 속 일기, 일기 속 소설』"

혁명과 소설, 얼핏 낯선 이 두 종목을 놈은 지독히 쫓아왔다.

"내게 의과대학은 성적표였을 뿐, 본디 소설가가 꿈이었어."

1988년에 멈춰버린 쉰여섯 먹은 '아이의 꿈' 가운데 하나가 이뤄지나 했더니 2월 1일 쿠데타로 물 건너갔다. 놈은 버마 전역 고등학교를 통틀어 1등부터 480등까지 날고 긴다는 아이들로 채워온 랭군(남부 학생)과 만달레이(북부 학생) 두 의과대학 가운데 후자 출신이다.

1988년 민주항쟁에 뛰어든 놈은 한 학기를 남기고 군사정부의 체포령에 쫓겨 인디아 국경을 넘었다. 그게 1989년 2월이었다. 놈은 인디아-버마 국경 무인지대에 닿자마자 학생군을 조직했으나 현실은 만만찮았다. "정작 총 한 자루 없이 먹을거리를 찾아 헤매는 부랑아 신세"가 되고 말았으니.

이듬해 뉴델리로 옮겨 정치 투쟁에 몸담았던 놈은 1994년 중국과 국경을 맞댄 까친독립군KIA 해방구에 진 친 북부 버마학생민주전선ABSDF-North으로 건너갔다. 까친 해방구에서 야전병원을 차려 주민과 전사를 돌보던 '무면허' 의사 탄케는 2001년 버마학생민주전선 의장에 뽑혀 오늘까지 조직을 이끌고 있다.

"팔자에 없는 지도자 노릇 이젠 진짜 그만두고 싶어!"

"잘됐네. 올해가 4년째니 대의원대회도 있고."

놈의 팔자타령은 대의원대회가 다가오면 어김없이 도졌다.

"정국 탓에 아직 날짜도 못 잡았어."

"하긴, 대회 연들 떠나도록 내버려두지도 않겠지만."

"족쇄야. 올 땐 자유였지만 떠날 땐 맘대로 못하는."

"소설도 쓰고 공부도 하고 싶은데…."

혁명가의 이 인간적인 푸념, 10년도 넘게 들어온 말이다.

"민주전선에서 보낸 세월만 33년, 자넨 할 만큼 했다."

늘 그랬듯, 오늘도 나는 놈의 말에 맞장구질을.

"네가 원하는 길로 가라. 아무도 너를 못 나무랄 테니."

열없다. 말이 외려 허무함만 더 키울 뿐. 나는 버마학생민주전선을 누구보다 잘 안다. 이번에도 놈이 떠날 수 없다는 사실까지. 놈의 바람이 이뤄지길 비는 마음과는 달리.

멈춘 시간을 강물에 풀어주고 자리를 턴다. 매솟Maesot 들머리 산마루 커피숍에서 우리는 버마를 굽어보며 현실로 되돌아온다.

"무장투쟁 나선 시민이 군사훈련 받겠다며 국경으로 몰려드는데?" "걱정이야. 돕긴 해야겠고 형편은 만만찮고." "학생군 기지엔 얼마나?" "1차 50명을 기초 군사훈련시켜 돌려보냈어." "무기는?" "우리도 모자라는 판에 그건 힘들고." 놈의 고민이 뾰족 선 눈썹 언저리에 몰린다.

"한데 망명 지하 민족통합정부NUG와 버마학생민주전선 관계는?" "아직 조직 차원은 아니고 내가 개인적으로 도울 수 있는 선에서." "자네가 지하 정부 무장투쟁에도 한몫하겠지?" "아, 그런 건 아니고…. 우린 그쪽과 달리 나름대로 싸워야 하는 조직이니." 탄케는 손사래 치지만, 전쟁 경험도 국경 정보도 없는 지하 정부한테 놈은 그야말로 든든한 발판이다. 게다가 지하정부의 무장투쟁을 이끄는 국방장관 이몬Yee Mon이 탄케의 만달레이의과대학 1년 후배로 1988년 민주항쟁 때부터 함께 싸워온 인연도 뒷 배로 한몫했고.

"서로 서먹서먹한 지하 정부와 소수민족해방군 사이에 다리 노릇이라도 해야지." 이게 탄케의 몫이고 가치다. 국경으로 숨어 든 지하정부의 무장투쟁 선언을 모두가 여전히 긴가민가 톺아보 는 불신감 속에서 그동안 소수민족해방군들이 인정해온 버마인 조직은 오로지 버마학생민주전선 뿐이므로.

"지난 5월 5일 창설한 지하정부의 민중방위군PDF과 학생군 이 함께 할 건가?" "연합전선은 아니고 우린 나름대로 도시 게릴 라전을. 이미 까친주의 북부학생군을 중부 만달레이까지 작전 반 경에 넣고 투입했어." 탄케가 "아직은 극비"라며 밝힌 말은 지난 33년 동안 국경전선에서만 싸워온 버마학생민주전선이 처음 도 시 게릴라전에 뛰어들었다는 뜻이다. 이건 버마 현대사에 담을 새로운 기록이다. 60년 웃도는 반군부 항쟁을 통틀어 여태 소수 민족해방군을 비롯한 어떤 무장조직도 버마 안으로 치고들어간 적이 없었으니.

"그나저나 이번 시민항쟁이 학생군 덩치 키울 기회 같더군?" "아냐. 33년 전 우린 어쩔 수 없었지만 신세대한텐 절대 국경 무 장투쟁 대물림 안 할 거야." "이건 단기전 아니다. 여전히 국경 투 쟁 필요할 텐데?" "죽이 되든 밥이 되든 이젠 도시에서 싸워야 해. 국경 희생 닦달할 수 없어."

지난 33년 동안 독자적 해방구 없이 소수민족해방군 진영에 더부살이하며 국경 무장투쟁의 한계를 뼈저리게 느낀 탄케 얼굴에는 1천 웃도는 목숨을 민주혁명전선에 바치고도 눈길 한 번 제대로 못 받은 버마학생민주전선의 외로움이 묻어난다.

"이번이 마지막이야. 또 쓰러지면 다시는 못 일어나. 나도 시민도 모두 최후를 준비할 때야. '1988년 실패'를 되풀이할 수 없어!" 탄케 입에서 고갱이가 튀어나온다. 1988년 실패, 2021년이 반드시 되짚어야 할 화두다.

"1997~1998년 봄, 전국 대학 반독재 민주화운동 / 1988년 7월, 독재자 네윈 장군(1962~1988) 퇴진 / 8월 8일, 8888 전국 시민봉기 / 9월, 소마웅Saw Maung 장군 쿠데타. 청년·학생 체포령 피해 국경으로 탈출 / 1989년 7월, 아웅산수찌와 민족민주동맹NLD 비롯한 야당 정치인 감금 / 1990년 5월, 민족민주동맹 총선 승리 / 7월, 군부의 총선 부정. 민정 이양 거부 / 국제사회, 버마 경제 제재 / 12월, 망명 버마연방민족연립정부NCGUB 창설."

그리고 버마는 군인들 세상이 되었다. 그 땅엔 독재와 학살과 전쟁만 남았다. 사람들은 1988년 그 실패한 혁명을 잊고 살았다. 33년이 흘러 그 역사는 판박이로 되살아났다. 순서만 몇 군데 바뀌었을 뿐, 1988년과 2021년은 한 치 다를 바 없다. 2021년 버마 정국 해법을 1988년의 실패, 그 아픈 기억 속에서 찾아야 하는 까닭이다.

'군인 독재'

깨부술 적은 하나다
1988년과 한 치 다를 바 없다

'민주화 문제' '소수민족 문제'
버마 사회의 두 기본 모순이자 이 정국의 본질이다
1988년과 한 치 다를 바 없다

'버마시민' '소수민족' '국제사회'
삼위일체, 오늘 버마 정국 해법의 동력이다
1988년과 한 치 다를 바 없다

다들 뻔히 안다
그 가운데 하나만 빠져도 버마의 앞날은 없다
바로 1988년 실패의 가르침이다

커피집 나무 그늘 틈으로 땡볕이 파고든다
아지랑이 너머로 버마가 가물거린다
이젠 산을 내려가야 할 때가 되었다
우린 알 수 없는 '다음'을 향해 길을 나선다
또렷한 건 오직 하나,
버마 현대사는 아직 탄케를 놔줄 맘이 없다
나는 그의 자전적 소설이 더 깊어지길 바라고

'뚜웨이 띳사(피의 맹세)'–행군 35년

1987년 9월, 랭군공대RIT 학생들이 독재자 네윈 장군의 경제 실정과 화폐개혁에 항의하며 거리로 뛰쳐나온 데 이어 10월부터 랭군과 만달레이에서 반정부 시위가 벌어졌다. 1988년 3월, 랭군공대 학생이 경찰 총에 맞아 숨지자 전국 대학이 들고일어났다. 6월 들어 시민항쟁이 버마 전역으로 번져나갔다.

7월 23일, 26년 동안 철권을 휘둘러온 독재자 네윈이 물러났다. 시민사회는 민주화와 개혁을 외치며 8월 8일 전국 총파업 투쟁으로 군부를 밀어붙였다. 이른바 '8.8.88 민주항쟁'이었다. 그러나 시민의 바람은 9월 18일 쿠데타로 권력을 쥔 소마웅 장군의 유혈 진압으로 3천 웃도는 희생자를 낸 채 꺾이고 말았다.

이어 군부의 체포령에 쫓긴 학생과 시민 1만이 타이, 중국, 인디아 국경으로 빠져나갔다. 먹을거리마저 없는 거친 산악 국경에서 생존을 위해 몸부림치던 이들이 뜻을 모았다. 1988년 11월 1일, 까렌민족해방군 꼬무라 기지에 시민 대표 서른아홉이 둘러앉아 닷새 동안 열띤 난상토론을 벌였다.

11월 5일, 낯선 얼굴들이 하나 되어 '뚜웨이 띳사'를 외쳤다.

"맹세, 우리는 조국에 충성한다.

맹세, 우리는 혁명 영웅들에게 충성한다.

맹세, 우리는 평화와 민주화에 목숨 바친다."

그리고 꼬무라 기지에 쿳다웅(싸우는 공작) 깃발을 올렸다.

마침내 버마학생민주전선All Burma Students' Democratic Front, 지난한 투쟁사를 점지한 무장 민주혁명조직이 태어났다. 그로부터 15개 연대로 나눈 학생군 2500명이 '뚜웨이 떳사'를 품고 반독재 무장투쟁에 뛰어들었다. 학생, 교사, 미장이, 땜장이, 시인, 농부, 어부, 가수, 변호사, 의사, 화가, 승려, 사기꾼, 기자…. 몫몫이 사연 지닌 이들이 계급 없고 차별 없는 버마학생민주전선 전사로 거듭났다.

그러나 버마인에 불신감을 지닌 소수민족해방군들은 호락호락 맘을 열지 않았다. 1948년 버마 독립 때부터 중앙정부에 맞서 해방투쟁을 벌여온 소수민족해방군들 틈에서 학생군 희생은 늘어만 갔다. 학생군은 소수민족해방군들이 '적의 적은 동지'란 사실을 확인할 때까지 목숨 건 시험을 당했다.

"총도 없이 지뢰밭에 앞장서게 했다." 윈아웅(101연대)처럼 숱한 이들이 맨몸으로 전선을 갔다. 그렇게 죽음이란 화두가 성큼 다가온 학생군진영엔 전망 없는 나날이 이어지며 패배감이 몰아쳤다. 학생군 사이엔 무장투쟁 회의론이 일었고 적잖은 이들이 국경을 떠났다,

"211연대, 꼬무라 기지 방어 성공!"

1989년 12월 25일, 학생군 본부로 날아든 승전보가 희망의 불씨를 살려냈다. 그 무렵, 꼬무라 기지는 18개 연대 병력을 동원한 버마 정부군한테 여섯 달 넘도록 난타당하고 있었다. 꼬무라 기지에선 또흘라 대령Col.Taw Hla이 이끄는 까렌민족해방군 제101특수대대 300명, 제4여단 지원군 150명 그리고 아라깐해방군ALA 80명과 버마학생민주전선

제211연대 150명이 버마민주동맹DAB 깃발 아래 사생결단 맞섰다.

12월 22일부터 정부군은 하루 5000~7000발에 이르는 온갖 포탄을 퍼부어댔다. 해발 400m 케블루산Mt. Khe Blu에서 120mm 포 24문으로 내리꽂는 정부군 포격은 남북 1.5km 동서 0.6km 손바닥만 꼬무라를 초토로 만들었다. 스웨덴제 84mm 대전차포는 콘크리트와 나무로 덮은 지하 2m 동맹군 벙커를 뚫고 들어 치명타를 입혔다. 벙커 속 동맹군은 모에이강 건너 타이 쪽 보급선마저 끊겨 한 달 넘게 마른 국수와 물로 끼니를 때웠고.

12월 24일 1800시, 정부군 3000명이 땅거미 지는 꼬무라 물돌이 목으로 쳐들어왔다. 꼬무라엔 밤새 불꽃이 튀었다. 25일 0800시, 까렌민족해방군 제4여단 후퇴 명령이 떨어졌다. 물돌이 목을 맡은 제101특수대대는 정부군한테 3면이 포위당했다. 이어 또흘라 대령은 학생군한테 후퇴 명령을 내렸다.

"무기 주시오. 우린 끝까지 싸울 겁니다." 후퇴 명령을 거부한 제211연대 학생군은 쇠사슬로 서로 발목을 묶었다. 또흘라 대령이 결단을 내렸다. "좋다. 여기서 싸우다 함께 죽자."

학생군은 제101특수대대가 물돌이 목에서 정부군과 맞서는 동안 캡틴 흘라웨이 다리Cap.Hla Way Bridge를 낀 북부 방어선을 맡았다. 북쪽이 무너지면 동맹군은 4면이 포위당하는 터였다. 그렇게 해서 전투 경험조차 없던 학생군은 제4여단이 남긴 75mm 무반동포와 0.5mm 기관총을 손에 들고 '실전 사격훈련'으로 방어선을 지켜냈다.

저녁나절, 동맹군의 드센 저항에 300~400명 전사자를 낸 정부군이 물러났다. 전사자 3명과 전상자 15명을 낸 학생군 제211연대는 버마학생민주전선 깃발 아래 최초·최대 승전보를 울렸다. 세계 게릴라전사에 한 획을 그은 이른바 '크리스마스 전투'였다.

까렌민족해방군 사령관 보먀Bo Mya는 또홀라 대령이 요청한 "학생군 무기 지급"에 박수 치며 꼬무라 승리에 화답했다. 이 전투를 통해 비로소 소수민족해방군들이 버마학생민주전선을 동맹군으로 받아들였다. 온갖 설움과 쓰라림 끝에 무장투쟁 발판을 마련한 학생군은 까렌민족해방군, 까레니군, 까친독립군, 몬민족해방군과 함께 반독재투쟁 전선에 올랐다.

그러나 2001년 9/11 사건 뒤 미국 정부가 국제 무장조직을 마구잡이 테러리스트에 올리면서 학생군은 다시 고비를 맞았다. 난데없이 버마학생민주전선은 '테러리스트'로 찍혔고, 탄케는 테러리스트 수괴가 되었다.

"여태 우린 왜 테러리스트가 되었는지 모른다. 2010년 미국 정부가 우리를 테러리스트 명단에서 지우며 '실수였다'고 밝혔을 뿐이다. 사과 한마디 없이." 탄케 말처럼 미국 정부는 실수로도 테러리스트를 만들어 낼 수 있는 '권능'을 지녔으므로!

'술 먹여 놓고 해장 가자 부른다'고 미국 정부가 딱 그 짝이었다. 깊은 비밀을 하나 털어놓자면, 미국 정부는 버마 군사정부와 손잡은 중국을 견제하고자 1990년대 내내 소수민족해방군과 버마학생민주전선 뒤를 받쳤다. 특히, 미국 민주당과 공화당은 이른바 '민주기금'으로 버마학생민주전선한테 돈줄까지 흘렸다.

어느덧 35년이 흘렀다. 그 사이 1천 웃도는 학생군이 버마 현대사의 명령을 좇아 외로운 국경 산악 민주혁명전선에 꽃다운 목숨을 바쳤다. 버마학생민주전선은 세계게릴라전사에 학생군 이름으로 '최장기 투쟁'과 '최대 희생'을 기록했다. 그리고 흰머리 희끗희끗한 오늘도 반군부 무장투쟁 전선을 가고 있다. 하지만 세상은 이 학생군의 민주 대장정에 눈길 한 번 세대로 준 적 없다.

"나는 그 학생들한테 국경으로 가라고 한 적도 없고, 총 들고 싸우라고 한 적도 없다. 무장투쟁은 내 비폭력 평화 노선과 어울리지 않는다." 1995년 가택연금에서 풀려난 첫날 아웅산수찌가 나와의 단독 인터뷰에서 학생군을 모질게 쏘아붙였듯이.

오늘도 탄케 얼굴에 쓸쓸함이 서린 까닭이다
'혁명은 욕망 불사른 재를 먹고 자라나 보다!'
탄케를 볼 때마다 내 믿음이 더 굳어지기만

놈은 한 학기만 더 버티면 버마에서 떵떵거리는 삶이 보장된 '닥터 탄케'로 살아갈 수 있었다. 내 눈으로 그 현실을 똑똑히 보았다. 2012년 12월, 버마학생민주전선이 버마 정부와 휴전협상에서 조건으로 내건 이른바 '현실점검여행' 때였다. 나는 24년 만에 귀향하는 탄케와 버마학생민주전선 대표단을 유일한 외신기자로 동행했다. 그날 탄케 귀향 환영연을 베푼 만달레이의과대학 동창들은 저마다 풍요로움이 넘쳐흘렀다. 24년 세월은 산악 촌놈 티를 풍기는 탄케와 번지르르한 동창들을 겉보기부터 잔인하게 갈라놓았다.

탄켄들 모르랴! 비싼 양주가 도는 거나한 저녁을 마친 놈의 얼굴엔 짙은 외로움이 묻어났다. 나는 말 없이 놈의 어깨를 감싸줬다. 이내 놈의 눈엔 보석 같은 물방울이 맺혔다. 사사로운 욕망을 뿌리친 혁명가만이 흘릴 수 있는 명예로운 눈물이었다.

"국경도 혁명도 다 내 팔자다!" 놈이 입에 달고 산 말이다.

피할 수 없는 숙명으로 여긴 역사, 혁명투쟁의 동력이었다.

나는 탄케 팔자를 핏줄에서 찾았다. 놈은 버마 현대사에 빛나는 싸움꾼 집안 출신이다. 아버지 수윈마웅Soe Win Maung은 만달레이대학 학생회장으로 1962년 독재자 네윈 타도 운동을 이끌었던 주인공이다. 한평생 감옥을 제집처럼 드나든 아버지는 1988년 민주항쟁 뒤 군사법정에서 30년형을 받고 1997년 풀려났으나 감옥살이 후유증 끝에 2000년 세상을 떠났다.

형 탄독Than Doke은 1988년 민주항쟁 도화선을 깐 랭군공대 시위를 이끈 학생운동 지도자로 국경 민주혁명 전선에 뛰어들었다. 형은 버마노동자단결기구BLSO 의장으로 노동투쟁과 동시에 타이 국경에 학교를 세워 교육투쟁을 벌여왔다. 남편과 두 아들을 민주혁명에 바친 어머니 먀탄Mya Than은 만달레이 사회운동가들의 대모 노릇을 해왔다. 이렇듯 버마 현대사를 온몸으로 떠안은 가문의 영광, 탄케 팔자는 그 핏줄의 부름이었다.

어디 탄케뿐이랴!

오늘도 숱한 '탄케들'이 사랑도 명예도 이름도 남김없이 반군부 민주혁명전선을 달린다. 1988년의 그 학생들은 36년이 지난 2024년 오늘도 소리 없이 버마 현대사의 명령을 좇고 있다. 우리는, 세계 시민사회는 '잊어버린 1988년'과 '잃어버린 학생들'을 되찾아야 할 의무를 지녔다. 여기 그 한 자락을 기록에 남기는 까닭이다.

접선

．
．
．

기사 마감이 코빼기 앞인데, 젠장
일손이 안 잡힌다
속은 타들어 가고
'얼음에 소 탄 것 같다'

"꼭 국방장관 잡아야 해. 그쪽은 뭐래?"
"만나긴 힘들고 화상 인터뷰는 받겠다는대."
"그런 유령 인터뷰 말고 얼굴 맞대야 해."
"피해 다니는 몸들이라 힘들 거야."
"쉬운 일이면 자네한테 이리 보채겠나."

버마학생민주전선 의장 탄케 통해 선을 달고 기다린 지 꼭 한 달째. 2월 1일 쿠데타로 쫓겨난 버마 정치인들과 민주진영이 지하에서 망명 민족통합정부를 띄운 게 4월 26일이었으니. 그동안 타이 국경 소수민족 해방구로 몸 숨긴 지하정부 지도부는 신변안전에다 외교 문제가 걸려 아무도 얼굴을 못 내밀었다. 하니, 버마 안팎 언론은 저마다 이 '유령 정부'를 잡겠다며 난리 쳤고.

아침 9시 30분, 타이 국경 매솟 언저리 한갓진 커피숍[2], 민족통합정부 지도부 가운데 처음으로 국방장관 이몬Yee Mon이 얼굴을 드러냈다.

"형, 전에 만났던 거 기억하지?"
탄케가 이몬을 소개하며 대뜸
"아…, 그렇지."
어물쩍 대꾸는 했지만 아슴푸레한 게
"9년 전 짜욱세Kyaukse 우리 집에서."
눈치챈 탄케가 슬쩍 받아넘긴다
긴장한 이몬 입가에 비로소 웃음기가

---

2   2021년 6월 14일치 《한겨레》의 이몬 인터뷰 기사에서는 취재원 보호를 위해 장소와 날짜를 밝힐 수 없었다. 버마 정보원들이 득실대는 국경 지역에서 무엇보다 이몬의 신변안전 문제가 걸린 데다, 버마 군부와 밀월관계인 타이 정부도 국경 소수민족해방구로 피신한 민족통합정부 지도부의 타이 영내 활동을 달갑잖게 여긴 탓이다. 타이군은 '정치 활동 금지' 조건 아래 민족통합정부 몇몇 지도자의 타이 영내 은신을 비밀스레 허락한 상태였다.

그러고 보니 이몬과 구면이다. 2012년이었다. 휴전협정에 앞서 탄케를 비롯한 버마학생민주전선 대표단의 '현실점검여행'을 동행 취재할 때였다. 그날 탄케 귀향 환영 잔치에서 사회운동가였던 이몬을 처음 만났다. 그리고 9년 뒤 이몬은 국방장관으로 나타났다.

"벌써 넉 달쨋데 지하에선 견딜 만한가?"

이몬은 닷새 전 지은 시「국경은 없다」로 처지를 갈음한다

파웅도우(인레 호수)

보리수 둥지를 떠난

뻐꾸기가

일곱 산맥을 질러

일곱 강을 건너

따삐애짜웅(남부지역 개울) 윗물에 다시 나타났다

노래 없이 못 사는 놈은

아침마다 내 머리맡에서 지저귄다

노래 속에 삶이 있다

노래하는 새들은

국경이 없다

민족통합정부 국방장관 이문 타이-바마 국경 ⓒ정문태

필명 마웅띤띳Maung Tin Thit으로 더 잘 알려진 시인 이몬은 뻐꾸기처럼 먼 길을 날아왔다. 1967년 만달레이에서 태어난 이몬은 만달레이의과대학 학생으로 1988년 민주항쟁을 이끌었으며 이후 군사정부에 체포당해 21년형을 받았다. 1998년 수감돼 감옥살이 7년 만인 2005년 풀려난 이몬은 문예지 『빠다욱쁘윈띳 Padauk Pwint Thit』을 창간해 시인으로 내공을 다지는 한편, 환경운동가로 현장을 누비다 아웅산수찌가 이끈 민족민주동맹 통해 정치판에 뛰어들었다.

이몬은 2015년 총선 때 군인 7000명과 경찰 2000명이 도사린 수도 네삐도에서 군부가 내세운 연방단결발전당USDP 후보인 전 국방장관 와이르윈Wai Lwin을 꺾고 하원의원이 되었다. '시인과 군인의 결투'로 큰 상징성을 얻은 이몬은 2020년 총선에서 다시 승리했으나 2021년 2월 1일 쿠데타 뒤 테러리스트로 찍혀 쫓기는 신세가 되었다. 그리고 지난 4월 창설한 지하 망명 민족통합정부의 국방장관으로 민중방위군을 이끌고 반군부 무장투쟁 전선에 올랐다.

진한 커피가 두 잔째, 이야기가 겉돈다. 주거니 받거니 꽤 많은 담배만 죽이고. "군사 경험도 없이 국방장관 맡았는데 괜찮은가?" 이몬은 말없이 고개만 끄덕인다. 질문이 대답보다 길어진다. "몬민족해방군MNLA 출신 제1차관 나잉까웅유앗 대령Col. Naing Kaung Yuat도 도시 게릴라전 경험 없고, 제2차관 킨마마묘

Khin Ma Ma Myo는 평화·안보 연구자다. 지하 정부에 민중방위군 이끌 만한 경험자가 없는데?" 이몬은 말을 삼키며 잡도리한다. "우린 이런 상황 오래전부터 대비해왔다." "시민이 총 든 이 상황을 오래전부터라고?" "내 뜻은 군부의 쿠데타 가능성을." "그 대비란 게 무장투쟁까지 염두에 둔?" "속내를 다 밝힐 순 없지만…." 이몬은 좀체 속내를 안 드러낸다.

"그럼 지하정부의 민중방위군 이끌 사령관은?" "비밀이고, 아직 말하긴 이르다." 이몬은 비밀로 묻었지만, 현재 까렌민족해방군 제7여단 출신 한 장군 이름이 지하에서 오르내린다. 상위 정치조직인 까렌민족연합이 정치적 부담을 안고 받아들일지는 의문스럽지만.

"민중방위군 병력은?" "현재 3천인데, 곧 1만5천으로 키울 계획." "편제는?" "아직은 마을공동체 단위지만 앞으로 버마 전역을 중부와 동서남북 5개 사단으로." "재원은?" "버마 안팎 시민들 지원으로 군사훈련비는 이미 마련했다." "무기는?" "소수민족해방군들과 머리 맞대는 중이고." 이몬의 끊어치는 대답에 당최 살이 안 붙는다. "무기와 군사훈련 건으로 까렌민족해방군, 까친독립군과 얘기는 잘 풀리고 있나?" "오늘은 여기까지만." 이몬은 대답 대신 손사래를.

이몬 대신 답하자면, 현재 까친 출신 민족통합정부 부통령 드와라쉬라가 무기 조달을 놓고 까친독립군과 협상 중이다. 소수민족해방군 가운데 유일하게 무기 공장을 지닌 까친독립군이 한동안 멈췄던 생산 라인을 다시 돌린다는 말도 나돌고.

"현실적으로 지하정부가 기댈 덴 소수민족해방군뿐인데?" "말 그대로 버마 시민과 소수민족 연대가 고갱이다." "소수민족은 국제사회 흐름을 따를 테고?" "해서 우리도 국제 연대 애써왔다." "지하정부의 합법성 추인받을 정부 간 협상은?" "몇몇 정부가 긍정적인 대답 보내왔다. 그동안 버마 민주화 지지해온 체코가 맨 먼저." "정부 차원 지지는 쉽지 않을 텐데?" "며칠 전 튀르키예도 우리 민족통합정부를 인정하겠다고."

"그럼, 군사 문제는 어느 나라와 협의를?" 이몬은 한참 머뭇거리다 입을 연다. "영국과 미국 대사관 통해." 이몬은 뱉은 말이 꺼림칙한지 이내 거둔다. "이건 비밀로 하자." "뭐, 이런 거야 비밀이랄 것도 없다. 아시아 국가들은?" "협의할 대상마저 마땅찮다. 그나마 한국 정부를 기대하는 정도." "그래서 한국 정부와 선은 달았나?" "아직…. 타이 주재 한국대사관을 맘에 두고는 있지만 선이 없어."

인터뷰란 게 몇 마디 던져놓고 상대가 풀어내는 말을 하나씩 캐 들어가야 제맛인데, 두어 시간 혼자 떠들어댄 꼴이다. 외교적, 군사적으로 예민한 몇 대목이 나오긴 했지만 그마저 오프 더 레코드를 쳐 밝힐 수 없는 안타까움도 있고. 모든 게 '극비'고 '보안'

인 지하 정부가 이제 막 출범한 데다 이몬도 국방장관으로서 처음 기자 앞에 나섰으니 몸 사리고 입조심한 걸 아주 이해 못할 바는 아니지만, 아무튼.

"인터뷰가 너무 조심스러워 아쉽다." "우리 상황 이해해달라. 다음에 좀 더 편하게⋯." "무장투쟁도 외교도 지하에선 힘들 텐데?" "버마, 타이 두 정부 틈에서 길이 없으니." "국방, 외교 두 장관만이라도 지상에 나와야 일이 될 텐데?" "지금 우리 정부 안에서도 고민 중이다."

어쨌든, 처음 기자 앞에 나선 간 큰 이몬을 아직은 지켜줘야 할 때다.[3] 좀 더 깊은 속살을 들여다보고 싶지만 여기까지가 한계다. 오늘 만남을 통해 민족통합정부가 적어도 유령이 아니란 사실만큼은 확인했으니 다음을 기약할 수밖에.

이몬을 은신처로 데려다주고 탄케와 함께 매솟으로 되돌아오는 길엔 아쉬움이 길게 따라붙는다. 속은 더 답답하기만. 우황든 소 앓듯!

---

3 여전히 지하에서 무장투쟁을 이끄는 이몬은 나와 인터뷰 뒤 3년이 지난 2024년 8월 오늘까지 단 한 번도 언론 앞에 나서지 않았다. 그 인터뷰가 처음이자 마지막이었던 셈이다.

까레니 해방투쟁, 운명적 자부심

2021년 6월 14일
까레니군Karenni Army 해방구 | 버마

　　　　·
　　　　·
　　　　·

"문태, 붉은 바나나 봤어? 먹어봐. 밀림에서 데려와 키운 거야. 모나무 줄 테니 집에 가서 심어."

　이이와 악수할 땐 늘 손톱에 먼저 눈이 간다. 손톱에 흙이 낀 정치 지도자, 참 흔찮다! 이이 언저리에 손수 가꾼 남새가 널린 까닭이다.

　올해 일흔여섯 에이벌 트윗Abel Tweed, 까레니군(1948년 창설) 사령관을 거쳐 그 상위 정치조직인 까레니민족진보당KNPP(1957년 창당) 의장으로 민족해방전선에서 보낸 세월만도 쉰다섯 해. 거친 전사 냄새를 풍길 법도 한데 얼핏 보면 동네 할아버지다, 늘 웃는 얼굴에 잔정이 넘치는.

　단, 이이의 미소 너머 날아드는 날카로운 눈길, 곧이곧대로 후벼 파는 일매진 말투를 견뎌낸 사람들한텐 그렇다는 말이다. 사실은 독자노선을 걸어온 까레니 정치의 상징이자 버마 민족해방전선의 으뜸가는 고집불통 독설가다. 랭군대학에서 공부한 역사학을 밑절미 삼은 해박한 지식, 까레니군 사령관으로 전선을 달린 경험, 까레니 임시정부를 꾸려온 정치적 혜안…. 이이한테 대거리할 만한 이가 드문 까닭이다.

"고집 없인 민족해방투쟁도 없다."

에이벌이 입에 달고 살아온 이 말은 까레니의 역사다.

"취재는 잘 되나? 길 험해 애먹었지?"

"길이야 옛날 그대론데 몸이 못 따라가니."

"하긴, 자네도 이젠 옛날 같지 않을 걸세."

30년 우정, 우리는 흘러온 세월을 찻잔에 담아 넘긴다.

2021년 2월 1일, 버마군 최고사령관 민아웅흘라잉이 쿠데타로 정국을 뒤엎은 뒤 타이 정부의 국경 폐쇄로 버마 내 모든 소수민족해방군 진영은 철저히 고립당하며 언론 사각지대가 되었다. 그러다 넉 달 보름 만인 오늘, 나는 에이벌 의장 도움을 받아 버마 안팎 언론을 통틀어 첫 기자로 까레니군 해방구에 발을 들였다.

찻잔이 서너 차례 돌면서 자연스레 까레니 정치로 이야기가 옮겨간다. "6월로 잡은 까레니민족진보당 대의원대회는?" "쿠데

까레니민족진보당 의장 에이벌 트윗. 까레니군 본부 나무. ©정문태

타에다 전쟁에다 코로나에다…. 힘들어. 비상체제로 한 반년 더.”
“그럼 차기 지도부는?” “자네한테 말해온 그대로야. 2013년부터
연임했으니 이제 넘겨야지.” 에이벌은 몇 해 전부터 내게 “이번이
마지막이다”며 물러날 뜻을 거듭 밝혔다. “의장 그만두면?” “농사
지어야지. 까레니 역사도 정리하고.”

　“벌써 차기 후보로 현 우레Oo Reh 부의장, 비투Bee Htoo 사령관,
아웅먖Aung Myat 부사령관 이름이 나돌던데, 누굴 미나?” “어디서
들었나? 소식 빠르구먼. 의장이야 대의원들이 알아서 뽑는 거지
내가 누굴 밀겠어.” 에이벌은 고개를 젓지만 “행정, 외교, 교육 따
지면 군인 냄새 좀 그렇지 않겠나 싶어. 이젠 세상도 바뀌었고”라
며 우레 쪽에 기울어진 마음을 에둘러 드러낸다.

　“지금은 그보다 피난민 문제가 큰일이야.” 에이벌은 까레니
사회를 들쑤셔놓은 피난민으로 화제를 돌린다. “쿠데타 뒤 국경
으로 몰려든 피난민만도 벌써 10만인데 무슨 대책이라도?” “우리
한계 넘었어. 갑작스러운 일이라 예산도 없고 국제 구호단체 지
원도 턱없이 모자라고.” 에이벌 얼굴에 짙은 어둠이 깔린다.

　“까레니 사업가들한테 비상 징세라도 좀?” “그게 맘대로 돼?
우리도 법이 있는데. 코로나로 이미 징세도 바닥이야.” “모찌Maw
Chi 쪽 주석광산이나 살윈강 쪽 목재와 수자원 돈줄은?” “다 끝장
났잖아. 모찌는 버마 정부군한테 넘어갔고, 살윈강 쪽은 타이 정
부가 막아버렸으니…” ‘솜뭉치로 가슴 칠 일’이라 했던가, 에이벌

은 답답한 심정을 긴 한숨에 담아 날린다.

"그럼 까레니 경제와 임시정부 예산은 뭘로?" "경제랄 것도 없어. 이젠 기껏 루비광산이 다야. 예산도 재외동포 2만4000명 도움으로 버텨온 거지." 에이벌 말 그대로다. 돈 될 만한 건 버마 정부군이 모조리 삼켜버렸고, 그나마 숨통을 달아온 타이 국경은 코로나로 개구멍마저 막힌 판에 피난민까지 몰려들었으니. 가뜩이나 먹고살기 힘든 까레니는 엎친 데 덮친 꼴.

"어떻게든 사람부터 살려놓고 봐야 할 텐데⋯."

혼잣말로 중얼거리는 에이벌이 애처롭기만.

분위기를 좀 바꿀까 해서 소수민족해방군으로 넘어간다.

"그나저나 소수민족 동맹체 만들자고 외친 건 어떻게?" "글렀어! 다 말뿐이야. 정부군에 맞서려면 그 길뿐인데 다들 이기적이고 이문만 따지니." 에이벌은 허공에 삿대질하며 핏대를 올린다. "다 우리 소수민족들이 어리석고 못난 탓이야." 거침없이 제 속살을 후벼판 에이벌이 되묻는다. "이쪽저쪽 다 통하는 자네 생각은 어때? 관전평도 중요하니 들어보세."

갑자기 주객이 바뀌었다 "뭐, 동맹체니 통일전선이니 다 물 건너간 듯. 까렌민족해방군은 내분으로 정신없고, 샨주군은 본디 정치보다 사업에 맘이, 까친독립군은 돈줄과 무장 넘치니 그런 데 관심도 없고, 몬민족해방군은 외려 정부군과 밀담을 나누는 판이고⋯." 바짝 다가앉은 에이벌은 잇달아 고개를 끄덕이며 맞장구친다. "내 말이! 1948년 버마 독립 뒤부터 그대로야. 하니, 우리 소수민족들이 여태 이 꼴이지."

에이벌의 '취조'가 끝나고 다시 내 차례로. "이 판에 정부군은 휴전협정 지키자고 떠벌이는데?" 에이벌은 말 떨어지기 무섭게 발끈한다. "미친놈들! 소수민족 공격하면서 휴전협정이라니. 미쳐도 단단히 미쳤어."

까레니군, 까렌민족해방군, 샨주군을 비롯한 10개 소수민족해방군(버마학생민주전선 포함)은 2011~2012년 버마 정부와 개별 휴전협정을 맺은 데 이어 2015년 전국휴전협정에 서명했다. 그러나 까레니군은 독자적 조건 11개 항을 내걸고 전국휴전협정엔 서명하지 않았다. 어쨌든 이 10개 소수민족해방군들은 2월 1일 쿠데타 뒤 곧장 휴전협정을 폐기했고, 정부군은 소수민족을 무차별 공격하면서 동시에 휴전협정을 지키자는 희한한 생떼를 부려왔다.

하여, 현실적으로 남은 건 전쟁뿐이다. "뭐, 새로운 일인가? 우린 전쟁 64년째야. 평화도 전쟁도 다 그쪽에 달렸어." 에이벌은 대수롭잖은 듯 싱긋 웃는다.

"정부군에 맞서 싸우는 까레니군과 지하 민족통합정부 관계는?" "내키든 안 내키든 반군부 투쟁이라는 공동의 목표가 있으니 함께 가야지." "동행엔 원칙 같은 게 있을 텐데?" "지하 정부가 지켜야 할 원칙이 넷이야. '버마중심주의 폐기' '소수민족 이해' '

공동투쟁' '민주연방 건설 의지', 이 가운데 하나만 빠져도 힘들어."

쿠데타로 쫓겨난 뒤 소수민족 해방구에 더부살이해온 민족통합정부의 운명은 소수민족해방군과 연대투쟁에 달렸다. 그러나 현실 속에선 민족통합정부와 소수민족해방군이 서로 다른 역사적 배경과 정치적 입장 탓에 불협화음을 내왔다.

"아직 먼 얘기지만 까레니가 그리는 버마 민주연방 청사진은?" "연방정부와 주정부의 입법권, 사법권, 행정권 공유가 고갱이야. 해서 우린 지금 독자적인 주헌법을 바탕 삼아 연방헌법 제4차 초안을 다듬는 중이지." 에이벌 말에서 놀라운 대목이 나왔다. "잠깐, 이건 까레니가 독립 노선으로 되돌아간다는 뜻인데?"

에이벌이 사뭇 심각해진다. "자네가 꿰뚫어 본 걸세. 이젠 달리 길이 없어." "그러면 2002년 까레니 독립 포기 선언을 다시 뒤집는다는 말인가?" "자네가 알다시피 우린 그동안 버마 정부뿐 아니라 여러 소수민족들과 통합 애썼지만 달라진 게 없어." "새 연방헌법 통해 결국 까레니 분리 독립으로 가겠다는?" "1875년 영국 식민주의자와 버마의 민돈민Mindon Min 왕이 맺은 협정으로 까레니의 역사적, 법적 독립 권리가 있으니까." "군부야 따질 것도 없지만, 민족통합정부나 다른 소수민족들이 인정할까?" "어차피 새 연방헌법은 국민투표 부쳐야 하니. 우린 그 결과 따르면 되고."

마침내, 에이벌 입에서 "까레니 분리 독립"이 나왔다. 머잖아

독립 선포를 하겠다는 굳은 결심과 함께. 버마 정국을 뒤흔들 새로운 뇌관이 튀어나온 셈이다.

"버마 독재 군부의 마지막 발악이다. 우린 여태 싸워왔고 겁날 것도 없다. 오히려 우리한텐 기회다. 까레니 민족혼은 반드시 독립 이뤄낸다."

어느새 네 시간이 훌쩍 지났다.

"참 아픈 역사지만 우리한테 내린 운명이야!"

얼마 전부터 에이벌은 운명을 자주 입에 올린다.

힘겨운 형편 탓인지, 흐르는 세월 탓인지, 아무튼.

"신이 우릴 여기 보낼 땐 사연이 있었을 거야. 우린 그걸 해방투쟁으로 해석했지. 우린 그걸 까레니 자부심으로 여겼고." 까레니 민족해방전선에 일생을 바친 에이벌 트윗, 오늘따라 이이가 참 쓸쓸해 보인다.

"언제 또 올 건가?"

뜰 밖까지 따라 나선 에이벌이 어깨를 꽉 쥔다.

난데없이 콧등이 찡해진다.

이렇게, 우리는 전선 인연을 한 토막 한 토막 늘려간다.

"까렌 정체성, 투쟁이라 부르자."

2021년 11월 21일
까렌민족연합KNU 본부 레이와Lay Wah | 버마

.
.
.

뚱하니 악수 대신 팔뚝을 내민다.

"코로나!" 인사란 게 딱 한 마디.

기자와 담쌓고 살아온 이이한테 두 문장 넘는 말을 들어본 적 없다. 1996년 제6여단장 시절부터 부딪쳐왔지만 늘 데면데면 손사래부터 치는 통에 말 한 번 제대로 못 썩어봤다. 하여 30년 넘게 쫓아온 버마 소수민족해방전선을 통틀어 여태 말문 못 턴 오직 한 사람, 바로 까렌민족연합 의장 무뚜세이뿌 장군Gen.Mutu Say Poe이다. 1980년대 말부터 보먀Bo Mya, 소 바틴 세인Saw Ba Thin Sein, 탐라보 장군Gen.Tamla Baw으로 이어진 까렌민족연합 전임 의장들과 속 터놓고 지내온 내겐 아주 별난 경우였다.

"왜 그렇게 언론 피해왔나?"

"난 기자란 놈들 싫어. 언론도 믿을 수 없고."

이렇다. 인터뷰하겠노라 나서고도 기자한테 대놓고 삿대질을!

통역 맡은 부의장 끄웨뚜윈Kwe Htoo Win이 머쓱했는지 이내 화제를 돌린다. "자네가 오늘 우리 의장 첫 인터뷰 기록 세우는 걸세!"

뭐, 아주 이해 못 할 바는 아니다. 비밀과 보안을 목숨처럼 여겨온 전선, 적인지 동지인지 가늠하기 힘든 전선, 음모와 배반이 들끓는 전선에서 버텨온 이이고 보면. 게다가 어딜 가나 쓰레기로 손가락질당하는 기자란 직업의 유효기간도 끝난 세상이니.

"여든여덟 해 하고 여덟 달 여드레 전."

마주 앉았지만 눈길도 안 주며 딴전 피우던 무뚜는 태어난 날을 묻는데 대뜸 날 수를 댄다.

"쯧쯧쯧, 뭘 세나. 1933년 4월 13일 아냐."

우물쭈물 손가락 꼽는 내가 딱했든지 이이는 혀를 찬다. 번뜩이는 재치에다 바위처럼 단단한 몸집, 좀 뜨끔하다. 해방전선의 세대교체를 외쳐온 내 꼴이 열없고.

까렌민족연합이 태어난 1947년, 열네 살 중학생으로 민족해방투쟁에 뛰어든 무뚜는 어느덧 전선 나이만도 일흔넷, 까렌의 살아 있는 역사로 세계 최장기 무장투쟁 기록을 늘려가고 있다.

"기억에 남는 전선은?" 말 트기용 미끼부터 하나 던져본다.

"그런 게 어딨나. 서로 죽이고 죽는 판에."

해묵은 무용담 한 토막쯤 기대했더니 웬걸, 입질도 않는다.

이리저리 찔러봐도 당최 말문 열 낌새는 안 보이고.

"그럼, 인터뷰 접고 살아온 기록이나 남깁시다?"

무뚜는 가타부타 말이 없다.

"태어난 곳은?"

"나도 몰라."

끊어치는 단답형에 찬 기운이 휙 돈다.

하는 수 없다. 염력을 써보기로. 턱밑까지 바짝 다가가 무뚜 눈을 빤히 쳐다본다. 먹혔는지, 무뚜 입가에 옅은 웃음기가 돌더니 스르르 말문이 열린다.

"내가 모에이강 언저리 밀림에서 태어났대. 나를 받은 인디아 간호사가 '황금'을 뜻하는 힌디어 무뚜란 이름을 붙였다고."

이어 무뚜는 비서한테 보청기를 가져오라며 손짓한다. 인터뷰 시작하고 꼭 10분 만이다. 이윽고 눈빛과 몸짓이 개구쟁이로 변한 무뚜는 영국 식민시절 쌀 배급원으로 일했던 아버지 이야기며, 천재 소릴 들었다던 초등학교 추억이며, 비행기 조종사가 되고 싶었던 어릴 적 꿈을 줄줄줄 쏟아낸다. 날짜까지 꼽아대는 빼어난 기억력, 잘 짠 희곡처럼 맛깔난 구술력 앞에 끼어들 틈이 없다. 묻고 말고 할 일도 없다. 그저, 가끔 고개 끄덕이며 추임새만.

"한데, 전쟁이 내 꿈을 다 앗아가 버렸지…. 제2차 세계대전 때 버마로 쳐들어온 일본군과 손잡은 버마군이 함께 우리 까렌을 공격하면서…" 한동안 말을 멈춘 무뚜 얼굴엔 해묵은 적개심 같은 게 얼핏 스친다.

옛날이야기에 한 시간 반이 훌쩍 지난다. 정신없이 받아 적느라 팔도 어깨도 뻐근. 마침 끄에뚜윈이 "의장도 피곤할 테니 잠깐 쉬었다 가자"며 눈치껏 판을 멈춘다. "왜 벌써 힘든가? 젊은 사람들이… 쯧쯧." 무뚜가 안됐다는 듯 혀를 차며 눈을 살짝 할퀸다.

끄웨뚜윈과 한갓진 숲에서 담배질 15분, 다시 이야기판으로 되돌아온다. 무뚜는 진자리에 꼿꼿이 앉아 서류를 뒤적인다. 후반전은 소수민족해방전선 정곡을 겨눈다. 여태 아무도 못 들여다본 속살을 파헤치기로.

먼지, 지난 2월 1일 쿠데타로 권력을 낚아챈 버마군 최고사령관 민아웅흘라잉과 무뚜 사이에 나도는 흉흉한 소문부터 파고든다. "국경에선 쿠데타 수괴와 의장의 밀월관계를 의심해왔는데?" 무뚜는 퉁명스레 되받는다. "누가 무슨 의심을?" 질문이 뜻밖이었던지 분위기가 싸해진다. 통역하던 끄웨뚜윈도 잠깐 머뭇거리는 게.

"서로 호형호제에다 밀선 달고 밀담까지 해왔다던데?" "그 말 같잖은. 내가 그자를 왜 형제로 여겨. 그자가 나를 '삼촌'이라 부른 건 버마식 수사일 뿐이야." "그럼 둘 사이에 오간 전화와 편지는?" 무뚜가 발끈한다. "누가 그따위 말을? 난 그자와 통화한 적도 없어.”

끄웨뚜윈이 끼어든다. “문태, 사실은 그 통신 모두 내가 맡았던 일이야.” “내 정보론 의장과 민아웅흘라잉이 직접 주고받았다던데?” “귀도 어두운 의장이 전화를 어떻게 해. 그 전화와 편지는 모두 쿠데타에 대한 우리 쪽 항의였어.” 무뚜가 다시 말을 받는다. “우리한테 직함도 경칭도 안 붙이는 그쪽 공식문서들 봐. 우릴 인정도 안 한다는 뜻인데 밀월은 무슨 밀월.”

그동안 이 둘을 끼고 나돈 어지러운 소문은 소수민족해방전선에 움튼 상호 불신감의 밑절미가 됐다. 그럼에도 무뚜는 옳니 그러니 한마디 대꾸조차 안 했다. 핑계든 뭐든 진작 오늘처럼 입이라도 열었더라면 좋았을 텐데. 소수민족해방전선 맏형인 무뚜를 놓고 볼 때 크게 아쉬운 대목이다.

아픈 대목을 하나 더 찔러본다. “지난 5월 의장 성명서로 큰 말썽 났는데?” 대꾸 없는 무뚜한테 한 번 더. “휴전협정 정신 지켜 대화로 풀자고 했던 그 성명서?” 무뚜는 시큰둥하니 휙 받아친다. “군부한테 요구한 무력진압 중단, 정치범 석방 같은 3월의 8개 항성명 그대로였어.” “근데, 왜 또 느닷없이 5월에 성명서를?” “그 8개 항 확인차.” “3월과 5월엔 상황이 달라졌는데?” “상황이란 건 저마다 풀이하기 나름이야.” 무뚜는 좀체 물러설 낌새를 안 보인다.

“정부군이 시민과 소수민족 무차별 공격하고 살해하는 판에 뜬금없이 대화라니?” “그 짓 멈추라는 게 5월 성명 본질이야.” “군부가 3월 성명 8개 항도 안 받았는데 대화는 무슨 대화를?" "이봐. 전쟁만으론 버마 위기 못 풀어." 무뚜는 사뭇 심각하게 되박는다.

"그렇게 대화하자며 10월 15일 전국휴전협정 6주년 기념식 때 군부 초대는 왜 거부했나?" 무뚜는 달갑잖은 듯 허공에 대고 지른다. "그건 지난 8월 성명서에서 다 밝혔다. 대화 기다린 우리 인내심이 바닥났고, 이제 남은 건 전쟁뿐이다."

국경 소수민족해방전선에서는 5월 성명서의 충격으로 8월에 날린 무뚜의 성명을 눈여겨본 이가 없었다. 나도 메일로 받은 그 8월 성명서를 읽다 말았고.

그 5월 성명서는 무뚜의 현실 인식에 큰 의문을 던졌다. 까렌 안팎에선 거센 불만과 함께 까렌민족연합 지도부의 퇴진을 외쳐 댔다. 그즈음 정부군 공습을 받은 까렌민족해방군 제5여단에선 항명 기운까지 돌았고, 국경 소수민족해방군들은 무뚜를 배신자라 쏘아붙였다.

결국 까렌민족연합은 "5월 성명서가 중앙위원회 안 거친 의장의 사견이었다"며 뒤늦게 해명서를 날렸다. '도둑놈 도망간 뒤에 몽둥이 들고 나선 꼴', 무뚜와 까렌민족연합은 깊은 내상을 입었다. 국경엔 여태 분노와 불신감이 가시지 않았고.

"입과 귀 사이엔 늘 오해가 따른다. 올 한 해를 쭉 펴놓고 보면 다 알 수 있다." 무뚜가 내린 5월 성명서 사태의 결론이다. 뭐, 무 뚜한텐 맞는 말일지 몰라도 현실을 역사책 읽듯 꿰맞출 순 없는 노릇이다. 여긴 목숨이 오락가락하는 '오늘'뿐인 전쟁터이므로!

제법 화기애애했던 전반전과 달리, 정치로 넘어온 후반전은 삐거덕댄다. 웃음도 농지거리도 사라졌다. 그래도 어쩔 수 없다. 불편한 내 직업을 탓하며 내친김에 더 날카로운 화두, 까렌민족연합 내분을 꺼내 든다.

"1994년 민주까렌불교군DKBA, 2007년 까렌민족연합/까렌민족해방군-평화회의KNU/KNLA-PC, 2009년 까렌 국경경비대BGF(정부군에 편입된 민주까렌불교군), 2016년 민주까렌불교군-5여단DKBA-5. 이게 그동안 까렌민족연합에서 떨어져 나간 조직이다. 요즘 제5여단도 심상찮다. 적전분열 어떻게 할 건가?" 숨찬 질문을 물끄러미 바라보던 무뚜는 대수롭잖은 듯 씩 웃는다. "분리와 통합은 민주주의에서 자연스러운 일이야. 서로 생각 다르면 꼭 같이 가란 법도 없어." "여태 분리주의로 치명타 입고 까렌끼리 서로 치고받았는데도?" "우린 서로 적대감 없다. 정치적 목표도 같고." 무뚜는 자극적일 만큼 태연함을 보인다.

"정부군이 까렌 국경경비대 앞세워 까렌 공격하는데도?" "보이는 게 다가 아니야. 겉과 속은 달라. 비밀 하나 말해줄까? 정부군 공격 탓에 길 막힌 제6여단 대표단이 국경경비대 아이들 경호받아 여기 본부 중앙상임위원회에 참석했어." 귓속말처럼 나직이 흘려내는 무뚜 말을 듣고 보니 놀랄 만한 일인 건 틀림없다. 버마 정부군 손아귀에 있는 국경경비대가 까렌민족해방군 대표단을 경호해서 전선을 돌파했다니!

"그럴 거면 왜 서로 싸우나?" "싸우긴 뭘 싸워. 2013년 까렌무장조직통일위원회UCKAG 만든 걸 뻔히 알면서. 여태 모든 까렌 조직들이 군사적 협의하며 함께 왔잖아."

말은 그럴듯한데 걸핏하면 서로 총질해온 터라 내 눈엔 이 까렌무장조직통일위원회가 제대로 굴러가는지 늘 꺼림칙했다. 나는 이 조직을 군사나 정치 협의체보다는 '사업판'으로 봐왔다. 특히 정부군한테 투항한 국경경비대는 무늬만 까렌이지 민족해방투쟁과 거리가 멀었으니.

"까렌민족연합 지도부와 가끔 술잔도 기울이고 사업에 손발도 맞춘다." 이건 까렌 국경경비대를 이끄는 마웅칫뚜 장군Gen. Maung Chit Htoo이 내게 털어놓았던 말이다.

"국경경비대 아이들이 월급은 버마 정부한테 받고 명령은 나를 따른다." 이건 까렌민족해방군 사령관 조니 장군Gen.Jonny이 내게 귀띔해준 말이다.

이처럼 두 진영이 선을 달고 있는 건 틀림없다. 적어도, 사업에서만큼은 그렇다는 말이다. 알 만한 이들은 다 안다. 정부군을 낀 마웅칫뚜가 재벌급 사업판을 벌여온 사실도, 까렌 조직들 지도부가 국경 카지노를 쥐고 돈줄을 굴려온 사실도. 이른바 '해방 혁명 장사'란 걸.

두 시간 하고 오십 분이 흘렀다. 접기 전에 까렌민족연합 앞

까렌민족연합 중앙상임위원회. 사진 오른쪽이 까렌민족연합 전 의장 무뚜세이뿌 장군.
왼쪽이 현 의장 끄웨뚜윈. 레이와 본부. ©정문태

날을 캐보기로. 본디 6월에 잡아둔 까렌민족연합 대의원대회가 2월 쿠데타에 이은 전쟁에다 코로나가 겹쳐 여태 밀렸다. 이번 중앙상임위원회가 대의원대회를 내년 1월로 잡고 회의를 시작했다.

"2012년부터 의장 연임했는데 3선 길에 오를 건지?" "그야 내가 결정할 수 있나. 대의원들 몫이지." "젊은 세대로 넘길 때도 됐는데?" "나야 민주제도 따르면 되고." "민주제도란 건 떠날 권리도 있다?" 무뚜는 대답 대신 빈손을 내보이며 너스레웃음을 짓는다. 아직 그만둘 맘이 없다는 뜻으로 읽는다.

끝자락이 보이자 무뚜가 퉁명스레 한마디. "인터뷰란 건 본디 이런 못된 질문만 해?" 맘먹고 받아준 인터뷰가 못마땅한 듯. "아, 다음엔 까렌 해방투쟁 영웅담으로 합시다." 머쓱하니 제2탄을 기약하며 얼버무린다.

"이제 마무리감으로 하나만 더. 까렌 민족 정체성이 뭔가?"
자리를 털다 말고 무뚜와 끄웨뚜윈이 한참 머리를 맞댄다.
"한데, 자네들 한국인 정체성은 뭔가?"
끄웨뚜윈 되물음에 화들짝 놀라 우물쭈물.
정체불명 추상적인 말들이 한참 오간다.
민족 정체성? 까렌인 너도 한국인인 나도 모른다.
애초 꾸며댄 집단광기였나보다!
근대민족주의에 처바른 지배자의 붓질 같은.

"우린 늘 해코지당하며 존엄 지키고자 싸웠다. 오늘부터 까렌 정체성을 투쟁으로 하자!"

무뚜가 결론을 내리고 팔뚝 인사로 자리를 접는다.

"문태, 자넬 믿는다."

끄웨뚜윈 말이 길게 따라붙는다.

인터뷰에서 나온 '비밀'을 가려달라는 뜻.

군사 작전, 중앙상임위원회, 지도부 위치….

취재원 보호와 보도 욕망이 충돌하는 전선,

늘 입이 근질근질한 이 불편함!

기자란 직업을 지닌 내 팔자인지도 모르겠다.

그래도, 폭로 하나.

냉혈한으로 소문난 무뚜 장군이 알고 보니 우스개를 즐기는 달변가다. 잔정도 꽤 있는.

세대교체,
소수민족해방전선에 부는 바람

코로나에다 쿠데타에다 전쟁에다 2년 가까이 미뤄왔던 제17차 까렌민
족연합 대의원대회가 2023년 5월 2일 열렸다. 그리고 무뚜세이뿌 의
장이 물러나고 전 부의장 끄웨뚜윈이 제10대 의장에 뽑혀 새 지도부를
띄웠다.

눈코 뜰 새 없다는 끄웨뚜윈과 오늘에야 마주 앉았다. "먼 길 오느
라 고생했어. 그동안 잘 지냈지?" 푸석한 얼굴로 맞는 끄웨뚜윈이 몹시
지쳐 보인다. "첫 인터뷰 내게 주기로 한 약속 지켜줘서 고마워!" "어련
히. 약속 깨고 내가 뒤탈 감당할 수 있겠나." 한바탕 웃음 속에 우리는
해묵은 우정을 확인한다.

"조직 명령이니 어쩔 수 없이 이 자릴 받았어. 자네 예언이 맞았어."
까렌민족해방군 제4여단 대의원을 거쳐 까렌민족연합 사무총장과 부
의장을 지낸 끄웨뚜윈을 나는 몇 해 전부터 차기 의장으로 꼽아왔고, 이
이는 "관심 없다. 물러나 까렌 언어 다듬는 게 꿈이다"며 손사래 쳤다.

1954년 까렌주에서 태어난 끄웨뚜윈은 랭군대학 경제학과RIE를 다
니던 1974년 우딴U Thant 유엔사무총장 장례를 국장으로 치르자는 학
생들 요구를 무력 진압한 정부에 절망감을 느끼며 까렌 민족해방투쟁
에 뛰어들었다.

"까렌도 이제 신세대 손으로 넘어왔으니 확 달라지겠지?"

"젊어진 지도부가 좀 더 실용적이고 강한 조직이 될 듯."

1948년 버마 독립 뒤부터 자치와 독립을 외치며 싸워온 소수민족 진영에도 서서히 세대교체 바람이 분다. 샨주남부군SSA-S의 정치조직인 샨주복구회의RCSS를 이끌어온 윳석 장군Gen.Yawd Serk에다, 지난해 까레니군KA의 정치조직인 까레니민족진보당KNPP 의장으로 뽑힌 우레Oo Reh를 비롯해 각 소수민족해방군 지도부가 예순 줄 '신세대' 손으로 넘어왔듯이.

올해 아흔인 까레민족연합 전 의장 무뚜세이뿌처럼 해방투쟁 2세대인 80대가 주름잡아온 소수민족해방전선에서 3세대 선두주자로 꼽혀온 예순아홉 살 끄웨뚜윈의 등장이 오히려 한참 늦은 감이 든다.

소수민족해방군 줏대인 까렌민족연합의 76년 해방투쟁사를 주름잡았던 장군 출신 의장들과 달리 군사적 배경이 없는 끄웨뚜윈의 등장을 놓고 까렌 사회 안팎에선 기대와 걱정이 반반이다. 세대교체를 통한 변화와 개혁에 희망을 품는가 하면, 달리 까렌민족해방군이라는 무장조직을 탈 없이 꾸려갈 수 있을지 고개를 갸웃거리기도 하고.

"독재할 맘 없다면 문제 될 게 없다. 우린 대의원대회, 중앙위원회, 중앙상임위원회란 민주적 제도와 장치를 지녔다. 까렌민족해방군도 그 아래서 움직인다."

끄웨뚜윈이 무장중심 조직과 전통을 지닌 까렌민족연합을 어떻게 꾸려갈지 사뭇 궁금하다. 끄웨뚜윈은 이제 무거운 짐을 지고 날카로운 시험대에 올랐다. 건투를 빈다.

전선일기

2024년 12월 13일 초판 1쇄 발행

지은이 정문태
펴낸이 류지호
책임편집 김희중 · **디자인** 쿠담디자인
편집 이기선, 김희중

펴낸곳 원더박스 (03173) 서울시 종로구 새문안로3길 30, 대우빌딩 911호
대표전화 02-720-1202 · **팩시밀리** 0303-3448-1202
출판등록 제2022-000212호(2012. 6. 27.)

ISBN 979-11-92953-42-7 (03300)

- 잘못된 책은 구입하신 서점에서 바꾸어 드립니다.
- 독자 여러분의 의견과 참여를 기다립니다.
  블로그 blog.naver.com/wonderbox13 · 이메일 wonderbox13@naver.com